L'ombre des Romanov

Du même auteur
aux Éditions J'ai lu

LA COUR DES DAMES

1. *La régente noire*, n° 8665

2. *Les fils de France*, n° 8947

3. *Madame Catherine*, n° 9238

Au cœur de l'Histoire, n° 10092

Le bal des Ifs, Mémoires de Mme de Pompadour, n° 10215

Du sang sur l'Histoire, n° 10471

Franck
FERRAND

L'ombre des Romanov

ROMAN

À mon frère

Un beau livre, c'est celui qui sème
à foison les points d'interrogation.

JEAN COCTEAU.

Avertissement

Fiction et réalité s'entremêlent, dans ce roman, autour de ce qui pourrait bien être l'un des secrets les mieux gardés de l'Histoire. Ce que j'en révèle ici doit beaucoup moins à mon imagination qu'à mes sources. Les lecteurs soucieux d'explorer cette piste trouveront, à la fin de l'ouvrage, quelques indications utiles.

F. F.

Prologue

Février 1942

L'impatience du lieutenant-colonel Ziegler était vive. Au mépris des plaques de verglas, il marchait à grandes enjambées vers le palais Alexandre. D'un peu loin, l'ancienne demeure des tsars de Russie, dans le domaine de Tsarskoïe Selo, pouvait faire illusion : sa colonnade restait majestueuse et ses façades, peintes en jaune et blanc, donnaient encore le change. Mais, plus il approchait du bâtiment, plus le visiteur en ressentait la souffrance : depuis que la Wehrmacht avait pris possession des lieux, ce qui avait été la résidence principale de Nicolas II donnait en effet l'impression d'un vieux bateau de plaisance reconverti en navire de guerre.

Il faisait un froid polaire, et Wolfram Ziegler, sanglé dans sa pelisse d'officier de la Luftwaffe, laissait dans son sillage une traînée de buée. Ayant abandonné son escorte aux grilles d'entrée, il portait lui-même, de la main gauche, un grand sac de cuir noir, plié en trois. Il gravit les quelques marches du perron, salua les sentinelles d'un rapide « *Heil Hitler* » et franchit la haute porte aux carreaux fêlés.

Le sous-officier de faction – un Finnois – savait que ce visiteur était protégé par le maréchal Goering. Il l'accueillit en conséquence et, sans attendre, le conduisit, par-delà un immense couloir, jusqu'aux anciens appartements de l'empereur. Leurs bottes crissèrent sur les parquets débarrassés des tapis, tandis qu'ils parcouraient une enfilade de salons qui avait dû être grandiose. On entendait au loin les tirs nourris de l'artillerie allemande sur Leningrad.

— Quelle pitié..., murmura Ziegler en découvrant la chambre impériale, dévastée.

Les tentures, à fond blanc et motifs vert et vieux rose, avaient été en partie arrachées ; elles pendaient lamentablement, comme des végétaux morts, à l'arche de bois fermant l'alcôve. De part et d'autre, deux meubles d'appui, laqués blanc, vestige du mobilier d'origine, voisinaient comme à regret avec un vulgaire établi, une série de tréteaux, quelques sièges, des réchauds de campagne...

D'un coup d'œil, l'officier vérifia qu'en dépit de la contre-offensive russe la consigne avait porté : deux soldats l'attendaient bien, comme prévu, armés de crocs et de pieds-de-biche. Ils rectifièrent la position. Ziegler posa son sac de cuir sur une chaise, fit quelques pas vers l'alcôve tapissée de soie rosâtre, puis, tirant un plan coté de son manteau, entreprit sur-le-champ son repérage. D'abord il chercha, sur la gauche, l'endroit où l'arcade rejoignait le mur. Partant de ce repère, il fit deux pas de un mètre environ vers le fond et sonda la cloison à coups de poing.

— Ce doit être par là, dit-il. Faites-moi sauter le décor !

Avec vigueur, les deux hommes s'attaquèrent d'abord à la tenture. Sous l'étoffe usée, ils trouvèrent un vieux lacis de bois, plutôt coriace, et s'appliquèrent à l'arracher. Quand enfin la paroi fut visible, un voile de moisissure, pelucheux comme de la laine, laissa deviner le contour carré d'une cache que fermaient des vantaux, tenus par un simple cadenas. L'un des hommes nettoya l'endroit tandis que l'autre interrogeait l'officier du regard. Celui-ci dégaina son Mauser et, l'approchant presque à bout portant, vida le chargeur de biais sur le verrou de fortune. Les coups de feu résonnèrent dans la chambre, emplie, soudain, d'une forte odeur de poudre.

Ziegler ouvrit la cache et, ne pouvant se contenir plus longtemps, empoigna les écrins de tailles diverses qu'elle contenait, pour les entasser sur l'établi. C'est le Finnois qui renvoya les soldats ; l'Allemand, tout à son pillage, n'avait d'yeux que pour ces boîtes gainées de maroquin rouge, noir ou vert sombre. Ses doigts fébriles défirent les taquets de la première, en soulevèrent le couvercle… Splendeur enfin révélée : une parure de diamants se mit à étinceler de tous ses feux.

— La seule beauté qui ne vieillisse jamais ! s'extasia l'officier.

Un deuxième écrin, plus épais, ne contenait qu'un joyau : une tiare composée de saphirs géants, comme pris dans l'entrelacs de très gros brillants. Vint ensuite un amas de colliers, d'agrafes, de broches et d'aigrettes, aux pierres fascinantes, aux montures admirables. En tout, une bonne quinzaine de pièces majeures : un trésor inouï.

Les pierres n'avaient entrevu la lumière qu'un moment ; pourtant, il semblait que leur éclat, même fugace, avait rendu un peu de sa noblesse à la chambre. Le lieutenant-colonel ne sentait plus le froid : il brûlait à présent de la fièvre des conquérants.

— Voilà ce que la tsarine a dû abandonner lors de son départ forcé, expliqua-t-il au sous-officier éberlué. Passez-moi donc le sac !

— Tout de suite, *Herr Oberst*.

Ils y rangèrent de leur mieux les vieux écrins. L'officier ne résista pas au plaisir d'en rouvrir un, contenant deux broches plus singulières : des sortes d'insectes dont l'abdomen se composait d'une perle ovale de très grande taille, scindée en deux sur sa longueur. Le thorax de l'un s'ornait d'émeraudes, celui de l'autre de rubis assez clairs, d'une teinte vineuse. De gros diamants illuminaient les têtes. Ces joyaux rejoignirent les quinze autres dans l'ample besace.

— Ce qui me réjouit, déclara le lieutenant-colonel en rempochant son plan coté, c'est de penser que, pendant vingt-cinq ans, les bolcheviks ont vécu près d'un pareil trésor sans le savoir !

Le Finnois souscrivit chaudement à ce commentaire. Avant de prendre congé, Wolfram Ziegler se fit conduire au téléphone et composa lui-même un numéro protégé. À Munich. Il eut quelque peine à obtenir la ligne, puis à joindre son correspondant. Mais il finit, peut-être malgré lui, par se mettre au garde-à-vous.

— Parfaitement bien, *Herr Marschall*, déclara-t-il. Oui, sans difficulté… Magnifiques… Après-demain, *Herr Marschall*, c'est bien noté. À jeudi, donc. *Heil Hitler !*

Première partie

LE HANNETON

1

La Bentley spéciale, pourpre et noir, sommée de l'étendard des Windsor, franchit le portail de Frathes House, non loin d'Édimbourg, à quinze heures sonnantes. Son allure était assez lente pour permettre aux badauds de distinguer la souveraine, vêtue dans des tons de tilleul et d'ivoire. Suivie d'une voiture de la cour, la limousine vint se ranger au bord d'une pelouse. Le ministre écossais du Tourisme accueillit la reine et la princesse royale, et les conduisit d'un pas emprunté vers le propriétaire du domaine.

Élisabeth II paraissait échapper au temps : son chapeau à bord droit, son tailleur strict, ses solides escarpins lui conféraient – avec l'éternel sac à main – une apparence immuable. Aucune parure, ce jour-là, hormis une broche composée d'une perle baroque et de rubis. Sur le crêpe de soie immaculé de sa veste, elle faisait l'effet d'un chef-d'œuvre en vitrine.

— Madame, s'enhardit lord Frathes, nous n'osions rêver si haut patronage pour les assises des Vieilles Demeures d'Écosse.

L'arrivée royale avait saisi les invités sur la pelouse, à l'endroit où chacun se trouvait ; ils s'alignèrent sans protocole, en vue d'être présentés.

La reine Élisabeth et la princesse Anne s'avancèrent, souriantes, suivies seulement d'un aide de camp, et accompagnées du ministre et du maître des lieux. C'est lady Lakshmi Ward que le hasard avait désignée pour faire la première révérence ; elle arborait le sari traditionnel de son Rajasthan natal – une pièce de soie mauve brodée d'argent – et s'attira pour cela un mot aimable de la princesse. Ses yeux n'en restèrent pas moins rivés sur la souveraine.

— Mon Dieu ! murmura-t-elle dès que les personnes royales furent passées à l'invité suivant. Voilà qui est extraordinaire !

Le plus discrètement possible, elle s'effaça et, se faufilant derrière les convives alignés, rejoignit son mari, à l'autre bout de la file.

— Préparez-vous, lui glissa-t-elle d'un air entendu. Vous pourriez avoir un choc.

— Quel genre de choc ?

Alistair Ward se considérait comme banquier de naissance ; il aimait les informations claires et reprochait à sa femme de s'exprimer trop souvent par allusions.

— Un choc du genre choquant, lâcha-t-elle à voix basse, ce qui eut pour effet de l'agacer davantage.

— Vous a-t-on jamais dit que vous pouviez être exaspérante ?

— Si je vous raconte tout, se justifia lady Ward, votre jugement sera faussé.

Sir Alistair leva les yeux au ciel, tandis que son épouse reculait d'un pas : les officiels approchaient.

— Madame, vous connaissez sir Alistair Ward, de la Soating & Parson Ltd, déclara lord Frathes, tandis que le banquier ployait le chef.

— Nous sommes allés ensemble au bout du monde, confirma la reine.

— Oui, en Océanie ! dit Ward, trop heureux d'avoir été reconnu. Votre Majesté m'a même fait manger du kangourou !

La souveraine voulut bien se le rappeler. Sa fille lui fit observer que le photographe était prêt ; elles s'éloignèrent donc, toujours souriantes.

Lady Lakshmi Ward revint vers son époux et l'interrogea d'un ton de conspiratrice.

— Alors, vous avez remarqué ?

— Eh bien quoi ? La broche ?

— Évidemment, la broche !

— On dirait un peu celle de Pullinski...

— Mais c'est la même : c'est un hanneton de Bolin !

— Bolin ?

— Al !

Lady Ward n'avait jamais pu se résigner à la balourdise de son mari.

— Bolin était un orfèvre suédois, précisa-t-elle tout bas. Mais installé à Saint-Pétersbourg. Il travaillait pour la cour du tsar Nicolas II !

Comme tous les passionnés, elle possédait son sujet sur le bout du doigt.

— Cette broche, la rouge, faisait partie d'une paire, poursuivit-elle : il existait aussi un hanneton vert, orné, non de rubis, mais d'émeraudes. L'Assemblée russe, la *douma*, avait offert ces joyaux aux filles aînées du tsar, les grandes-duchesses Olga et Tatiana. Pour leur premier bal, je crois...

— Un hanneton vert pour l'une, un hanneton rouge pour l'autre, résuma Ward. Donc, si j'ai bien compris, la reine possède maintenant le rouge et Pullinski le vert.

— Pas du tout ! Je suis bien placée pour savoir que Pullinski possède la version rubis !

En effet, lors d'une transaction récente, lady Ward avait disputé plusieurs grands joyaux à l'ancien oligarque, avant de s'incliner devant sa puissance d'achat. Parmi les merveilles en balance avait figuré le Hanneton rouge.

— Mais alors, s'enquit le banquier, quelle est la broche que nous venons de voir ?

— Je ne sais pas… Ce doit être une copie…

— Voyons, la reine ne porterait pas une copie !

Ayant énoncé ce qu'il regardait comme une évidence, Ward se mit à lisser sa moustache du bout des doigts. C'était, chez lui, le signe d'un certain désarroi.

— À moins que Pullinski ne soit déjà en difficulté…

Quand le photographe eut rempli son office, le ministre écossais convia l'aréopage à suivre lord Frathes à l'intérieur. Tout en accompagnant le mouvement, sir Alistair fit exprès de marquer le pas. Sa femme le secoua.

— Al, vous venez ?

Il eut un geste d'impatience et ralluma discrètement son téléphone portable.

— Ward à l'appareil, articula-t-il à mi-voix tandis que les invités des Vieilles Demeures achevaient de s'engouffrer dans le vestibule. Vous ne devinerez jamais ce que je viens de voir… Non, mieux encore : l'un des hannetons de Bolin pour les grandes-duchesses – le modèle aux rubis… Oui, celui de Iouri Pullinski… Absolument certain, vous pensez… Où cela ? Mais c'est bien ce qui m'étonne : sur la reine Élisabeth en personne !

Lady Ward, d'un geste détaché, rajusta le drapé de son sari ; c'était sa manière à elle de hausser les épaules.

2

Du bout de l'orteil, Sonia effleura cette *chose* à la cheville de Quentin : un bracelet de plastique noir que le juge, dans sa clémence, avait imposé comme condition à une mise en liberté. Le jeune détenu avait sauté sur l'aubaine ; et même s'il devait désormais passer chez lui vingt-deux heures par jour, limité à un rayon de douze mètres, il avait béni cet aménagement de peine.

Sonia voyait les choses autrement. À ses yeux, la « chaîne » électronique imposée à son compagnon était une infamie que tous les arguments ne parviendraient jamais à lui faire accepter. Certes, elle comprenait que Quentin ait préféré cette solution à la prison ; mais elle ne pouvait admettre que l'on pût baguer un être humain comme une volaille. Ce soir-là, tandis qu'elle s'abandonnait doucement à l'étreinte du jeune homme et sentait sourdre en elle une jouissance profonde, elle avait maudit ce contact avec le bracelet. Son extase avait fui en quelques secondes ; déjà le plaisir se muait en douleur.

Comme si Quentin l'avait perçu, il s'interrompit un instant.

— Ça va, mon amour, tu es heureuse ?

Elle n'eut pas le courage de le détromper.

— Oui, souffla-t-elle, continue ! continue !

Il la couvrit de baisers, mais ne fut pas entièrement dupe. Sonia le sentit même désemparé. Elle s'appliquait d'autant plus à le satisfaire, quitte à feindre la plus ardente volupté, quand la sonnette de l'entrée retentit.

— Quentin !

Il ne réagit pas. Sonia se dégagea comme elle put.

— Tu as entendu ?

— Entendu quoi ?

La frustration déformait les traits de son amant.

— On a sonné, dit Sonia. Il y a quelqu'un à la porte !

Le jeune homme, dans un soupir, se laissa retomber sur le dos. Elle insista.

— Tu n'y vas pas ?

Quentin n'avait pas le choix : il fit l'effort de se lever, de passer un caleçon, de descendre l'escalier dans le noir.

Elle le suivit jusqu'au palier.

— Fais attention, on ne sait jamais !

Il éclaira l'entrée : la lumière lui arracha une grimace. Il enfila des espadrilles, déverrouilla la porte et l'ouvrit sans précaution particulière. Personne. La nuit était douce et le petit square, pauvrement éclairé, lui parut aussi désert, aussi banal, que de coutume.

Jamais Quentin n'avait aimé cette cité de Port-Neuf, bâtie après guerre dans la banlieue de La Rochelle. Mais puisque Sonia y avait hérité d'une maison, il avait fini par s'y faire... Le jeune homme, recoiffant d'une main ses épais cheveux châtains, fit quelques pas jusqu'au portillon, sans rien remarquer d'autre qu'un chat filant parmi les ombres. À l'étage, sa compagne venait d'ouvrir le hublot de la salle de bains.

— Alors ?

— Rien ! Des gamins du bloc, sans doute...

— Tu n'as même pas allumé !

Il gonfla les joues, ce qui rendit son visage encore plus enfantin que d'ordinaire. Ses yeux gris pâle, habituellement pleins de malice, paraissaient privés de vie. Uniquement pour éviter une querelle, il chercha, dans le lierre couvrant un pilier, le gros interrupteur étanche. C'est alors que ses yeux tombèrent sur un détail qui lui avait échappé de prime abord : sur le même pilier, le battant d'acier de la boîte aux lettres était légèrement entrouvert. En le tirant vers lui, il vit le paquet tout de suite et fut pris de sueurs froides. La cavité recelait une enveloppe de taille moyenne en papier à bulles, placée en diagonale et contenant une forme épaisse.

— Qu'est-ce que c'est ? demanda Sonia, depuis son poste de vigie.

— Si je savais !

Une dernière fois, il parcourut des yeux l'impasse ; puis il rentra, posa l'enveloppe sur la table de la cuisine et entreprit d'ôter à main nue le ruban adhésif qui la renforçait. Peine perdue. Armée d'une paire de ciseaux, Sonia prit le relais et finit par extraire de l'enveloppe un vieil écrin tout élimé, qu'elle jeta sur la table comme s'il lui avait brûlé les mains.

— Aïe ! gémit Quentin. Qu'est-ce que c'est encore que cette embrouille ?

Depuis sa condamnation à dix-huit mois ferme, la simple vue d'une boîte à bijoux le rendait anxieux. Sa passion dévorante pour les pierres précieuses ne lui avait que trop coûté… Elle l'avait conduit, dans un premier temps, à passer un CAP de lapidaire – option pierres de couleur –, puis à postuler chez un joaillier de Bordeaux qui l'avait pris en stage, mais sans lui apprendre grand-chose. C'est alors qu'il avait fait de mauvaises rencontres… Aveuglé par son obsession des « grands cailloux », Quentin avait fini par tomber, comme receleur – d'où le bracelet à sa cheville.

C'est Sonia qui, finalement, souleva le couvercle. La garniture de satin avait conservé sa couleur ivoire et ménageait, en son cœur, deux petites niches ovoïdes. Celle de gauche était vide, mais celle de droite hébergeait un joyau magnifique : un insecte dont l'abdomen était fait d'une perle énorme – de la taille d'une petite cuiller – coupée en deux dans sa longueur, avec huit grosses émeraudes sur le thorax et des diamants sertis sur la tête et les pinces.

— Putain ! jura Quentin en se triturant les cheveux. Voilà le frangin !

— Quel « frangin » ? Ne me dis pas que tu t'es encore fourré dans une sale histoire !

— On dirait que la perle est abîmée…

Il avait passé des gants de latex pour saisir délicatement le joyau et l'emporter au salon, où se trouvait son matériel. Un examen rapide suffit à le conforter dans sa première impression : monture, émeraudes, tout semblait véritable… L'objet était une authentique broche de Bolin, très comparable à celle dont, une semaine plus tôt, il avait affiché des photos sur son blog.

Sonia, après avoir laissé travailler l'expert, cherchait à comprendre.

— Enfin, Quentin, tu pourrais m'expliquer ?

— Regarde !

Il mit l'ordinateur en marche, se rendit sur le blog et sélectionna l'un des posts les plus récents. L'article mit quelques instants à s'afficher ; il était accompagné de deux clichés d'agence où l'on voyait, dans l'ensemble puis en détail, agrafée au tailleur de la reine Élisabeth, une broche semblable à celle que tenait le jeune homme. Quentin approcha l'objet réel de l'écran, jusqu'à le poser sur la photo agrandie. Aucun doute : les hannetons étaient jumeaux ; seules les pierres différaient. C'étaient des rubis au château de Frathes, en Écosse ; des émeraudes dans la cité de Port-Neuf, en Charente-Maritime.

— Tu crois…

— Je ne crois pas, je suis sûr : ces foutues broches sont frangines ! Je parierais même que la place vide, dans l'écrin, correspond à celle portée par la *Queen*…

— C'est grave, alors.

— Tu m'étonnes ! Mais qui peut bien m'envoyer ça ?

— Il faut prévenir la police.

— La police ?

En un éclair, la colère du jeune homme explosa.

— T'es devenue folle, ou quoi ? Je viens d'être condamné pour recel dans une affaire de bijoux, et tout ce que tu me conseilles, c'est d'aller restituer à la police un joyau volé à la reine d'Angleterre ! Non, mais t'as envie que je passe le restant de mes jours en taule ?

Sonia se referma comme une huître.

Quentin se vautra sur le canapé – un vieux sofa de velours, déchiré par endroits – et soupira plusieurs fois d'affilée. Il regrettait déjà de s'être emporté. La colère tombée, il regardait sa compagne en coin. Avec ses grands yeux verts et ses mèches noires rabattues sur le visage, elle le faisait songer à une héroïne de mangas. Il aimait plus que tout cette silhouette élancée, presque longiligne. Il se releva et s'approcha d'elle, jusqu'à la prendre dans ses bras. Elle écrasait ses larmes en silence, à mesure qu'elles lui venaient. Et reniflait.

— Tu peux me dire ce qu'on va faire, maintenant ?

Il resta un moment sans répondre.

— Je vais mener ma petite enquête…

— Quentin, ce n'est pas ton boulot d'enquêter là-dessus.

— Justement, j'en ai plus, de boulot !

Sonia préféra ne pas relever.

— Dès qu'il fait jour, j'appelle Sam, dit-elle.

— Sam ?

— Oui, Sam. C'est ton avocat, oui ou non ?

Quentin ne répondit pas, mais son silence trahissait une opinion mitigée sur son défenseur : d'un côté, Sam Douglass n'avait pas su lui éviter la condamnation ; d'un autre, il lui avait obtenu cet aménagement de peine… Le garçon demeura un moment silencieux, debout derrière Sonia, ses bras l'enlaçant doucement ; il se mit à lui mordiller l'oreille.

— Bon… on y retourne ?

La jeune femme était effarée.

— Tu es un grand malade, dit-elle en le repoussant. C'est ça, le problème.

Il la regarda sortir avec étonnement et soupira de plus belle. Puis il entrouvrit le tiroir du bureau, en sortit son iPod, se vissa un écouteur dans chaque oreille et s'immergea dans un bain de hard rock. Il reprit délicatement ce hanneton venu du ciel – un rêve pour gemmologue – et, se laissant retomber sur le sofa, entreprit de l'ausculter, encore et encore. La perle, en particulier, attira son attention…

3

Une foule élégante avait bravé la pluie du matin pour se presser au siège londonien de Sotheby's, sur New Bond Street. La vente *Trésors des Romanov* devait avoir lieu le soir même ; c'étaient les dernières heures de l'exposition. Tacha Loubet, venue à pied depuis le *Claridge*, laissa l'immense parapluie de l'hôtel aux soins d'un groom qu'elle trouva *dishy* – ce qu'elle aurait traduit, à Paris, par « canon ».

Elle n'avait pas dépassé le hall qu'une voix familière la figea sur place.

— Tacha, *darling* ! Ne te sauve pas si vite !

Maxim Weitz était à la fois l'expert de cette vente et l'un des courtiers d'art les plus en vue. Quoique new-yorkais, il se flattait de fréquenter à la fois le Tout-Londres et le Tout-Paris, et ne pouvait ignorer l'une des Parisiennes les plus influentes du moment. Il est vrai que le seul nom de Tacha Loubet, dans l'univers imprécis des relations publiques, ouvrait bien des portes dans bien des pays…

— Maxi ! se réjouit-elle de sa voix rauque.

— Tu es chaque fois plus belle, s'enthousiasma l'Américain.

Le compliment n'était pas forcé : à plus de cinquante ans, Tacha offrait un visage radieux sur un corps de jeune femme. On racontait que, trente ans plus tôt – elle était alors l'épouse de Marcel Loubet, magnat du luxe parisien –, sa seule entrée dans n'importe quel salon provoquait un long silence. De cette beauté ravageuse, elle avait conservé l'essentiel ; et sans lutter spécialement contre les ridules qui, à son cou notamment, trahissaient son âge, elle laissait admirer des cheveux blonds profus, des yeux turquoise, des lèvres, des seins, des hanches qui enflammaient encore les hommes – jusqu'à Maxim Weitz, pourtant peu porté sur les femmes.

Il lui prit les deux mains et fit mine de les baiser.

— Comment fais-tu ? On ne voit que toi dans la foule.

— Et quelle foule ! Le bijou impérial fait recette, ironisa Tacha.

— La dernière vente, celle des joyaux de Vladimir et Maria Pavlovna, a crevé tous les plafonds.

— J'en sais quelque chose…

— Huit fois les estimations !

D'un geste étudié, elle fit glisser les manches de sa veste pour découvrir les boutons de manchettes en topaze qu'elle portait sur une chemise d'homme – des merveilles signées Hollström, acquises à la fameuse vente record.

Maxim voulut les revoir de près ; il en profita pour lui parler à voix basse.

— Toi, je te dois une fière chandelle !

— Tu veux parler de cet écho indiscret ?

— Tu m'as sauvé la vie, Tacha ! Avec ta manie d'être à l'affût de tout !

— C'est un métier, chéri.

Elle marqua une seconde de silence.

— J'ai cru comprendre que, du coup, Pullinski avait retiré sa tiare...

— Pas seulement la tiare, *darling*. On a tout retiré ! Il n'y aura plus un seul lot venant de Pullinski dans cette vente ! Tu vois d'ici les complications...

Maxim Weitz passa le bras sous celui de Tacha.

— Laisse-toi conduire hors de la cohue, dit-il en jouant les soupirants.

Ils traversèrent plusieurs alvéoles blancs, peuplés de vitrines blindées, jusqu'à un vaste espace qui, le soir même, devait servir de salle des ventes. Quelques employés achevaient d'installer le cérémonial indispensable à la grand-messe : le pupitre de l'*auctioneer*, en bois sombre, celui des assesseurs, les écrans de conversion en devises, le comptoir accueillant une batterie de plus de cinquante téléphones, pour les enchères à distance...

De hautes piles de chaises pliantes, en acier chromé, occupaient le centre de la salle. Ils s'approchèrent de celles qui étaient dépliées. Maxim avait saisi au passage une bouteille isotherme et des *mugs* de faïence blanche, qu'il emplit d'un thé encore fumant. Tacha cligna des paupières en y trempant les lèvres, tandis que son vieil ami s'asseyait à côté d'elle.

— Ce que tu ne sais pas encore, attaqua-t-il, c'est que moi-même, je ne suis pas blanc-bleu dans cette histoire de broche...

Elle souffla sur son thé, d'un air qui voulait dire : « Non, sans blague ? » Weitz passa une main lasse dans ses cheveux poivre et sel ; il ne paraissait pas très fier de lui.

— J'ai voulu montrer à Iouri Pullinski ce dont j'étais capable... Et je n'ai rien trouvé de mieux que d'organiser la cession du Hanneton rouge à la Couronne britannique ! La reine y a mis le prix... Naturellement, cela s'est fait de la manière la plus discrète. Personne n'en aurait même rien su, si cet obscur crétin de blogueur français n'avait – comment dites-vous ? – *levé le lièvre* !

Tacha pinça les lèvres, afin de lui montrer qu'elle se retenait de rire.

— Si je comprends bien, le monde entier est à deux doigts d'apprendre que tu as refilé à la reine d'Angleterre la came d'un mafieux russe en exil...

— Très drôle !

— Excuse-moi, Maxi, mais c'est ridicule.

— Ç'aurait pu être pire si je n'avais circonscrit le sinistre.

Tacha but une nouvelle gorgée bien chaude.

— Tu veux dire : si tu n'avais pas su convaincre Pullinski d'assumer *tes* erreurs en retirant *ses* joyaux du catalogue de la vente... Pauvre Iouri ! Obligé pour la première fois de se faire tout petit !

— Oh, Tacha, s'il te plaît !

Une secrétaire en tailleur bleu marine s'approchait d'eux à pas comptés ; elle paraissait navrée à l'idée de les interrompre.

— Je suis vraiment désolée, monsieur Weitz, mais on me demande de vous avertir de l'arrivée d'un client important.

Maxim remercia la jeune fille d'un signe de tête et, dès qu'elle se fut éloignée, supplia son amie de l'aider à étouffer cet écho gênant.

— Tu es française ; pour toi, c'est plus facile...

Tacha posa le *mug* de thé sur la chaise voisine et sortit un iPhone de son sac à main.

— Le nom de ce blog, déjà ?

— foudespierres.fr.

— Je vais voir ce que je peux faire.

— Ton prix sera le mien, naturellement.

Tout en faisant défiler son répertoire, elle énonça un tarif.

— « Lot nº 118 – Une boîte à cigarettes en vermeil, incrustée de topazes. »

— Rien que ça ? L'estimation est à quatre mille livres, et je pense que cet étui va faire le double ! se plaignit Maxim.

Sans l'écouter, elle se mit à parler dans son téléphone.

— Isabelle ? Voulez-vous me trouver le nom et les coordonnées de l'auteur d'un blog intitulé : foudespierres.fr ?

Maxim Weitz s'en retournait vers la foule.

— Va pour la boîte en vermeil, lança-t-il d'un air faussement abattu. Moi qui croyais que tu ne fumais plus !

4

Sam Douglass regarda le chèque – dix mille euros à son ordre – et le glissa dans son portefeuille avec soin. Il en remercia son confrère, le bâtonnier Sovert, d'autant plus chaudement que cette somme, pour lui, tombait à point nommé : comme toujours à l'approche de l'été, sa trésorerie était en souffrance. Il n'en mentit pas moins.

— C'est un geste qui vous honore, Pierre-Jean. Mais j'aurais pu attendre le règlement du client...

— Mon cher Sam, le coupa Sovert, il faut encourager le talent. Vous en avez à revendre, il est naturel que j'en tienne compte.

Ils étaient sortis du palais de justice de La Rochelle, superbe édifice néoclassique, et remontaient vers la place de Verdun, sous les arcades de la rue du Palais. Sam Douglass appartenait au barreau local depuis quatre ans seulement, et sa réputation d'habileté n'empêchait pas la clientèle de lui préférer des cabinets mieux établis. Outre l'aide judiciaire et les commissions d'office, il comptait donc, pour vivre, sur des vacations incertaines et sur les collaborations que lui proposait Sovert, quand il avait besoin d'un pénaliste. En l'occurrence, il venait d'obtenir la condamnation d'un réseau de contrefacteurs en ligne. Ces dix mille euros étaient une généreuse avance de son confrère, sur des honoraires de résultat qui ne seraient pas réglés avant de longues semaines.

— Ce petit chèque devrait vous donner envie de vacances...

— Je n'y avais pas pensé ! reconnut Sam.

— Rafraîchissez ma mémoire : d'où venez-vous au juste ? De Martinique ou de Guadeloupe ?

— D'aucune des deux, Pierre-Jean. Je suis originaire de Caroline du Nord.

— Mais c'est vrai : vous êtes américain ! Vous avez si peu l'accent !

— Ma mère est française.

Un jeune confrère les dépassa, marchant vite. Il salua le bâtonnier d'un signe de tête et tapa sur l'épaule de Sam.

— Salut, *Barack* !

— Bonjour.

Sovert fronça les sourcils.

— Vous devriez refuser ce surnom ridicule.

— Oh ! ce n'est pas méchant.

Ses jeunes confrères l'avaient rebaptisé ainsi, moins pour la couleur de sa peau – il était métis – que pour cet aplomb nonchalant qu'il affichait et qui n'était pas sans rappeler Obama. Là s'arrêtait cependant la comparaison : à quarante ans révolus, « Barack » peinait à se refaire un nom de ce côté de l'Atlantique. Sa mère le disait trop intègre, trop pur pour « grimper » ; lui se savait simplement atypique.

Ils passèrent devant la vitrine affriolante du salon de thé *D'Jolly*. S'il s'était trouvé seul, Sam y aurait fait une pieuse halte ; accompagné du bâtonnier, il affecta d'ignorer les petits gâteaux multicolores.

— Ce qu'il vous faudrait maintenant, reprit Sovert, c'est une belle affaire un peu forte. Quelque chose qui sorte de l'ordinaire. Si j'étais vraiment confraternel, j'irais découper ma belle-mère en morceaux et je vous confierais ma défense – seulement ma belle-mère est déjà morte...

— Qu'à cela ne tienne : demandez une exhumation !

À les voir marcher côte à côte, on n'aurait jamais cru qu'ils exerçaient le même métier : Sovert portait un strict costume anthracite et une cravate bordeaux sur une chemise blanche ; il tenait à bout de bras sa robe d'avocat, soigneusement pliée sur son porte-documents. Sam, lui, arborait, sur un tee-shirt rose, une sorte de coupe-vent matelassé, sans manches, au gris-bleu argenté. Son jean pattes d'ef couvrait presque entièrement des chaussures de sport noires, aux bouts vernis. Quant à sa robe noire, il l'avait fourrée dans une gibecière.

— Vous avez le temps d'avaler un morceau, mon cher Sam ?

— Malheureusement, j'avais promis à une cliente d'être à Port-Neuf avant midi.

— *À Port-Neuf* ? Grands dieux !

— Figurez-vous que j'ai été réveillé, ce matin, par un appel au secours de la compagne d'un jeune bijoutier que j'ai défendu, l'année dernière, dans une affaire de recel. Par le biais de l'aide judiciaire...

— Je vois : fortune et gloire vont devoir vous attendre une journée de plus.

Sur une poignée de main, le bâtonnier continua son chemin en direction du *Café de la Paix*, tandis que Sam Douglass bifurquait vers le parking où il avait garé sa voiture : une Mini Moke orange, modèle 1968.

À Port-Neuf, l'avocat mit un moment à retrouver le square où habitaient Sonia et Quentin. Des enfants jouaient au ballon sur le terre-plein central et, bien que très en retard, il ne put résister au plaisir d'échanger quelques dribles avec eux.

C'est Sonia qui lui ouvrit. À sa mine défaite, Sam Douglass estima la gravité de la situation : son jeune client avait-il récidivé ? L'exposé des faits le rassura sur ce point – mais sur ce point seulement. Car pour le reste, l'affaire avait tout pour inspirer la plus grande méfiance.

— Difficile à gober, votre histoire, dit-il.

— Tu n'es pas obligé de nous croire, rétorqua Quentin.

— Enfin, vous êtes en train de me dire que vous auriez reçu par la poste un joyau historique d'une valeur inestimable ?

— Pas par la poste, rectifia Sonia. Quelqu'un l'a déposé, de nuit, dans notre boîte aux lettres.

— C'était une façon de parler... Et on peut le voir, ce trésor ?

Quentin hésita ; le scepticisme de l'avocat renforçait ses propres réticences. C'est Sonia qui, finalement, alla chercher l'écrin sur le bureau. Sam l'ouvrit sans hâte, tout en dévisageant ses clients. La beauté de l'objet le fit tout de même cligner des yeux. Il resta un moment pensif.

— Et qu'est-ce qui nous dit que ce n'est pas un faux ?

— Moi, je te le dis. C'est mon métier, quand même !

L'avocat fixa le Fou des pierres dans les yeux.

— Reconnais qu'il doit falloir posséder une raison bien puissante pour larguer dans la nature un bijou pareil !

— D'accord, mais quel genre de raison ? Moi, je ne vois pas l'intérêt de la manœuvre.

Sonia intervint. Elle s'était fait sa religion.

— Pour moi, c'est un coup des gars de Cenon, dit-elle, faisant allusion aux petits truands qui avaient dévoyé son compagnon. Ce truc a dû leur paraître impossible à écouler, et...

— Les gars de Cenon ! Et ils auraient trouvé ça où, les gars de Cenon ? objecta Quentin.

Sam calma le jeu.

— Inutile de nous perdre en conjectures, trancha-t-il. Ce qu'il faut, à présent, c'est agir concrètement. Avant toute chose, j'aimerais lire le fameux article publié sur le blog.

Sonia, prévoyante, était allée jusqu'à l'imprimer. Elle tendit à l'avocat le feuillet, illustré de trois photos : deux récentes, en couleurs, de la reine d'Angleterre et du détail de la broche ; la troisième, en noir et blanc, d'une princesse russe en robe de bal. Le titre était gentiment provocateur : « Pullinski, fournisseur de la Cour ? »

Sam prit connaissance, avec beaucoup d'attention, du texte signé *Q. Bellon*.

« La semaine dernière, à l'occasion de la *Queen's Holyrood Week* (le séjour annuel de la famille royale d'Angleterre en Écosse), la reine Élisabeth est apparue en public parée d'une remarquable broche en forme de hanneton (*photo de gauche et détail*). Comme le confirme ce portrait d'apparat de la grande-duchesse Tatiana (*photo de droite*), sa provenance ne fait aucun doute : il s'agit d'un des chefs-d'œuvre exécutés par le joaillier suédois Bolin, au début du XXᵉ siècle, pour la cour de Russie. Reste à savoir comment une telle pièce, qui ne fait pas partie des collections royales anglaises, est entrée à Buckingham... Il se murmure, dans les milieux informés, que le joyau aurait été racheté en secret à un milliardaire russe de réputation douteuse, Iouri Pullinski – surnommé l'"oligarque au cigare" –, actuellement réfugié à Londres. Si cela devait se confirmer, on n'ose imaginer l'ampleur du scandale. »

— Pour commencer, soupira l'avocat en se massant la nuque, vous allez me faire le plaisir de supprimer cet article.

— C'est comme si c'était fait, opina Sonia.

Si Quentin désapprouvait l'initiative, il se garda bien de le dire.

— De mon côté, poursuivit Sam, je vais mener ma petite enquête dans le quartier. Peut-être quelqu'un aura-t-il aperçu votre livreur de nuit...

Il sortit de la gibecière un grand cahier vierge ; c'était, chez lui, le point de départ rituel de toute nouvelle affaire.

— Quentin, j'aurais besoin de savoir qui t'a mis au courant de cette histoire de transaction entre la cour d'Angleterre et le collectionneur russe.

La réponse fusa.

— Un certain Polybe.

— *Polybe* ?

Sam nota le pseudonyme, emprunté à un historien grec antique.

— Il est inscrit sur mon forum, précisa le jeune homme. Il m'a refilé l'info PAD, avec les photos.

— « Prête à diffuser », traduisit Sonia. D'ailleurs, ça se voit : ce n'est pas du tout le style de Quentin. Bien trop ampoulé !

L'avocat fronça les sourcils.

— Et vous savez qui est ce Polybe ?

— J'ai sa fiche d'inscription, lâcha le Fou des pierres.

Il tira mollement vers lui le clavier de l'ordinateur et se mit à saisir divers codes. Sur l'écran, des fenêtres s'ouvrirent, bougèrent, se fermèrent.

— ... bien ce que je pensais : il n'y a rien derrière le pseudo. En tout cas, pas d'identité réelle.

Sam posa sur lui un regard malicieux.

— Cette identité, il n'existe aucun moyen de la retrouver ?

Quentin se montra dubitatif.

— Compliqué... Ça risque de prendre un bout de temps.

— Prends tout le temps nécessaire et fais-moi signe. En attendant, j'ai de quoi m'occuper.

Avant de s'éclipser, l'avocat déposa un petit baiser sur le front de la jeune femme.

— Tu devrais te remettre au travail, lui conseilla-t-il. Le soclement te changerait les idées.

— Soclage, pas « soclement » !

Sonia fabriquait des socles et des stèles, pour présenter les objets d'art de musées ou de collections privées. Elle avait une commande en cours, mais ne se sentait pas le cœur à l'ouvrage.

En entrant au *Café de la Paix*, Sam Douglass craignait que le bâtonnier n'en soit déjà reparti. Il jeta un coup d'œil circulaire aux tables de bistrot, un peu écrasées par le pompeux décor de cette brasserie 1900. Tout de suite, il repéra Sovert qui, depuis sa banquette, agitait le bras dans sa direction.

— J'ai besoin d'un conseil avisé, attaqua le pénaliste.

— Asseyez-vous, mon cher Sam. Vous avez déjeuné ?

— Oui, merci, mentit Sam.

— Un petit café, dans ce cas ? Pour m'accompagner.

— Volontiers... Pierre-Jean, je me retrouve avec une énigme sur les bras : une broche provenant des tsars de Russie, dont le pendant appartient à la reine d'Angleterre, et que l'on a déposée, sans crier gare, dans la boîte aux lettres de mes jeunes clients.

— Eh bien : voilà peut-être l'affaire « un peu forte » que tout à l'heure j'appelais de mes vœux.

Il fit signe au garçon de rapporter deux cafés.

— Mon problème, dit Sam, c'est que, précisément, il n'y a pas d'affaire à ce stade.

— Il y en aura une, forcément ! Question de temps.

— C'est qu'en attendant je ne voudrais pas travailler en pure perte...

— Considérez cela comme un devoir de vacances ! Quittez la posture de l'avocat et jouez les détectives. La saison s'y prête : enquêtez pour le plaisir, amusez-vous, sans chercher la rémunération immédiate. Croyez-en ma longue expérience : c'est le meilleur moyen de faire de l'argent. Et quand bien même il n'y aurait rien à gagner, au moins vous vous serez amusé... Vous verrez, Sam : le plus important, à la fin des courses, c'est de pouvoir se dire qu'on a bien occupé son temps.

Sam Douglass lui décocha un sourire plein de connivence et de gratitude : ces phrases représentaient, mot pour mot, la caution qu'il était venu chercher.

5

C'est Sonia qui rappela l'avocat, en fin d'après-midi. Il accourut et la trouva presque rassérénée. Se rappelant son goût pour la pâtisserie, elle avait même trouvé l'énergie de faire cuire une préparation de moelleux au chocolat et lui en servit un morceau dans une assiette en carton.

— Tu excuseras le service, murmura-t-elle avec un regard où se mêlaient un soupçon de gêne et beaucoup d'indulgence pour la gourmandise du visiteur.

Sam ne put s'empêcher de penser que, dans son malheur, Quentin avait de la chance de partager sa vie avec une fille si intuitive.

— J'ai ramé, déclara le jeune gemmologue… Pas pour rien, cela dit : la connexion est chez un certain… un certain… Enguerrand Eudes ! Et c'est à…

Il cherchait le Post-it où il avait noté le nom de la ville.

— Pierrefonds ! lui souffla Sonia. Pas loin de Compiègne.

Sam faillit avaler sa bouchée de travers.

— Eudes Enguerrand ? Vous voulez dire : *l'auteur* ?

— Tu le connais ?

— Tu parles, si je le connais ! Il vient d'être élu à l'Académie française en même temps que sa femme ; c'est la première fois que ça arrive. Les médias en ont fait des tartines, le mois dernier. Ainsi donc Polybe serait quelqu'un d'important…

— En tout cas, il est sur liste rouge.

L'avocat tendit la main à son client de manière théâtrale.

— Décidément, cher monsieur Bellon, votre affaire me paraît peu banale !

Quentin sèrra cette main tendue ; il se sentait flatté par l'estime de l'avocat. C'est Sonia qui, cette fois, se montra perplexe.

— Et qu'est-ce qui vous prouve que ce type a bien un rapport avec la fameuse broche ?

— Rien, lâcha Quentin.

— Non seulement rien ne le prouve, admit Sam, mais, pour tout te dire, j'en serais le premier étonné. Simplement, nous n'avons pas, pour le moment, de piste plus solide… J'ai passé l'après-midi à cuisiner vos voisins à propos de votre mystérieux livreur de joyaux à domicile : personne n'a rien vu, rien entendu.

— Il fallait…

La sonnerie du poste fixe – une imitation stridente des anciens timbres téléphoniques – les fit sursauter tous les trois. Machinalement, Quentin contrôla son bracelet électronique. C'est Sonia qui décrocha.

— Allô… Pardon ?… Fou des pierres, oui… Comment ? Vous aimeriez parler à M. Bellon…

Le regard de la jeune femme trahissait son agitation. L'avocat tendit un bras déterminé.

— Je… Je vous passe quelqu'un, bredouilla Sonia, sous le regard consterné des deux autres.

Sam Douglass s'empara du combiné.

— Oui ? Quentin Bellon à l'appareil, dit-il avec un aplomb qui arracha un sourire à l'intéressé. Vous souhaitiez me parler ?

— Monsieur Bellon, pardonnez-moi de vous appeler chez vous, mais je n'ai trouvé que ce numéro, commença une voix rauque. Laissez-moi me présenter : Tacha Loubet. Je prépare en ce moment un livre sur les joyaux des Romanov. Monsieur, vous êtes bien, n'est-ce pas, l'auteur de cet écho polémique à propos d'une broche que portait récemment la reine d'Angleterre...

— Je récuse le terme « polémique », intervint-il avec le vocabulaire du prétoire.

— J'aurais dû dire impertinent. Monsieur, je suis certaine que nous pourrions nous apprendre beaucoup, mutuellement. Il est donc utile que nous ayons un entretien. Je suis prête à venir jusqu'à vous, si vous le souhaitez...

— Je peux très bien me déplacer.

Il y eut un silence. L'avocat enclencha le mode haut-parleur, par égard pour ses clients.

— Comme vous voudrez... Seriez-vous à Paris dans les jours qui viennent ?

— J'avais prévu de m'y rendre.

— Parfait. Que diriez-vous, par exemple, d'un déjeuner discret au Chalet des Îles, dans le bois de Boulogne ?

— Dès demain, si vous voulez. À treize heures, cela vous irait ?

Il y eut un nouveau silence.

— Demain, nous serons vendredi ? Non, désolée, j'ai prévu de voyager. Mais... lundi, si vous voulez.

— Lundi, sans problème.

Quentin leva le pouce, en signe d'approbation.

— Parfait : nous disons donc lundi, à treize heures, au Chalet. Je vous redis mon nom : Tacha Loubet. Notez aussi mon mail : tachaloubet@gmail.com. Tachaloubet en un seul mot.

Visiblement, la mystérieuse interlocutrice n'avait pas l'intention de confier si facilement son numéro de portable.

— S'il vous plaît, madame Loubet... Vous m'avez bien dit que vous prépariez un livre d'histoire sur de grands joyaux ?

— En effet.

— Dans ce cas, vous pouvez peut-être me rendre un service.

— J'en serais ravie...

— Je cherche justement à joindre un couple d'historiens. Il s'agit de ces nouveaux académiciens : les Enguerrand.

Il y eut un troisième silence au bout de la ligne.

— Malheureusement, je ne les connais pas personnellement.

— Je me disais que votre éditeur les connaîtrait peut-être...

— J'en doute.

— Cela tombe mal... Voyez-vous, si je ne parviens pas à les joindre, je vais devoir repousser mon déplacement à Paris.

Un dernier silence, encore un peu plus long que les précédents.

— Donnez-moi une adresse mail où vous joindre.

Sonia désigna, sur l'écran de l'ordinateur, l'adresse qui figurait à la rubrique « Contact » du blog.

— Alors : info@foudespierres.fr.

— C’est noté, fit la voix rauque. Je vais tâcher de vous trouver leur numéro.

Cette fois, Quentin leva carrément les deux pouces.

6

Le feu venait de passer au vert. Tacha démarra en douceur.

— À propos… Monsieur Bellon ?

— Je vous écoute.

— Encore un mot, le dernier : soyez prudent.

— Pourquoi me dites-vous cela ?

— J'ai mes raisons, monsieur. Restez sur vos gardes.

Elle caressait, plus qu'elle ne le guidait, son volant gainé de cuir rouge.

— Y a-t-il quelque chose que je devrais savoir ?

Elle se dit qu'en plus d'une belle voix ce garçon possédait une habileté certaine.

— Disons… Disons que les personnes mises en cause par votre article – je ne parle pas de la Couronne d'Angleterre, bien entendu, mais d'autres personnes –, ces gens-là peuvent se révéler dangereux. Aussi bien, monsieur Bellon, si j'étais à votre place, je ne parlerais plus de cette affaire à quiconque avant lundi.

— Je vais suivre votre conseil. Bon week-end !

Tacha déposa son iPhone dans une encoche spéciale du tableau de bord. Tirant le pare-soleil, elle jeta un coup d'œil au petit miroir qui, comme toujours, lui renvoya l'image qu'elle attendait : celle d'une femme épanouie, pour ne pas dire rayonnante. Et bronzée... Elle portait ce soir-là un caraco de soie légère à motifs ocelot, dont la forme croisée, audacieuse, laissait deviner la naissance des seins. Quentin Bellon, se dit-elle, l'aurait sûrement apprécié... D'ailleurs, à quoi pouvait-il bien ressembler ? Le plumage était-il à la mesure du ramage ?

Tacha releva le pare-soleil d'une pichenette, se carra dans son siège de cuir rouge et, d'un doigt nonchalant, mit en marche le lecteur de CD. Les accents poignants du *Nessun dorma* de Puccini retentirent. Elle réfléchit.

L'intérêt du blogueur pour les Enguerrand était plutôt mauvais signe : cela prouvait que lui aussi enquêtait sur la source de la rumeur. Ce jeune imbécile risquait de s'y brûler les ailes... La conductrice réprima un bâillement. Sur le boulevard périphérique, sa Mini Aston Martin – de la série très limitée « Cygner » – serpentait prestement d'une file à l'autre. Elle prit la sortie Porte d'Auteuil.

Depuis le carrefour, on apercevait, sur un fond vert sombre, la silhouette de sa maison de Boulogne. Bâtie dans les années 1930 sur des plans de Mallet-Stevens, la vaste villa figurait dans tous les manuels d'architecture Art déco. Ce n'était pas tant ce qui ravissait Tacha, que l'ampleur de ses volumes et la justesse inouïe de ses proportions... On lui en avait offert, bien des fois, des fortunes ; jamais elle n'avait pu se résoudre à s'en séparer.

D'aussi loin qu'elle put, elle actionna l'ouverture de la porte du garage. Le minibolide s'y glissa, comme une capsule d'exploration de retour à sa base. Tacha s'en extirpa, les bras chargés de toute une documentation ; elle traversa la chaufferie et, tout de suite, se retrouva dans le hall de marbre de la maison.

Chandana, le maître d'hôtel, accourut à sa rencontre. Il était, comme chaque soir, porteur d'un lot de nouvelles.

— Bonsoir, madame. Le *coach* a téléphoné : il ne pourra pas venir. Le bananier du fond a été changé ce matin. M. Gianni va mieux, le kiné est venu…

— Tant mieux. Et Gustav ?

— Oh ! il a dormi toute la journée ! Il n'a pas aimé le saumon d'hier soir. M. Gianni est en bas, dans le spa.

— Bien. Et Gustav ?

— À mon avis, il vous attend dans votre chambre, répondit le Sri Lankais avant de se raviser. Non, regardez, le voici !

Gustav était un chat birman *seal point* qui vint se contorsionner avec grâce dans les jambes de sa maîtresse.

— Bonjour, bonjour, lui dit-elle. Pardonne-moi, trésor, mais je sors d'une réunion harassante. Chandana, soyez gentil, préparez-moi un petit thé vert.

— Bien sûr, madame.

Gianni ! Dans la kyrielle de gigolos qu'elle avait entretenus depuis tant d'années, aucun n'aurait pu prétendre, autant que ce garçon, au titre d'esclave. Issu d'une fratrie lombarde aussi nombreuse qu'obscure, il incarnait la trinité maudite du voyou de salon : brutalité, cupidité, docilité. Pour le reste, aucune résistance à attendre de cet animal à crin blond, toujours à moitié nu, et *shooté* aux deux tiers...

Réprimant un bâillement, Tacha entra dans le bureau, jeta son sac sur le canapé bas – modèle unique de Jean-Michel Frank – et alluma l'ordinateur à très grand écran pour effectuer plus confortablement un ultime tour de ses e-mails perso. Elle s'apprêtait ainsi à clore une lourde journée, quand son regard fut attiré par un message qualifié d'« important/urgent » ; Isabelle, sa secrétaire, l'avait transféré moins d'un quart d'heure plus tôt.

C'était une dépêche de l'agence russe RIA Novosti, que Tacha relut plusieurs fois.

> « *Moscou, 12 juin – RIA Novosti.* "Un ensemble important de joyaux ayant appartenu à l'ancienne maison impériale de Russie, et plus directement à l'impératrice Alexandra Feodorovna, épouse de l'empereur Nicolas II, a été soustrait des réserves confidentielles du fonds diamantaire du Kremlin", a confié ce matin le porte-parole du ministère de l'Intérieur. Ce détournement organisé d'un patrimoine de l'État, qualifié de "considérable et sans précédent", se serait produit entre 1996 et 1999, à l'époque de la présidence de Boris Eltsine, et aurait été tenu secret depuis lors "pour des raisons liées à la progression de l'enquête", a précisé Evgueni Soloviev au cours d'un entretien avec la presse de Moscou. Le butin des mystérieux malfaiteurs, dont un inventaire détaillé devrait être communiqué "dans un délai raisonnable", se composerait essentiellement de bijoux mis à l'abri par l'impératrice elle-même et par ses filles, les grandes-duchesses Olga, Tatiana, Maria et Anastasia,

avant leur transfert de Tsarskoïe Selo à Tobolsk, en août 1917. »

— « Considérable et sans précédent »..., répéta-t-elle.

Sur le coup, elle eut envie d'appeler Maxim Weitz, à Londres – mais peut-être était-il dans l'avion pour New York... À la réflexion, elle préféra laisser passer l'orage.

Le thé vert l'attendait dans sa chambre aux murs d'or mat, ornée de hauts paravents en laque de Coromandel. Elle en but à peine une gorgée, puis entreprit de se changer pour sa séance d'exercice – avec ou sans *coach*, il n'était pas question pour elle d'admettre un relâchement quelconque. Elle avait, dans sa jeunesse, brillé dans les sports de combat.

Elle venait d'entrer dans la verrière en demi-lune, aménagée en salle de sport high-tech, quand Gianni la rejoignit, venant du jacuzzi voisin. Le jeune Italien était dans sa tenue préférée – celle d'Adam – et, selon son habitude, il s'approcha d'elle en ondulant lascivement.

— Comment va la Tacha de mes rêves ?

— Ton dos va mieux, on dirait...

Il lui fit un baiser au défaut du cou, comme un vampire assoiffé. Dans les débuts, ses invites langoureuses avaient rendu Tacha folle de désir ; mais à la longue, le manège l'avait lassée. Pour un peu, elle lui aurait demandé d'aller se rhabiller. Sans décoller sa bouche du cou de sa maîtresse, Gianni fit pivoter Tacha de telle sorte qu'ils se retrouvèrent face à un mur de miroirs. Il releva enfin la tête, comme repu.

— Tu ne trouves pas qu'on fait un beau couple ?

— Sublime, trésor.

— Dans ce cas, pourquoi me caches-tu, Tacha ? J'ai l'impression d'être au harem.

— Moi pas..., rétorqua-t-elle, cinglante.

Elle mit son tapis de course en route, sous le regard soudain mauvais du jeune homme.

— Sors-moi d'ici, *diavolo* ! jura-t-il avec force.

— J'avais cru comprendre que tu venais avec moi, demain soir...

Un week-end sur deux, Tacha rendait visite à sa mère.

— Merci du voyage ! râla l'Italien. Tu sais très bien ce que je veux dire : emmène-moi dans tes soirées ! Au lieu de me cloîtrer, comme si tu avais honte de moi.

— C'est peut-être que tu n'es pas très sortable...

Il parut piqué au vif.

— Ah ! parce que tu veux jouer à ça ? Tu veux que je compare nos passés respectifs ?

Cette réponse eut pour effet de la crisper.

— Si tu fais référence à mon regretté mari, apprends une chose, bonhomme, c'est qu'il y a truand et *truand*. Et que si Marcel Loubet était encore là, il ne se donnerait même pas la peine de t'adresser la parole.

— Un jour, je m'enfuirai, menaça-t-il.

— Ah oui ? Pour aller où ? Tu es grillé, mon pauvre ami. Sans moi, tu n'as aucun avenir.

— Je peux toujours changer de partenaire...

— Arrête ton char ! le coupa-t-elle. Regarde-toi : soumis jusqu'à l'esclavage.

— J'ai connu le temps où les esclaves ne te gênaient pas...

Elle le toisa et, montant sur le tapis mécanique, lança de sa voix rauque une de ces formules-chocs dont elle avait le secret.

— Ils ne me gênent pas, ils me gonflent.

7

Grâce à Tacha Loubet, Sam Douglass était parvenu à joindre, chez eux, les nouveaux académiciens. C'est Mme Enguerrand elle-même qui avait décroché. Sam Douglass lui avait servi un argumentaire sur mesure. « Je suis journaliste littéraire, à La Rochelle. J'admire infiniment votre œuvre, et puisque l'Académie doit vous recevoir bientôt parmi ses membres, je serais très honoré de signer un grand portrait de vous deux, pour *Sud-Ouest*. » L'historienne avait bien manifesté quelque réticence et tenté de renvoyer l'importun à son attachée de presse, mais Sam avait alors usé de ce qui devait se révéler la plus efficace des bottes secrètes. « Tacha Loubet, qui m'a confié vos coordonnées, me disait... » Il n'avait pas eu besoin d'en faire davantage : au seul nom de Tacha Loubet, Berthe Enguerrand s'était détendue ; et c'est avec mille politesses et des sourires dans la voix qu'elle lui avait fixé rendez-vous pour le lendemain, vendredi, à 16 heures précises. À leur domicile de Pierrefonds.

L'avocat prit donc le TGV Atlantique et mit son voyage à profit pour consulter un volume qu'il avait acheté à sa sortie, sans jamais le lire. Il aimait les ouvrages d'histoire et les collectionnait plus ou moins, dans la perspective d'une ère hypothétique où il aurait le temps de bouquiner... *Romanoff Gold*, de William Clarke, évoquait l'immense fortune de la famille impériale russe, joyaux compris. L'avocat consacra toute son attention aux premières pages, qui rappelaient l'avènement de Nicolas II au trône de Russie, en 1894 – à vingt-six ans seulement. Il se remit en mémoire les soubresauts d'un règne difficile, marqué par une grave défaite contre le Japon, en 1905, et par la révolution avortée qui l'avait suivie. Sam avait toujours nourri un faible pour les Romanov ; il aimait cette cellule familiale idéale : des parents jeunes et amoureux, étrangement modernes, et des enfants charmants, si beaux... Sept personnes attachantes, unies, soudées même dans l'adversité : le tsar Nicolas, la tsarine Alexandra, leurs quatre filles et le petit dernier, malheureusement frappé d'hémophilie, le tsarévitch Alexis.

Tous massacrés pendant la révolution russe. En juillet 1918.

Ce que Sam, avant d'ouvrir ce livre, n'avait en revanche pas soupçonné, c'était l'ampleur inouïe de la fortune des Romanov : une fortune en domaines, en palais, en or, en bijoux, en devises qui faisait d'eux les souverains les plus riches de leur époque. À la tête d'un trésor gigantesque, évanoui dans les fumées de la Révolution – trésor dont Clarke expliquait, preuves à l'appui, qu'il n'avait pas été perdu pour tout le monde...

Près de la gare Montparnasse, Sam Douglass loua un scooter – une machine un peu voyante, dont la peinture blanc nacré n'avait rien à envier à l'orange pailleté de sa Mini Moke... Il avait apporté son GPS et y saisit l'adresse de l'hôtel, situé rue des Écoles, en plein Quartier latin. C'est là qu'il résidait, chaque fois qu'il venait à Paris.

Au début de l'après-midi, il prit le chemin de Pierrefonds, au-delà de la grande banlieue nord. Tout en se débattant avec une circulation impossible, il songeait à l'enchaînement rapide des événements, ces dernières vingt-quatre heures : l'appel au secours de Sonia Marchessou, compagne de Quentin Bellon ; l'identification du mystérieux Polybe ; l'invitation inattendue de la fameuse Tacha ; à présent ce thé chez des écrivains à la mode… Et tout cela, parce qu'un hanneton de perle et d'émeraudes s'était posé, de nuit – peut-être par erreur – dans la boîte aux lettres d'un petit gemmologue anonyme, en liberté surveillée !

Sam Douglass ne savait pas encore où cette enquête le conduirait ; mais il faisait confiance au bâtonnier Sovert et comptait bien suivre pleinement son conseil : enquêter, s'amuser, voir venir… Il vérifia, pour se rassurer, que la broche était bien à sa place. Il lui avait fallu au moins deux heures pour convaincre Quentin de la lui confier – comme s'il en avait été le dépositaire légitime !

Pierrefonds séduisit Sam dès l'abord. Il ne s'était pas attendu à tomber, si près de Paris, sur une station d'opérette avec son lac et ses pédalos, ses villas d'un kitsch aimable et, dominant le tableau, l'incroyable meringue du château néomédiéval hérissé de tours. Il repéra les boulangeries locales et choisit la plus surannée pour y acheter une « paille à la framboise » qui se révéla succulente.

La demeure des Enguerrand se trouvait sur le coteau, en surplomb du lac, et, toutes proportions gardées, n'avait rien à envier au château pour les ornements gothiques : fenêtres à tout petits carreaux, échauguettes aux angles et, sur le toit, tout un bestiaire en épis de faîtage... L'avocat ne put s'empêcher de sourire à l'idée que deux auteurs si sérieux puissent habiter ce castel tout droit sorti des studios Dreamworks.

Il dut sonner deux fois avant d'être reçu par une employée de maison, en blouse rose.

— Vous êtes le monsieur du journal ? Mme Enguerrand va vous recevoir. Elle est au jardin, dit-elle en le conduisant jusqu'au salon, d'où la vue embrassait, par-delà le château, les frondaisons bleutées de la forêt de Compiègne.

Tout le décor, du tapis de chintz aux canapés fleuris, des sous-verre à touche-touche au Fender, devant la cheminée, donnait à la pièce une atmosphère de cottage anglais.

L'entrée de la maîtresse de maison fut précédée par celle d'un joli chien blanc à longs poils qui, d'un bond prodigieux, sauta de la porte jusqu'aux genoux de l'invité. Sam en eut le souffle coupé ; il ne put même pas se lever pour saluer Berthe Enguerrand.

— C'est joueur, le bichon ! s'excusa-t-elle. Et surtout, ça saute sur les gens. Les Chirac avaient le même, ils ont dû s'en séparer, vous savez ?

L'avocat, amusé, se débarrassa de l'animal et salua son hôtesse. C'était une petite femme coquette, presque forte, qu'un élégant tailleur écossais ainsi qu'un brushing impeccable faisaient ressembler à une poupée. Elle portait aux oreilles des clips en or très présents. Le sourire de Berthe Enguerrand était aussi réglé que sa mise ; il pouvait faire place, en un instant, à une physionomie stricte, rendue même inquiétante par l'acuité du regard.

— Ainsi, vous travaillez pour *Sud-Ouest*, lança-t-elle d'une voix pointue.

— En free-lance, précisa tout de suite Sam.

— J'avais une bonne amie dont la famille a possédé *La Petite Gironde*, qui est devenu *Sud-Ouest* à la Libération.

Comme ces personnages de dessin animé qui marchent un moment dans le vide avant de s'apercevoir que le sol s'est dérobé sous eux, elle revint brutalement à la réponse de Sam.

— Free-lance ? Cela veut-il dire que vous n'avez aucune garantie quant à la diffusion de votre article ?

— Ma garantie, c'est vous, madame. Ils seront trop heureux de vous mettre à la une !

Elle esquissa un sourire de commande.

— Mon mari va nous rejoindre. Que vouliez-vous donc savoir ?

Sam Douglass avait eu le temps, à l'hôtel, de potasser la biographie du couple ; il avait même poussé le zèle jusqu'à acheter *Le Point*, où ils tenaient chronique chaque semaine. Il fit donc illusion et put mener l'entretien jusqu'à l'arrivée d'Eudes Enguerrand.

Sans être vraiment grand, celui-ci jouissait d'une stature qui l'imposait. Presque chauve, le visage un peu rouge, il arborait le sourcil levé et la mâchoire serrée d'un homme habitué au monocle – même s'il y avait renoncé, selon ses propres termes, « par une concession coupable à la médiocrité des temps ». Le plus surprenant, dans sa tenue, était son exacte gémellité avec celle de son épouse.

— J'aime beaucoup vos chaussures ! lança-t-il à Sam d'entrée de jeu, sur le ton du plus parfait sérieux.

Les sneakers argentées à semelles compensées, portées sans chaussettes, avec un costume à carreaux, avaient peu de chances d'avoir séduit un homme si classique.

— Merci, répondit le faux journaliste. J'étais en train de dire à votre épouse que j'aimerais consacrer un encart spécial à votre récent album : *Joyaux des cours d'Europe*.

— Les bijoux, c'est Berthe ! trancha l'écrivain, d'un ton sans appel.

— Enfin, c'est toi qui as tout écrit ! protesta gentiment sa femme.

— Mon ami, reprit Eudes en posant une main paternelle sur l'épaule de son visiteur, apprenez ceci : Berthe pense et moi j'écris. C'est l'essence de notre collaboration. À elle la connaissance historique et les profondes recherches – vous savez qu'elle est docteur, et agrégée… À moi la divine corvée des scribouillards !

— Eudes, je t'en prie…

— Mais, *dear*, il faut bien informer notre jeune ami !

Il fixa soudain Sam avec intensité.

— Comme cela, vous vous intéressez aux joyaux ?

L'avocat soutint son regard avec un détachement auquel se mêlait une pointe d'ironie.

— J'ai photographié celui-ci pas plus tard qu'hier, répondit-il en mettant l'écran de son BlackBerry sous les yeux d'Enguerrand.

Y figurait un cliché du hanneton, version émeraudes. L'écrivain l'observa une fraction de seconde, cligna des yeux, s'abstint de tout commentaire.

— On peut voir ? minauda Berthe.

— Sans intérêt, *dear*. Vraiment sans intérêt.

L'entretien se poursuivit dès lors sur un mode plus tendu, avec maintes allusions de Sam Douglass aux dangers d'Internet, des forums et autres *chats*… L'avocat se disait qu'il n'avait pas d'autre moyen de pousser Polybe à la confession. Et il avait raison : à la fin, tandis qu'il renouvelait à l'historienne ses félicitations pour ce coup double académique, il entendit, dans son dos, l'écrivain lui proposer de « marcher un peu ».

— Ça promènera le chien, se justifia-t-il.

— Encore ? Mais je viens de le sortir ! protesta sa femme.

— Nous sommes vendredi 13 : disons que c'est son jour de chance…

Sam Douglass triomphait *in petto*. Il n'avait plus qu'à laisser Polybe se livrer…

Ils cheminèrent un moment côte à côte, en silence, jusqu'au bord du coteau. Soudain, Eudes Enguerrand l'arrêta de la main ; il le regarda droit dans les yeux.

— Vous n'êtes pas journaliste, n'est-ce pas ?

— Je le suis à mes heures…

— Où avez-vous pris cette photo ?

— Je l'ai « repiquée », mentit Sam.

— Vous savez ce que c'est ?

— Et vous, cher Polybe ?

Le coup porta. Eudes Enguerrand tira d'un geste sec sur la laisse du bichon maltais. La promenade touchait à son terme.

— Vous ne faites rien, demain ?

— Je suis libre comme l'air…

— Alors, vous devriez passer me chercher à l'*Interallié*, vers 14 heures. Je vous conduirai chez celui qui, en la circonstance, a informé Polybe.

Pour toute réponse, l'avocat se contenta d'un large sourire. L'écrivain s'inclina sèchement, à la prussienne.

— Pas un mot à ma femme, c'est évident.

Il s'éloignait déjà quand il éprouva le besoin de se retourner ; son visage était redevenu presque serein.

— Il faudra qu'un jour vous m'expliquiez quand même où vous avez photographié cette reconstitution du Hanneton vert.

8

— Vous m'auriez dit que vous veniez en taxi, j'aurais gardé le mien ! lâcha Eudes Enguerrand, sans aucun égard pour le chauffeur.

Sam croisa le regard de celui-ci dans le rétroviseur.

— Je suis sûr que monsieur va nous mener à bon port, dit-il avec diplomatie.

Depuis près d'une demi-heure qu'ils faisaient route ensemble, la conversation n'avait porté que sur des vétilles : l'impolitesse des Parisiens, leur incivilité, leurs tenues « impossibles » selon l'écrivain. Cette diatribe amusait Sam plutôt qu'elle ne l'irritait ; l'éclat de malice qui animait son regard frisait l'impertinence.

— Vous portez toujours une musette comme celle-ci ?

Il désignait le sac à bandoulière de Sam, taillé dans un tissu de camouflage.

Cet échange était d'autant plus incongru qu'Enguerrand n'était pas lui-même un modèle de discrétion : il portait, ce jour-là, en dépit du temps magnifique, une houppelande à la Sherlock Holmes, avec la coiffure assortie.

— Vous connaissez, bien sûr, le cimetière russe de Sainte-Geneviève-des-Bois, déclara-t-il tout à trac, comme s'il lançait une de ses conférences.

Sam s'empressa de l'encourager dans cette voie.

— C'est là, je crois, qu'est enterré Rudolf Noureev…

— Noureev, Lifar et autres saltimbanques, mais aussi Tarkovski, le prince Youssoupov – qui zigouilla Raspoutine – et même le fils Fabergé !

« Saltimbanques » : le mot déplut à Sam.

— Au départ, tout est né d'un hospice ouvert par une princesse russe exilée – Russe blanche, cela va de soi. Qui dit hospice, dit cimetière ; qui dit cimetière, dit église : voilà comment est née l'église de la Dormition !

— C'est là que nous avons rendez-vous ?

— Pop-oh !

Eudes Enguerrand se couvrit le visage de sa casquette, d'un geste si cabotin qu'on aurait pu le trouver drôle.

— Vous n'y songez pas ! L'église, le cimetière, la Maison : tout cela relève hélas du patriarcat de Constantinople ! Je vous épargne le cours obligé sur les bisbilles entre orthodoxes ?

— J'ai compris, à vous lire, que votre cœur penchait du côté de l'Église russe hors frontières…

— D'avant ! précisa le conférencier en levant un index rageur. D'avant la pitrerie de 2007 et le funeste rabibochage avec les muftis moscovites !

Sam perdait pied ; les finasseries d'Eudes Enguerrand lui échappaient en grande partie.

— Nous nous rendons, pour notre part, à la *vraie* Maison russe, poursuivait l'autre. L'homme qui va nous y recevoir, Iliodore, est un diacre d'avant 2007. Or je ne crois pas qu'il existe, en France tout au moins, d'observateur mieux instruit de ce qui concerne l'héritage, spirituel et matériel, des Romanov.

— C'est donc lui qui vous a renseigné sur la transaction secrète entre...

— Pop-oh !

D'un coup de menton, l'écrivain désigna le chauffeur de taxi. Puis il se coula vers Sam d'un air soupçonneux et, faisant un écran de son couvre-chef, lui chuchota un début d'explication.

— Iliodore m'a fait passer le dossier, pensant que je pourrais m'en faire l'écho dans notre chronique hebdomadaire du *Point*. Seulement, mon épouse n'y tenait pas ; elle déteste ce genre de ragots... Moi, cela m'ennuyait de gâcher une telle matière première ; alors une idée m'est venue : comme je connaissais le blog *Fou des pierres*, l'étant moi-même – fou des pierres, je veux dire – vous me suivez ? j'ai transmis sous pseudo...

La voiture s'était arrêtée devant l'adresse demandée, et le chauffeur, un peu gêné, s'efforçait d'ignorer cette messe basse, célébrée sous casquette...

La « vraie » Maison russe était un modeste pavillon de banlieue en pierre meulière, précédé d'une courette et jouxtant un mur aveugle. Entre le mur et la maison, sur la gauche, un boyau paraissait conduire à un jardinet qui devait occuper l'arrière. C'est une espèce de géant qui les accueillit. Du haut du perron, il affichait un air méfiant, ce qui ne le retint pas pour autant d'activer le déverrouillage électrique du portillon. Il salua froidement les visiteurs et les pria sans amabilité d'entrer dans l'étroit vestibule.

— C'est tellement gentil, frère, de nous recevoir, eut le temps de déclarer l'écrivain.

Iliodore était un homme d'un certain âge, dont la barbe profuse, le visage osseux, les grands yeux tendres et fixes faisaient irrésistiblement songer à Raspoutine. Son aspect plus qu'intimidant était accentué par des mains immenses et noueuses – les mains d'un paysan sibérien. Il portait une sorte de blouse de drap gris, sans col. Peu aimable et très peu disert, il précéda ses visiteurs dans un bureau de taille modeste, voire étriqué, que ne parvenait pas à agrandir le miroir occupant presque tout le mur de gauche.

— Entrez, je vous en prie.

Les autres murs étaient couverts d'icônes russes, plus ou moins belles. Les trois hommes s'assirent sur de vieilles chaises pliantes, en plastique translucide, de la couleur du verre fumé.

— Je vous écoute, dit le diacre à l'écrivain, tout en affectant d'ignorer celui qu'il devait considérer comme un intrus.

Eudes Enguerrand se répandit en politesses, mais il se hâta de passer la parole à Sam. Ce dernier, tout sourire, parla sans se faire prier. Il enchaîna les questions habiles, auxquelles le diacre répondit de façon minimale, par quatre formules universelles : « oui », « non », « je pense » et « je ne pense pas ».

Il faisait chaud dans ce bureau bien exigu, et l'on y entendait voler, au sens propre, une grosse mouche. Peut-être deux... Jetant un regard par l'unique fenêtre, l'avocat eut la confirmation de l'existence, derrière la maison, d'un petit jardin bordé par une remise. Tout cela respirait la banalité.

Même Eudes Enguerrand, si familier du diacre à ce qu'il avait dit, paraissait désarmé par son soudain mutisme. À détailler le regard aigu du bonhomme, ses cernes et ses traits tirés, Sam Douglass ne put s'empêcher de voir en lui un homme méfiant ; peut-être même se trouvait-il sous l'emprise de la peur.

— Ce qui intéresse notre jeune ami, se risqua l'écrivain en désespoir de cause, ce serait de savoir d'où vous teniez, vous-même, ce dossier que vous m'avez si obligeamment transmis.

La question demeura en suspens un moment, puis le diacre se racla la gorge et, tout en se levant pour mettre un terme à l'entrevue, se contenta d'un geste d'impuissance – manière de dire : « Saura-t-on jamais ? » En raccompagnant ses visiteurs, il consentit tout de même à leur recommander une visite du cimetière.

— Il est très beau, très paisible, dit-il en refermant déjà sur eux la porte de sa maison.

Eudes et Sam suivirent le conseil, moins par conviction que pour éviter d'être venus pour rien… Passablement dépités l'un et l'autre, ils déambulèrent donc en silence parmi les tombes, sur des tapis de pelouse, au milieu de bulbes dorés et de croix orthodoxes… C'était un après-midi de plein soleil, et la pénombre des sapins et des bouleaux, par endroits, n'en était que plus agréable ; elle renforçait ce qu'il y avait de profondément russe dans l'atmosphère ; l'écrivain se sentait comme transporté au beau milieu d'une page de Tolstoï.

L'avocat, de son côté, avait pu trouver la tombe de Noureev – une mosaïque réaliste de Frigerio figurant les plis et replis d'un tapis kilim. L'écrivain l'y rejoignit, tête basse.

— Je regrette ce terme de « saltimbanque », concéda-t-il. C'était idiot. Et d'autant plus que ma femme et moi étions de grands admirateurs...

Ce n'étaient que trois phrases, mais elles firent plaisir à Sam. Il préparait une réponse digne de ce bel effort, quand ses pensées furent accaparées par le ronflement grave d'une moto. Une Yamaha 450 WR – il aurait reconnu sa sonorité entre cent. Enguerrand soupira.

— Une moto dans un cimetière, à présent ! Voilà où nous en sommes...

L'avocat mit un moment à repérer l'engin qui, après un ou deux tours du côté de la petite église, s'était mis à filer, noir et furtif, au gré des allées. Le pilote était-il conscient de troubler la sérénité d'un lieu sacré ? Sam approcha de l'allée voisine, plus dégagée, pour mieux l'apercevoir. Mais la Yamaha, dont le moteur restait audible, semblait avoir disparu.

— Si ce n'est pas malheureux..., déplora l'écrivain.

Soudain, alors même que Sam venait de renoncer à la suivre des yeux, la moto reparut au détour de l'allée opposée. Elle s'était rapprochée d'au moins deux secteurs, et était à présent bien visible. D'évidence, le pilote était à la recherche de quelque chose – probablement une tombe... Son casque et sa combinaison, tout noirs, semblaient un prolongement de la mécanique elle-même.

L'engin fit le tour du carré, puis il reprit l'allée où se trouvait l'avocat, jusqu'à le frôler. À ce moment, Sam, gêné par le soleil, utilisa sa main droite comme visière : il lui sembla plus que probable que le pilote était une femme.

— Elle s'en va, cette fois, dit-il en la regardant prendre, sur la gauche, l'allée principale du cimetière.

Il devait admettre que l'intrusion l'avait perturbé.

— Vous croyez cela ? Moi pas, répliqua Enguerrand, tandis que la moto reparaissait, insistante, au détour d'un bosquet de conifères.

Quand Sam vit qu'elle s'arrêtait, il décida de s'en approcher pour interroger le pilote. La femme avait posé un pied par terre et semblait regarder dans sa direction – comme pour le défier. Tout à coup, dans un rugissement terrible, la moto repartit, bondissant littéralement vers Sam qui comprit – trop tard – qu'on lui fonçait dessus. Son premier réflexe fut de s'abriter derrière une sépulture ; mais, par un excès de scrupule, il prit finalement le parti opposé et sauta vers le milieu de la chaussée. La conductrice en profita ; imposant à son engin la plus hardie des volte-face et projetant une gerbe de gravier, elle se rua sur sa proie comme le taureau dans l'arène. La machine percuta Sam, qui perdit l'équilibre et tomba ; il s'agrippa au sac qu'on s'efforçait de lui arracher. Cramponné à la bandoulière, il se laissa même traîner, soulevant poussière et pierraille, sur quelques mètres. Alors la moto stoppa net ; l'amazone, pour se dégager, lui donna un violent coup de botte ; puis elle remit pleins gaz et détala du cimetière en trombe. Elle emportait le sac « camouflage ».

Eudes se précipita au secours de Sam, visiblement sonné. Son bras le faisait souffrir, mais ni la tête ni la colonne vertébrale ne paraissaient atteintes. Apercevant la gardienne qui accourait enfin, Enguerrand lui cria de faire demi-tour et d'appeler les secours au plus vite. Puis il aida l'avocat à s'adosser, tant bien que mal, à un tronc d'arbre.

— Qu'y avait-il donc, dans ce sac ? demanda-t-il.

— Rien d'important, souffla le blessé dans une grimace... De toute façon, ce sac, vous ne l'aimiez pas.

Ce trait d'humour, dans un moment difficile, toucha l'écrivain.

— En tout cas, pour un endroit « paisible »..., répondit-il sur le même mode.

Il ajouta une phrase étrange.

— J'ai remarqué quelque chose, un détail anormal, mais à présent je ne sais plus quoi.

Sam le regarda en coin : cette phrase s'accordait bien avec sa panoplie de Sherlock Holmes.

— Essayez de vous souvenir...

— Soyez tranquille : ça me reviendra !

L'avocat grimaça de douleur. Il venait de subir un vrai choc, mais l'essentiel était sauf : il avait perdu un sac avec son grand cahier et quelques documents ; mais le Hanneton, lui, était demeuré hors d'atteinte.

9

La proue de l'immense voilier, effilée comme un nez d'espadon, se découpait sur un ciel d'Écosse déjà mauve. À mesure que l'annexe à moteur s'en rapprochait, la haute coque d'ébène laquée, où dansaient des reflets en forme d'écailles, se fit plus imposante, jusqu'à provoquer chez Maxim Weitz une impression d'écrasement. L'un des matelots du canot, en vareuse Belle Époque, attrapa l'échelle de coupée aux barreaux de bronze et la plaça dans les mains du courtier ; un autre matelot, depuis le pont du voilier, facilita son ascension.

— Merci, jeunes gens !

Une fois à bord du *Banner*, le New-Yorkais mit un instant à reprendre ses esprits. Les voiles infinies, de soie opalescente, avaient été affalées ; mais le spectacle des gréements se détachant, presque arrogants, sur les rives du loch Moidart, lui sembla d'autant plus fort. Pour l'esthète qu'était Weitz, il y avait là comme un sommet de beauté – un de ces moments de perfection qui vous marquent à vie.

— Fabuleux ! lança l'Américain dans un souffle. Tout simplement fabuleux.

Bien que rompu à la fréquentation des grandes fortunes, il ne se rappelait pas avoir perçu, jamais, pareille affirmation d'opulence. Le grand yacht de sir Alistair Ward n'offrait pas seulement des lignes parfaites ; le moindre détail en était si riche que l'ensemble devenait irréel et que le bâtiment tout entier aurait pu passer pour un vaisseau fantôme.

— Belle journée, n'est-ce pas ?

Le banquier lui serra la main d'une manière paradoxale, tout à la fois hautaine et chaleureuse. Il fit à son invité les honneurs du pont principal, au parquet doux comme du velours, et lui fit découvrir un accastillage unique, en bronze doré.

— J'ai aussi fait redorer le beaupré, indiqua Ward en désignant le petit mât de proue. Il l'était, à l'origine.

— De quand date cette merveille ?

— De la fin du XIXe ! répondit le banquier sur le ton de l'évidence.

À travers une enfilade de salons décorés dans la pure tradition du « beau yachting », il le conduisit jusqu'au pont arrière, aménagé dans l'esprit raffiné d'une tente moghole : boutis de soie brochée, sofas brodés d'or et tables incrustées d'ivoire… Ward prenait un plaisir évident à parler de tout, sauf de la splendeur ambiante ; il affectait d'attribuer l'émotion de l'Américain au seul agrément du paysage.

— Ce mouillage est mon préféré dans les Hébrides intérieures, une région qui ne manque pourtant pas de jolies baies, fit-il observer d'un ton négligent.

Maxim Weitz salua lady Lakshmi Ward, et plutôt que de vanter son sublime sari, ne put s'empêcher de la complimenter sur son yacht.

— Madame, dit-il sans avoir à se forcer, le *Banner* est sans nul doute la plus belle chose qui soit au monde.

— Il possédait autrefois deux cheminées, précisa-t-elle. Pour la vapeur… Mais aujourd'hui, elles ne serviraient plus à rien.

L'incongruité d'une telle remarque provoqua chez Maxim l'amorce d'un fou rire ; mais il parvint à se contenir. Car pour lui, ce saut jusqu'en Écosse ne relevait pas du délassement dominical : il était venu conclure une négociation, amorcée depuis un mois, entre son client russe exilé et l'un des banquiers les plus riches du Royaume-Uni. Laminé par la crise financière, Iouri Pullinski s'était en effet résolu à céder l'essentiel d'une collection de joyaux impériaux pourtant constituée récemment ; n'ayant pu – par mesure de prudence – profiter de la vente *Trésors des Romanov* organisée par Sotheby's, il reportait le gros de ses espoirs sur sa rivale d'hier, lady Ward. Seulement, ce qui, huit jours plus tôt, eût encore relevé de la routine devenait bien plus ardu dans le contexte de méfiance suscité par la dépêche de l'agence RIA Novosti…

La mentalité new-yorkaise de Weitz aurait voulu crever l'abcès, pour n'y plus revenir. Mais c'était sans compter la propension des Britanniques à louvoyer. On passa donc une heure entière à éviter toute allusion au sujet – au point que le courtier en vint à se demander s'il n'allait pas, tout bonnement, faire chou blanc.

Tablant sur la motivation de lady Ward, il tenta de l'amener enfin au sujet. Mais comme dans un jeu sadique, elle lui parut prendre plaisir à toujours esquiver.

— J'admire vos pendants d'oreilles... Ce sont des diamants roses ?

— Oui. Figurez-vous que j'ai cru, ce matin, qu'ils étaient restés à Londres. Avec cette manie qu'a mon mari de nous bousculer sans cesse ! Vous-même, vous voyagez beaucoup ?

Weitz se sentait gagné peu à peu par le découragement ; et c'est d'un œil morose qu'il observa le *butler*, impavide, remplir une fois de plus les verres d'un Lagavulin de trente ans d'âge.

Finalement, lady Ward prit congé. Alors seulement, comme s'il obéissait à un signal convenu, sir Alistair attaqua bille en tête.

— Cette dépêche est bien ennuyeuse, proféra-t-il en se lissant la moustache du bout des doigts.

Maxim sursauta.

— Quelle dépêche ? Celle des Russes ?

— Naturellement, celle des Russes ! Ils auraient voulu jeter un discrédit massif sur les joyaux Romanov, qu'ils ne s'y seraient pas pris autrement ! Avouez que cela tombe mal...

— Ce n'est pas la première fois que le Kremlin s'amuse à semer le trouble dans nos affaires...

— Peut-être, mais c'est bien ennuyeux, insista l'Écossais. Cela risque de nous faire perdre pas mal de temps.

Maxim Weitz avait préparé tout un argumentaire de crise. Simplement, par un effet combiné de la perfection du cadre et de celle du breuvage, il prit conscience, sur le moment, que ses raisons manquaient de poids et que l'affaire allait lui échapper.

— Après tout, reprit Ward, nous ne sommes pas pressés. Attendons...

— Attendre quoi ? demanda Maxim, furieux contre lui-même – car il connaissait la réponse.

— Mais... la publication du fameux inventaire ! La dépêche de RIA Novosti prétend qu'elle interviendra « dans un délai raisonnable ». Au moins, je serai sûr de ce que j'achète !

L'Américain fixait son verre de *single malt* comme s'il s'était agi d'un ennemi personnel – et peut-être l'était-ce, en effet...

— On sait ce que c'est qu'un « délai raisonnable » à Moscou ! grogna-t-il. Et ce que vous avez l'air d'oublier, c'est que mon client ne se sépare pas de ses trésors en toute sérénité ! S'il y est contraint, c'est pour faire face à des échéances de trésorerie pour le moins rapprochées. Vous avez peut-être le temps, sir Alistair – et c'est votre force. Mais je crains que M. Pullinski, de son côté, ne soit assez pressé de signer.

— Et c'est sa faiblesse..., conclut l'Écossais avec un air de commisération victorieuse.

Pendant le long silence qui suivit, Maxim Weitz tenta de rassembler ses esprits afin de trouver une issue honorable à ce qui s'annonçait, de plus en plus sûrement, comme le fiasco de sa carrière. En vain. Tout ce qu'il trouva à proposer fut une diminution d'un tiers sur le montant de la transaction – déjà très avantageux pour Ward.

— Deux tiers, assena le banquier en vidant son verre.

Ils se mirent finalement d'accord sur un abattement de cinquante pour cent – sous réserve, naturellement, d'acceptation par le vendeur.

— Je vous fais toute confiance pour le convaincre, affirma Ward, impitoyable, en tendant la main au vaincu.

— Je crois qu'il n'aura pas trop le choix, s'entendit déclarer piteusement Weitz en la lui serrant.

L'Américain chercha une once de réconfort dans le cadre enchanteur du loch Moidart ; mais le brouillard qui masquait à présent les rives lui refusa jusqu'à cette consolation.

10

Quentin avait hâte de voir s'afficher « 10:00 » à la borne de contrôle. C'était, jusqu'à midi, l'heure de sa permission quotidienne ; cent vingt minutes de liberté qui étaient une bouffée d'oxygène. Mais ce lundi, l'excitation d'un rendez-vous venait s'ajouter à l'euphorie habituelle. Car de son côté, le jeune homme avait progressé en secret. Non qu'il ait refusé sa confiance à Sam Douglass ; mais il se pensait trop futé pour ne pas suivre sa propre piste – quitte à informer l'avocat, en temps utile, des résultats qu'il finirait par obtenir.

En Quentin, le joueur de poker se voulait optimiste : en l'occurrence, le sort l'avait doté d'une main fabuleuse, une espèce de full aux as par les rois qui, bien joué, devait pouvoir rapporter son pesant d'or. Ce qu'il ignorait, à ce stade, c'était la fiabilité de ses partenaires.

Le jeune homme, tout naturellement, avait d'abord cherché à contacter directement Polybe, dont Sam Douglass avait récupéré les coordonnées. Cette piste n'ayant pas donné grand-chose, il avait ensuite envoyé un e-mail à cette femme qui avait cherché à le joindre et avec laquelle Sam Douglass avait rendez-vous, ce lundi même, pour déjeuner. Voulant prévenir tout quiproquo, Quentin avait dû révéler à Tacha Loubet la véritable identité de Sam Douglass ; ils s'en expliqueraient plus tard...

En attendant, la Parisienne l'avait mis en contact avec « des personnes que ces documents pourraient intéresser », et qui l'avaient approché dans l'heure.

« Monsieur,

« Vous seriez, nous dit-on, en possession de pièces importantes pour nos recherches sur le destin d'une partie du trésor de l'ancienne famille impériale russe. Si vous pouviez nous fournir copie complète des fac-similés dont vous disposez, nous serions heureux de les étudier et de vous en offrir, le cas échéant, un prix à débattre entre nous.

« Cordialement, E. Novaraise. »

Quentin avait proposé de rencontrer cette personne du côté de La Rochelle, entre dix heures et midi, au jour de son choix, afin de lui remettre en main propre des documents complets. « À dix heures et demie, le 16 juin, avait répondu le mystérieux interlocuteur. Proposez-nous un endroit discret. » Pourquoi pas le *Café de la Couronne*, sur l'avenue Jean-Guitton ?

Le jeune gemmologue ouvrit, sur son ordinateur, le dossier où se terraient les lettres scannées, les afficha l'une après l'autre et, par simples clics, lança leur impression. Il entendit l'imprimante couleur qui, dans son dos, se mettait en marche. Quentin se massa la jointure des mâchoires, comme il le faisait presque toujours, au seuil d'une étape décisive. Puis il saisit les feuillets sur le présentoir de l'imprimante et les glissa dans une chemise cartonnée bleue, tenue fermée par des élastiques. La borne indiquait « 09:58 ».

Quentin saisit le combiné du téléphone fixe et activa le numéro mémorisé sous la référence « # 2 ». Le simple fait d'entendre la voix de Sonia le tranquillisa.

— Oui ?

— C'est moi… Ça se passe bien, avec ton collectionneur ?

— Un peu dur, ce doit être l'orage… Le type est d'une humeur de chien.

— Fais-toi respecter, mon amour !

— Tu voulais me dire quelque chose ?

Il comprit qu'il ne tombait sans doute pas au meilleur moment.

— Rien de grave. Je voulais juste que tu saches que j'ai rendez-vous à La Pallice avec des gens intéressés par cette histoire de broche.

— Quoi ? Mais la broche, c'est Sam qui l'a prise…

— Ce n'est pas la broche elle-même qui les intéresse.

— Oh, je t'en prie, Quentin, laisse faire ton avocat ! Tu ne sais même pas qui sont ces gens…

— Sois cool, dit-il. Il n'y a rien à craindre.

— C'est ce que tu dis toujours ! Quentin, promets-moi de rester tranquille ! Tu m'entends ?

— Je t'aime.

— Moi aussi, je t'aime, mais là, ce n'est pas le sujet.

— Je t'embrasse, mon amour. À ce soir.

La borne affichait maintenant « 10:01 ». Il se recoiffa d'une main nerveuse, enfila une veste de jogging, vérifia que sa chaussette recouvrait bien le bracelet de plastique et sortit par le garage. Au passage, il décrocha son vélo et cala le précieux dossier sur le porte-bagages. Trois minutes plus tard, il filait en direction de l'avenue Jean-Guitton.

Au *Café de la Couronne*, la patronne le reconnut sans qu'il ait eu besoin d'ouvrir la bouche.

— Tu ne serais pas Quentin, toi, par hasard ? lui demanda-t-elle d'entrée de jeu.

— Si…

— Alors on m'a donné ça pour toi.

Elle remit au jeune homme une feuille blanche, pliée en quatre, sur laquelle étaient inscrits quelques mots : « Notre nouveau rendez-vous : quai Constant-Brisson. » Quentin se renseigna, mais la patronne ne connaissait pas ce nom.

— Le quai Constant-Brisson ? reprit au vol un client qui jouait seul aux dés. C'est la digue du port aux grumes, là-bas… Au bout de Chef-de-Baie !

Quentin le gratifia d'un sourire et se remit en selle. Mais tandis qu'il quittait l'avenue pour aborder la zone portuaire, il sentit le trac s'emparer de lui. Peut-être aurait-il dû rebrousser chemin… Tout à coup, ce rendez-vous ne lui disait plus rien de bon.

11

Le restaurant favori de Tacha Loubet – elle l'appelait sa « cantine » – occupait un grand chalet bâti jadis pour l'impératrice Eugénie, au milieu d'un plan d'eau du bois de Boulogne. Elle aimait ses allures de jolie guinguette, ses terrasses verdoyantes bordées de pins maritimes, et plus encore la discrétion relative qu'offrait sa dimension insulaire. Son jeu préféré, lorsqu'elle devait y rencontrer un homme – ce qui n'était pas rare – était d'arriver un peu en avance et, depuis une table en surplomb du débarcadère, d'essayer de l'identifier parmi les candidats qu'elle voyait quitter la navette.

Ce lundi-là, elle échoua tout à fait : son regard était toujours rivé sur le petit bac quand le maître d'hôtel, tirant la chaise en face d'elle, crut devoir toussoter pour lui signaler l'arrivée de l'invité. Elle sursauta comme lorsqu'on la surprenait, petite fille, à épier le dîner au lieu de dormir.

— Oh ! pardon ! Je… Je ne m'attendais pas…

— … à déjeuner avec un Noir ? demanda l'intrus, trop heureux de prendre l'avantage à si peu de frais.

Tacha tendit une main engageante à son vis-à-vis.

— Puis-je vous demander… votre nom ?

— Mon nom ? Mais… Quentin Bellon !

— Sûrement pas, répondit-elle calmement. J'ai parlé à Quentin Bellon et, d'après lui, vous vous appelleriez Douglass.

C'est sur des répliques comme celle-ci que sa voix rauque faisait merveille ; forcément, elle en abusait.

Le faux Quentin fulmina intérieurement ; *cela se paiera,* songea-t-il. Il eut un peu de mal à se remettre en selle.

— Dans ce cas, disons que je m'appelle en effet Sam Douglass et que je suis l'avocat de M. Bellon. Si j'ai préféré…

— Vous savez, maître Douglass, ce n'est pas tant le fait que vous soyez noir qui m'a surprise. Ce serait plutôt votre bras en écharpe.

— Juste un petit accident, éluda-t-il.

— Au reste, je vous sens un peu américain… Je me trompe ?

— Mon père était major dans l'armée américaine. Mais ma mère est française… Mes parents se sont rencontrés sur la base militaire de La Rochelle et quand elle a dû fermer, en 1966, ils sont partis se marier aux États-Unis, où nous sommes nés, mon frère et moi.

— Vous avez donc un frère…

— … qui vit toujours là-bas. Mais je ne sais pas pourquoi je vous raconte tout cela !

Elle ne chercha pas à le mettre à l'aise, et c'est seulement le retour du maître d'hôtel qui lui sauva la mise.

— Madame a fait son choix ?

— Comme d'habitude, Emmanuel.

— Très bon choix. Et pour Monsieur ?

— Je n'ai pas encore...

— Je vous suggère l'« agneau de lait froid », intervint Tacha.

— Merci, mais je prendrai plutôt une « petite aile de raie poêlée », contra-t-il pour marquer clairement son indépendance.

Il avait lu cet énoncé au hasard, et le regrettait déjà ; en vérité, il détestait l'aile de raie.

— Du vin ? demanda-t-elle.

— Vous en prendrez ?

— Je ne bois que de l'eau gazeuse. Et du thé vert.

— Alors je m'en tiendrai à l'eau, moi aussi.

Elle réserva son plus joli sourire au maître d'hôtel qui, de son côté, s'inclina bien bas.

Tacha rayonnait. Ce qu'elle avait pressenti, l'autre soir, au téléphone, se confirmait ; et pourtant elle n'aimait ni la silhouette d'éclopé, ni le style voyant, ni surtout l'esprit fort de ce petit-maître sur le qui-vive. Au fond, elle n'aurait pu trouver aucun détail en sa faveur ; mais l'ensemble, déjà, lui collait des frissons.

— Quand vous m'avez appelé, jeudi, reprit-il, vous souhaitiez me parler de cette broche achetée par la reine d'Angleterre...

— Ce n'est pas vous que j'ai appelé, mais le rédacteur du blog *Fou des pierres*. Mon intention était de le mettre en garde contre un risque inconsidéré. Les jeunes blogueurs sont rarement conscients de l'impact de ce qu'ils publient.

Elle fit une pause, le temps de faire tinter son verre contre celui de Sam.

— Si j'avais su qu'un avocat veillait sur lui ! Par ailleurs, enchaîna-t-elle très vite, j'aurais aimé qu'il m'en dise un peu plus sur ses sources...

Nous y voilà ! songea Sam.

— Vous écrivez donc un livre sur les joyaux des Romanov…

— Je vous ai dit que je « préparais » ce livre ; ce n'est pas moi qui l'écris. En fait, je dirige, pour ma part, un cabinet de relations publiques, dans le quartier de l'Étoile.

L'information ne surprit pas vraiment Sam ; depuis le début, il se doutait que cette femme agissait pour des commanditaires. Son regard se fit plus matois que jamais.

— D'où la facilité, pour vous, de trouver les coordonnées d'Eudes et de Berthe Enguerrand…

— Avez-vous pu les rencontrer ?

— Oui… Des personnalités hautes en couleur !

— Comment l'entendez-vous ?

Ils partirent d'un même rire, et voir cette femme donner dans la complicité soulagea Sam. Il n'aurait su dire pourquoi au juste mais, depuis son arrivée sur l'îlot, il était sur la défensive. Sans vraiment lui être antipathique, cette femme – au demeurant séduisante – incarnait à ses yeux un danger.

Deux serveurs disposaient devant eux de belles assiettes appétissantes.

Le BlackBerry de Sam se mit à vibrer, ce qui l'obligea, du fait de son bras blessé, à quelques contorsions. Le nom de Quentin s'était affiché. *Il tombe bien, celui-là !* pensa-t-il.

— Vous permettez ?

Il prit la communication.

— Quentin ? Est-ce que je peux…

— Sam ! Sam, ils l'ont tué !

— Sonia ?

— Ils ont tué mon Quentin. Tu m'entends ?

Elle sanglotait. L'avocat, abasourdi, se leva comme un automate, tandis que les pieds de sa chaise raclaient le gravillon.

— Sonia, je t'en prie, calme-toi. Peux-tu me dire ce qui s'est passé ?

Il attendit quelques secondes ; la jeune femme devait essayer de mettre ses idées en ordre. Quand elle reprit la parole, sa voix tremblait d'un effort perceptible pour se contenir.

— Ce matin, j'ai reçu au boulot un appel de Quentin. Il m'a dit que des types l'avaient joint pour lui raconter des salades à propos du bijou. Je ne sais pas ce qu'il est allé leur dire. Évidemment, je lui ai interdit de bouger – seulement il ne m'a pas écoutée, tu le connais... Il a profité de son créneau de sortie pour aller les retrouver, dans la zone... Sauf qu'il n'est jamais rentré. C'est le bracelet qui a donné l'alarme, à midi...

Elle s'était remise à sangloter.

— Sonia...

— Les flics n'ont pas eu de mal à le localiser, Sam ! Là, ils viennent de m'appeler : ils l'ont retrouvé, au milieu des billes de bois. Mort...

Sa voix se brisa sur ce mot.

Sam Douglass était anéanti.

— J'arrive, Sonia, s'entendit-il articuler. Je prends le premier train.

Elle avait raccroché. Il se rassit, le regard vide.

— C'est Quentin Bellon, dit-il. Il a été tué.

— J'avais cru comprendre. Je suis désolée.

Tacha Loubet désigna son bras bandé, d'un geste fataliste.

— Vous vous en tirez mieux que lui.

Il y eut un silence pesant.

— Ce qui me désespère, lâcha Sam Douglass, c'est de ne rien comprendre à ce sac de nœuds !

Il prit congé à la hâte, en s'excusant plus ou moins, et laissa Tacha Loubet seule à la table. Quand il se fut éloigné, et qu'elle le vit hors de portée sur le petit bac, elle composa un numéro sur son iPhone. Ses traits étaient tendus ; sa voix rauque se fit plus sourde que jamais.

— Tacha Loubet, murmura-t-elle en s'assurant que ses voisins n'écoutaient pas. Non, mais vous êtes malade ou quoi ? Qu'est-ce qui vous a pris ? Vous n'avez quand même pas tué ce gamin ! Je n'arrive même pas à le croire.

12

Ressortant, bouleversé, du funérarium, l'avocat rejoignit Sonia sur le parking de l'hôpital. Elle se tenait au milieu d'une poignée d'amis venus dire adieu à Quentin, avant l'autopsie ordonnée par le parquet. Sam la trouva ravagée par le chagrin, mais c'est d'abord sa noblesse qui le frappa – comme si la peine avait révélé, en elle, une héroïne tragique. Le reproche muet qu'il crut déceler dans ses yeux lui parut injuste. Mais il se dit que la jeune femme avait ses raisons de lui en vouloir : certainement, il aurait dû rester en contact plus étroit avec son jeune client et ne pas le laisser ronger son frein, seul, dans un sentiment d'impuissance attisé par une immobilité forcée.

— Je retrouverai ceux qui ont fait ça..., risqua-t-il, assumant la banalité de sa déclaration.

Un murmure dubitatif parcourut le petit groupe ; visiblement, pour ces familiers, Sam faisait figure d'importun. Il ne s'imposa pas. Sans oser embrasser Sonia, en dépit d'une envie folle de la serrer dans ses bras, il rejoignit tristement sa Mini Moke et, retenant les larmes qui lui venaient, avec un temps de retard, tourna la clé de contact avec la main gauche – son bras droit, pourtant libéré, restait douloureux.

— Nous avons tous entendu ta promesse !

La phrase de Sonia, pourtant masquée par le bruit du moteur, le saisit de plein fouet. Il se retourna et vit qu'elle s'avançait vers lui.

— J'ai bien compris ? Tu vas continuer ton enquête ? demanda-t-elle.

Il répondit par un lent hochement de tête.

— Là, tout de suite, je vais à La Pallice, voir… Voir où ça s'est passé.

— Tu m'emmènerais ?

— Mais… Bien entendu !

Sonia fit le tour de la Mini Moke et s'installa côté passager. Elle se contenta de saluer ses amis de la main et empoigna le bord de son siège quand la voiture démarra.

Quentin avait trouvé la mort au cœur du port industriel, sur un terrain peu fréquenté servant de parc à grumes. À vélo, il lui avait fallu un quart d'heure pour s'y rendre, depuis l'impasse de Port-Neuf. En calant son départ au début de la permission, on pouvait estimer son arrivée sur place avant dix heures et demie.

Un soleil de plomb écrasait la zone, encombrée à perte de vue d'immenses troncs d'arbres exotiques, entassés par cinq ou six, et dominée par la silhouette massive, en béton, d'une ancienne base sous-marine allemande. Sam gara sa voiture à l'ombre de billes de teck.

— À cette heure-là, il y avait forcément des témoins, estima-t-il en sautant hors de la Mini Moke.

Sonia paraissait absente. Elle avait accompagné l'avocat pour assouvir un besoin de connaître les lieux où Quentin avait perdu la vie. Mais à présent, sur place, tout lui apparaissait comme irréel.

— Tu vas filmer ? s'étonna-t-elle en le voyant tirer une caméra de la petite soute, derrière les sièges.

— Pas de risque, cet engin est en panne.

Elle ouvrit des yeux ronds.

— C'était la Betacam de mon père, expliqua-t-il. On dirait une caméra de télé. Surtout comme ça…

Il ôta l'enveloppe et le boîtier apparut, couvert d'autocollants « TF1 ».

— C'est quoi, l'histoire ?

— L'expérience m'a montré que les gens parlent plus facilement, dès qu'ils pensent que c'est pour le 20 heures…

Sonia ne fit aucun commentaire ; mais il était visible que ce genre de méthode la laissait pour le moins perplexe.

Ils déambulèrent un moment, silencieux, au milieu des billes géantes, entassées sur l'esplanade.

— Les témoins éventuels devaient se trouver là-bas, fit-il remarquer.

Il avait désigné, en lisière de la zone, les quais bariolés du port de pêche. Le bassin lui-même, clos de digues, n'était pas immense ; il contenait une douzaine de petits chalutiers – des « coureauleurs » –, inactifs en ce début d'après-midi.

Sam chargea la caméra sur son épaule et, n'osant confier le micro à Sonia, se coula dans la peau du reporter en veine de scoop. Elle paraissait bien trop abattue pour l'aider et se contenta de l'accompagner, sans dire un mot. Lui s'était mis à la recherche des premiers témoins ; il trouva bientôt, un peu en retrait, des marins-pêcheurs affairés à nettoyer un long filet. En dépit de la caméra – ou bien à cause d'elle –, les trois hommes se montrèrent à peu près muets ; ils affectèrent même d'ignorer le drame de la veille, pourtant relaté par la presse locale.

L'enquêteur prit donc congé, pour mieux se jeter sur un artisan électricien qui sortait de sa camionnette.

— Monsieur, accepteriez-vous de répondre à quelques questions ?

— C'est pour la télé ?

Visiblement, le truc employé par Sam se révélait efficace : l'homme semblait prêt à se laisser amadouer par la caméra.

— Puis-je vous demander si vous savez quelque chose du drame qui s'est produit, hier matin, tout près d'ici ?

— Le crime, vous voulez dire ?

— La mort de Quentin Bellon, précisa le supposé journaliste.

— En fait, regretta le témoin, je n'étais pas là. Le lundi, je ne travaille pas. Seulement…

L'homme hésita moins d'une seconde.

— Si vous voulez, je peux vous dire que j'étais là et que je n'ai rien vu ! Si ça peut vous arranger…

Sonia le dévisagea, d'un air de parfait mépris.

— Tu devrais ranger cette caméra, suggéra-t-elle à l'avocat.

Sam fit la sourde oreille ; il avait déjà repéré de nouveaux passants qui, motivés par la présence d'une équipe de télé, s'appliquèrent à formuler un commentaire ; mais cela n'apportait rien sur l'événement lui-même. Il se confirma, peu à peu, que le crime avait eu lieu bien loin des regards indiscrets et qu'il faudrait se passer de témoins pour essayer d'en restituer les rouages.

— Voyons, peut-être, dans la boutique, suggéra Sam en désespoir de cause.

Ils entrèrent, sans trop d'illusions, dans le magasin de la coopérative maritime. Une vendeuse finit par réagir, un œil sur la caméra que Sam ne portait plus qu'à bout de bras.

— Vous parlez de ce gamin qu'on a retrouvé mort, hier midi ? Moi, j'ai rien à dire là-dessus, sinon que c'est bien malheureux, c'est sûr ! Mais si j'étais vous, j'irais cuisiner un peu la Gougou. Elle nous a bassinés avec ça, hier, toute la sainte journée.

— La « Gougou » ? reprit Sonia, enfin concernée.

— C'est notre SDF à nous...

— Et vous savez où nous pourrions la trouver ?

La vendeuse se tourna vers un collègue invisible, au fond du magasin.

— Jean-Pierre ! Où c'est qu'on peut la trouver, la Gougou, à cette heure-ci ?

— J'en sais rien, moi... Derrière *Chez Tonton Louis* ?

— Ah oui !... Allez voir du côté des cuisines du resto, là-bas. Après le service, ils lui filent leurs rogatons...

En vérité, sous ses airs de clocharde obtuse, la Gougou en savait beaucoup plus que les enquêteurs n'auraient osé l'espérer.

— Je l'ai déjà dit aux poulets : j'ai tout vu, déclara-t-elle sans se faire prier. Et je vous prie de croire que c'était pas jojo. Qu'est-ce qu'elle lui a mis, au pauv' môme !

Sonia se détourna, soudain submergée par l'émotion.

— *Elle* ? s'étonna Sam.

— Oui, oui, une greluche ! Elle était tout emmaillotée dans son truc de moto, mais à un moment, elle a retiré son casque et je l'ai vue comme je vous vois. Dix sur dix aux deux yeux, la Gougou ! C'est comme ça que j'ai su qu'elle était rasée – enfin sur la tête ! Le reste, j'ai pas vu...

— Vous pouvez nous raconter ce qui s'est passé ?

— Encore ? Bah !... D'abord, elle lui a tourné autour, avec sa moto. Lui, le gamin, il avait pas l'air de bien comprendre. Et puis elle est descendue de sa moto. Ils ont discuté. Ils avaient pas l'air d'accord. Elle, c'est le truc bleu qu'elle voulait.

— Le « truc bleu » ?

— Oui. Un dossier, si vous voulez.

— Il a refusé de le lui donner ?

— J'crois bien. C'est là qu'elle a commencé à le bousculer. Au bout d'un moment, elle a chopé un bâton et lui a foncé dessus. Là, le pauv', elle l'a plié en deux avec son machin. Comme une barre de fer, vous voyez ?

— Une barre à mine...

— Voilà. Et puis, après, ça a recommencé. Ah ! le travail ! Je vous dis pas... De là où j'étais, je voyais le sang, mon vieux, ça giclait de partout. Un de ces carnages. Elle en a fait de la bouillie, du môme.

Sonia prit de plein fouet ces paroles de violence. Elle serrait les mâchoires, au bord de la nausée. La clocharde saisit son trouble.

— Eh ! ma chérie, faut s'en remettre ! lui lança-t-elle.

— Vous... Vous n'avez rien pu faire ? demanda Sam.

— À trois cents mèt' de distance... Y a pas écrit *Wonder Woman* ! ironisa la Gougou en désignant son front orné d'un vieux serre-tête en éponge.

De son côté, l'avocat n'était guère plus serein. Car ce qu'il avait envisagé un instant – mais pour le rejeter aussi vite dans le tréfonds de sa conscience – paraissait devoir s'avérer : la fille à moto de Sainte-Geneviève-des-Bois et la tueuse sanguinaire de La Pallice ne faisaient probablement qu'une. Sam Douglass passa en revue les photos stockées sur son BlackBerry et sélectionna celle d'une Yamaha 450 WR, prise l'année passée.

— La moto, elle ressemblait à celle-ci ?

La Gougou grimaça.

— Oui, genre, mais noire... Sinon, vous allez me filmer avec vot' bidule ?

— Pas aujourd'hui, non.

— Ah ! bah ! ça sert à quoi, alors ?

— Le dossier bleu, elle l'a emporté ?

— Oui.

— Et, par ailleurs, vous n'avez rien remarqué de spécial, concernant cette femme ?

— Elle était à moto, avec un crâne d'œuf, et elle a dézingué un pauv' drôle – mais à part ça, rien de spécial. Il en a de bonnes, lui !

Les faux reporters n'avaient même plus le cœur à sourire. Ils s'apprêtaient à plier bagage, lorsque la Gougou ajouta le détail qui devait tout changer.

— Même qu'elle avait un tatouage sur le crâne.

— Un tatouage ?

— Ouais... Ça faisait comme un aig', mais dédoublé, voyez ?

Sam ramena Sonia chez elle, à Port-Neuf. Revoir le pavillon où il avait connu Quentin lui fit mal au cœur.

— Tu bois un verre ? proposa-t-elle.

Il n'en avait aucune envie, mais accepta pour retarder le moment de la laisser seule avec son chagrin. Profitant du beau temps, ils s'installèrent dans le jardinet. Tandis qu'elle lui servait une bière fraîche – « sa préférée, à Quentin » –, il observa d'un œil distrait le tournoiement des martinets dans le ciel sans nuages. Il devait bien exister, se dit-il, un moyen d'identifier la criminelle.

Son portable vibra : c'était Eudes Enguerrand.

— Comment va votre bras ?

— Beaucoup mieux, merci, répondit Sam en se levant pour faire quelques pas vers la haie.

Il n'avait pas jugé bon d'informer l'écrivain de la mort du Fou des pierres.

— Allons, tant mieux ! Et je persiste à penser que vous auriez dû porter plainte. Je peux vous affirmer que si ç'avait été moi, j'aurais remué ciel et terre !

L'avocat sourit : il n'en doutait pas un instant.

— Dites-moi, je vous appelle parce que, tout à coup, ça m'est revenu.

— Pardon ?

— Vous savez, ce détail anormal qui, lorsqu'on vous a foncé dessus, m'avait attiré l'œil...

Sam s'immobilisa.

— Vous vous rappelez ce que c'était ?

— Oui : la queue d'un rat.

— Une queue de rat ?

— N'est-ce pas que c'est curieux ! Pourtant, je serais prêt à affirmer devant n'importe quel jury d'assises qu'au moment où cette furie a fait pivoter son engin l'une de ses poches s'est entrouverte et que la queue d'un rat – une queue toute rose, assez répugnante ma foi –, en est sortie. C'est ce qui m'a frappé sur le moment. Et puis cette folle vous a piétiné, je suis accouru, et l'image s'est évanouie... Naturellement, je ne prétends pas que ce soit une révélation majeure ; mais j'ai pensé que cela pourrait vous intéresser.

— Cher Eudes, vous avez très bien pensé.

— Vous me chambrez.

— Pas du tout ! Et laissez-moi vous remercier chaudement.

— Vous ne m'avez toujours rien expliqué, à propos de cette photo du Hanneton vert...

— Je vous raconterai tout, un jour. Promis !

Sam revint s'asseoir près de Sonia. Il semblait embarrassé.

— Il faut que je t'avoue quelque chose : la fille qui a tué Quentin m'avait agressé moi-même, samedi après-midi. Elle m'a d'ailleurs volé le sac où se trouvaient mes notes sur l'enquête.

— Et tu ne nous as rien dit ?

Le ton de la jeune femme était incrédule, presque indigné.

— Je n'ai pas jugé utile de vous alarmer...

— Sauf que s'il avait su ça, Quentin se serait peut-être méfié !

— Peut-être... Je reconnais que j'ai eu tort.

L'avocat en vint à ce qu'Eudes Enguerrand lui avait appris et en tira une conclusion qui lui semblait encourageante.

— Une femme qui se déplace à moto, ce n'est pas rarissime, dit-il. Avec un tatouage sur le crâne, c'est déjà plus rare. Mais une fille à moto, avec le crâne tatoué d'un aigle à deux têtes, et qui traîne avec elle un rat domestique, avoue que ce n'est quand même plus Mme Tout-le-Monde !

— Cela fait un croisement de données, reconnut Sonia d'une voix éteinte. Et après ?

— Eh bien... je me disais que c'était peut-être le moyen que nous cherchons pour identifier cette fille.

— Ah oui ? Et comment ?

— Je ne sais pas... C'est toi qui surfes sur le Net !

Sonia haussa les épaules. Il formula une supposition.

— En allant fréquenter les sites des fanas de motos, ceux des dingues du tatouage et ceux des amis des rongeurs, on pourrait sans doute finir par trouver un nom qui revienne...

Il vit bien qu'il ne l'avait pas convaincue, mais se dit qu'il était important d'essayer, néanmoins. Son regard, naturellement tendu, se fit implorant.

— Tu ne voudrais pas m'aider à faire l'essai ?

Elle soupira, mais se leva pour le précéder dans la maison. Quand elle mit l'ordinateur en marche et que l'indicatif résonna dans la salle de séjour, elle fut submergée par une vague de chagrin. Sam le comprit.

— Courage ! dit-il.

Elle hocha la tête et se rendit bravement sur Internet. Elle venait de taper « yamaha » sur le moteur de recherche.

— Imagine que je sois une timbrée de motos, dit-elle, la gorge encore serrée. Je me rends sur le site officiel de la marque… Dès que je dépasse les pages d'accueil, on me demande de livrer un identifiant et de choisir un mot de passe.

— J'ai vingt ans de plus que toi, sourit l'avocat, mais je connais un peu la Toile…

— Pas tant que ça, la preuve. Évidemment, en m'inscrivant, je peux donner mon véritable nom ; mais la plupart des gens se méfient. Ils choisissent un pseudo. Et c'est là que ton plan tombe à l'eau.

— Le site possède bien une trace officielle de chaque personne connectée !

— De chaque ordinateur, pas de chaque personne – nuance ! Ça porte un nom : l'adresse IP – « IP » pour *Internet Protocol*. C'est grâce à ça – et à quelques bidouillages – que Quentin a pu retrouver la trace du type de Pierrefonds, l'autre jour. Mais pour croiser des adresses IP, il nous faudrait disposer des bases de chaque site concerné – et ça, je ne vois pas bien comment je pourrais me le procurer. À moins…

Elle fronça les sourcils. L'avocat la regarda naviguer sur Internet avec une secrète admiration : *Cette fille n'est pas de celles qui se laissent abattre,* pensa-t-il. Vidant sa cannette de bière, il se mit à faire les cent pas dans la pièce. Qu'un particulier ne puisse pas, à partir d'éléments si ténus, retrouver un autre particulier, voilà qui lui semblait presque rassurant. Mais la police, elle, disposait de moyens tout autres. À commencer par un accès direct aux fameuses bases informatiques dont parlait Sonia. Dès lors, se disait-il, le moment était peut-être venu de passer le relais aux personnes compétentes et de filer exposer à ces messieurs de la PJ tout ce qu'il avait fini par apprendre…

Sans se soucier de sa déambulation et des réflexions qu'elle accompagnait, la jeune femme continuait à pianoter sur le clavier.

— Sam ? fit-elle soudain, d'une voix étranglée.

— Oui ?

— Je crois qu'on ne va pas avoir besoin des adresses IP, dit-elle.

Devenue presque livide entre ses mèches de cheveux très noirs, elle tourna l'écran de l'ordinateur dans sa direction.

— Tu vois cette fille presque chauve ? Elle s'appelle Noemi. C'est la chanteuse d'un groupe allemand de hard rock – Kondor. Il semblerait qu'elle ait un aigle sur le crâne et qu'elle ne se sépare jamais d'un certain Peppo : son rat albinos !

Sam fut parcouru d'un frisson.

— Tu as fait cela comment ?

— Je suis bêtement allée sur Google et j'ai tapé « yamaha », « crâne tatoué » et « rat domestique ». Apparemment, le premier mot-clé n'a rien donné ; mais les deux autres m'ont livré une page de résultats, rien que sur cette nana... Tu aurais dû me dire qu'elle était connue ; ça change tout.

— J'en suis le premier surpris.

Le premier, songea-t-il, *ou plutôt le second. Car le premier a dû être Quentin, amateur de hard rock... Il a dû la reconnaître. Et c'est pour cela qu'elle l'a tué.*

— Aucun site ne parle de la Yamaha ? s'étonna-t-il.

— Non... Personne n'a l'air de savoir qu'elle fait de la moto. À croire qu'elle ne communique pas là-dessus.

Sonia naviguait à présent sur le site de Kondor.

— Ils se produisent surtout en Russie, dit-elle. Ils jouent à Saint-Pétersbourg, samedi prochain.

— Saint-Pétersbourg ? releva Sam. Ça aurait pu tomber plus mal…

— Tu connais ?

— Pas encore… Mais l'un de mes plus vieux amis s'est installé là-bas.

13

Même à minuit, la lumière sombre d'un crépuscule interminable continuait de nimber la cité des tsars. L'immense perspective Nevski, pour un soir interdite à la circulation, se couvrait, aux abords du palais d'Hiver, de jeunes gens électrisés par la fatigue et l'alcool. Ils convergeaient en foule vers une scène géante, installée au pied de la colonne Alexandre. En ce soir de solstice, punk, ska, soul et folk allaient encanailler Saint-Pétersbourg, pour la plus blanche de ses Nuits blanches.

Les jeunes nationalistes progouvernementaux – les « Nachi » – s'étaient réservé la forteresse Pierre-et-Paul, un peu à l'écart sur son îlot de la Neva. Sur le parvis de la cathédrale, les discours musclés de la Jeune Garde avaient fait place à un concert du groupe allemand Kondor. Les accords d'un heavy metal acéré grisaient donc les jeunes poutiniens, mêlés à une faune hétéroclite de monarchistes, d'exaltés de l'Église orthodoxe, mais aussi de supporters du club de foot local, le FK Zénith.

La prestation de Kondor avait été organisée à l'initiative d'un groupuscule activiste, Russkij Obraz, ce qui avait braqué une partie de la population. Un défilé anti-Kondor se préparait même du côté de l'île Vassilievski, où des militants, munis de drapeaux rouges et de banderoles, hurlaient déjà des slogans antifascistes. Un double cordon de police leur barrait l'accès au pont Birjevoï ; mais les échos de leur colère, amplifiés par des porte-voix, n'en volaient pas moins jusqu'à la nécropole des Romanov.

Sur la scène, Noemi, chanteuse vedette du groupe, oublia ses paroles pour la troisième fois. Le bassiste échangea avec l'un des guitaristes un regard qui semblait dire : « À croire qu'elle a été lobotomisée… » Depuis leur retour en Russie, elle n'avait cessé de multiplier les bourdes – jusqu'à oublier la cage de son rat sur un tapis roulant de l'aéroport.

La jeune femme au crâne rasé dut ressentir la gêne suscitée par ses flottements, tant sur scène que dans le public. Alors, d'un geste théâtral, elle demanda le silence ; puis elle tendit l'oreille au tumulte lointain et, approchant le micro du rongeur blanc cramponné à son épaule, fit semblant d'interroger l'animal sur les troubles qu'on devinait. Peppo n'était pas seulement la mascotte de Kondor ; *via* les « traductions simultanées » de la chanteuse, il en exprimait aussi, parfois, les opinions.

— Peppo a dit : « Le bon pays est ici et le mauvais là-bas », lança-t-elle dans un russe acceptable.

Aussitôt la foule exulta, portant aux nues la chanteuse qui, après une ultime envolée, rocailleuse à souhait, sortit de scène sous les vivats. Elle ne remonta pas saluer.

La zone *backstage* avait été filtrée : seuls les invités dûment badgés pouvaient accéder aux coulisses. Noemi entra dans sa loge de toile, enfila un peignoir, se démaquilla tant bien que mal, glissa le rat dans sa manche pour le protéger des importuns et revint partager une bière avec les musiciens. Le bassiste l'apostropha.

— Eh ! faut te reprendre, ma grande ! Ça te réussit pas, la France !

— … te faire foutre, Horst, répondit-elle – ce qui fit rire les autres.

Des fans accrédités s'étaient approchés pour collecter les autographes des artistes. Noemi gribouilla plusieurs paraphes, d'une main négligente ; elle signait toujours « Peppo ». Reconnaissant un autochtone qu'elle avait elle-même invité, elle le couva soudain de ses beaux yeux – car ils pouvaient être magnifiques.

— … saurais me conduire jusqu'au Cavalier de Bronze en évitant tous ces *bolchos* ? lui demanda-t-elle en anglais.

— Il suffit de faire le tour, acquiesça-t-il.

— Attends-moi là, j'arrive.

Elle lui laissa sa cannette de bière. Horst le bassiste, décidément coriace, revint à la charge.

— C'est pas que tu te ferais la belle, par hasard ?

— … ça peut te foutre ? répondit-elle en rentrant dans la loge.

Elle avait, depuis toujours, habitué ses partenaires de scène à ce qu'on appelait, chez Kondor, les « récrés de Noemi » – des absences aussi répétées que mystérieuses, et qui faisaient jaser les initiés.

Le Russe n'eut pas longtemps à attendre : en un clin d'œil, elle refit surface, vêtue d'un long manteau de cuir et d'une casquette de la même matière. Elle lui demanda l'heure, toujours en anglais.

— Minuit vingt, dit-il.

— ... falloir speeder, chuis en retard.

L'homme était un Slave d'une cinquantaine d'années, qui aurait pu passer pour élégant si une perruque très visible ne l'avait rendu presque ridicule. Il prit sa mission au sérieux et conduisit Noemi à grands pas, le long de rues qui se croisaient à angle droit, jusqu'aux abords du palais Menchikov. Ils tombèrent là sur des manifestants anti-Kondor, mais Noemi, remontant son col jusqu'à la casquette, réussit à préserver son anonymat. Ils traversèrent ensuite un pont massif, au pas de course, jusqu'au quai des Anglais. Le Pétersbourgeois commençait à s'essouffler. Pas Noemi.

— La statue de Pierre le Grand est juste là, avant l'Amirauté, la rassura-t-il. Vous... Vous auriez un petit moment ?

— ... t'ai dit que j'étais pressée.

— Sérieux : rien qu'un baiser...

Il osa effleurer la chanteuse, qui s'arrêta net et se recroquevilla. Les beaux yeux se firent mortifères. Tous ses traits s'étaient, d'un seul coup, figés en un masque si étrange que le galant préféra ne pas insister. Ils marchèrent encore un moment en silence et se trouvaient déjà sur l'esplanade des Décembristes, quand elle le congédia sans autre forme de procès.

— Pas très sympa, estima-t-il.

Alors, sans sommation, elle attrapa l'homme à la perruque par son col, le plaqua contre un arbre et, dans un élan de haine pure, lui cracha copieusement au visage. Il fit la grimace mais, surpris d'une telle violence, demeura un moment immobile. Elle s'éloigna.

Quand il eut recouvré ses esprits, le Russe fit le choix de ne pas en rester là : un tel comportement méritait une leçon. Il se mit à courir dans la direction de Noemi, et n'était pas loin de la rejoindre quand il s'arrêta net, comme foudroyé : il venait de voir ce qu'il aurait préféré ne pas voir.

14

Arrivé le dimanche soir, par l'aéroport de Poulkovo, Sam s'était néanmoins levé tôt ce lundi : il était impatient de prendre le pouls de Saint-Pétersbourg. Il avait rendez-vous à onze heures, place Saint-Isaac. Comme il faisait doux et le ciel d'aspect soyeux, il avait choisi de s'y rendre à pied, prenant le temps de flâner, notamment le long du canal de la Moïka. La poésie des lieux le rendait plus curieux encore que de coutume. Sur la berge opposée, une façade néoclassique, aux harmonies ocre et blanc, se révéla ainsi, selon son miniguide, être celle du palais Youssoupov – « l'endroit où s'est fait zigouiller Raspoutine », aurait pu tonner Enguerrand.

L'avocat affichait une mine rieuse au souvenir de cet interminable trajet en taxi, déjà vieux dans son souvenir alors qu'il ne datait que d'une dizaine de jours. Depuis le début de cette affaire, il avait le sentiment de vivre trois vies en une ; et s'il ne voyait pas encore bien où tout cela le conduirait, une petite voix lui avait assuré, depuis le tout début, qu'il ne regretterait ni le temps, ni l'énergie investis dans cette enquête. De toute manière, il n'avait plus le choix. Désormais, il devrait aller jusqu'au bout : il l'avait promis à Sonia, solennellement – ainsi qu'aux mânes de Quentin.

Son BlackBerry vibra une seule fois, ce qui annonçait un nouveau SMS. Signé justement de Sonia.

« Bien arrivé ? » demandait-elle.

« Oui, répondit l'avocat. Mon enquête commence. Je te tiens au courant. »

Laissant le canal sur la droite, il s'engouffra dans l'élégante Bolchaïa Morskaïa et passa sous des fenêtres immortalisées par Nabokov dans ses *Mémoires*.

Quelques dizaines de pas plus loin, il fut surpris de déboucher déjà sur la place monumentale que domine le dôme doré de la cathédrale Saint-Isaac. Au téléphone, son contact lui avait dit : « Tu te mets dos à l'hôtel de ville et tu entres dans le premier grand bâtiment, sur la droite. » C'était le siège, au demeurant très cossu, du journal pétersbourgeois de langue anglaise *The St. Petersburg Times*.

Sam était tout ému à l'idée de retrouver son camarade d'université. Demeurés en contact, ils n'en étaient pas moins restés vingt ans sans se voir. Dieu sait pourtant qu'ils avaient été complices et avaient constitué un duo des plus efficaces pendant leurs études en Caroline du Nord. Vingt ans… L'âge de leurs diplômes respectifs, de journalisme pour Dan Andrews, de droit pour lui. Quand le premier, cinq ans plus tôt, avait pris ses fonctions dans ce journal en Russie, il avait adressé un e-mail au second, pour le convier à lui rendre visite, sur les bords de la Neva… Mais Sam venait juste de s'installer en France, il manquait de temps et de moyens ; l'invitation était restée lettre morte.

Aussi, quand, la semaine précédente, Sam avait adressé à Dan un véritable SOS, le suppliant de lui obtenir d'urgence un visa de presse pour la Russie, le chef du service politique avait-il employé les grands moyens. Faisant jouer à fond ses relations les mieux placées, il avait accompli un petit exploit diplomatique et permis à son ami de s'envoler pour la Russie moins de soixante-douze heures après le dépôt de son dossier.

— Tu n'as pas mis longtemps, plaisanta-t-il en l'accueillant dans le hall du journal.

— Vingt ans, tout de même ! rétorqua Sam.

Leur poignée de main avait naturellement tourné aux embrassades.

— J'avais prévu de dire : « Tu n'as pas changé »...

— Heureusement que j'avais vu tes photos sur Facebook ! renchérit l'avocat.

Cet assaut d'amabilités les fit rire. Puis Dan convia le voyageur à faire le tour des bureaux.

— Sans te froisser, intervint Sam, j'aimerais mieux t'expliquer tout de suite le but de ma visite.

L'autre fronça les sourcils.

— Eh bien, dit-il, tu m'as l'air pressé, décidément !

— Tu vas comprendre.

Le journaliste le fit entrer dans son bureau et en ferma la porte – ce qui était rare.

— « Holà, silence ! Écoutons Antoine, le très noble Antoine »...

Le regard de Sam s'emplit de douce nostalgie. Les longs cheveux touffus étaient désormais courts et clairsemés, les lunettes d'acier avaient fait place à des montures d'écaille... Mais le ton, lui, n'avait pas changé.

— Tu aimes toujours autant Shakespeare, à ce que je vois...

— Mon admiration est intacte !

— J'espère que ton efficacité l'est aussi, plaisanta Sam... Pour des raisons qu'il serait trop long de t'expliquer, je suis à la poursuite d'une personne qui était ici, à coup sûr, avant-hier soir. Il s'agit d'une starlette allemande du hard rock, une dénommée Noemi. La chanteuse du groupe Kondor.

Dan ouvrit des yeux ronds.

— Tu es en train de me dire que tu m'as fait déranger la mairie de Saint-Pétersbourg et le ministère des Affaires étrangères de la Fédération pour une histoire de fesses ?

— Non, non, détrompe-toi. Ça n'a rien à voir, assura Sam. La femme en question est une criminelle – j'en ai la preuve – et je ne la poursuis que dans le cadre d'une affaire tout ce qu'il y a de sérieux.

— Dans ce cas, pourquoi ne pas prévenir la police ?

— Parce que... Parce que cela mettrait en cause une personne vulnérable, qui se trouve être mon client, répondit-il sans préciser que le client en question n'était plus de ce monde.

Dan hocha la tête.

— Comment tu l'appelles, ta rockeuse ?

— Noemi, du groupe Kondor. Elle a chanté ici avant-hier, pour la fête de la Musique. J'espère seulement qu'elle est toujours *intra-muros*...

Le journaliste décrocha son téléphone.

— Stepan, demanda-t-il. Tu es au courant d'un concert qu'aurait donné à Saint-Pet', l'autre soir, un groupe allemand du nom de Kondor ?

Tout en écoutant la réponse, il sourit à Sam : cette petite collaboration lui en rappelait d'autres !

— Oui, je pense... Tu saurais où ils sont descendus ?... Non ! Sûr de toi ? C'est incroyable... Et la chanteuse, tu la connais ?... Pas grave, merci, Stepan. Tu es le meilleur.

Il raccrocha, l'air plus que satisfait.

— Tes zigues sont à deux pas d'ici, dit-il. Va à la fenêtre et penche-toi sur la droite.

Sam s'exécuta, l'œil mutin.

— Tu vois le palace qui fait l'angle ? C'est l'*Astoria*, un des piliers de l'hôtellerie nationale. Eh bien, c'est là qu'ils résident... Allô, Félix ?

Il avait composé un numéro tout en parlant et s'entretenait déjà avec un nouvel interlocuteur.

— Dan Andrews, du *Times*... Non, non, c'est moi qui te remercie encore, tu veux rire... Dis-moi, j'ai un de mes copains, un Américain, qui vient de débarquer à l'improviste ; est-ce qu'on pourrait venir déjeuner chez toi ? On serait là vers midi et demi... Génial ! Merci, Félix.

Il raccrocha, fit basculer son fauteuil en arrière et, pas mécontent de sa petite démonstration d'influence, informa son vieux copain qu'ils étaient attendus à l'*Astoria* pour le déjeuner.

— Efficace, admit Sam sans abandonner pour autant son air moqueur. Tout compte fait, tu n'as pas changé, tu vois !

— Des personnes ingérables, déplorait le directeur du palace, venu les rejoindre à la fin du repas. Grossiers, toujours entre deux bières... Le genre impossible à satisfaire. Et ce n'était pas la première fois que nous les hébergions.

— Il fallait les refuser ! suggéra Dan.

— Pas facile.

Il pencha vers ses hôtes sa grande carcasse et fit du coin de l'œil, avant de lâcher sa bombe, un tour rapide de la salle en rotonde.

— Invités spéciaux d'Andreï Sergueïevitch…

— Andreï Sergueïevitch ? questionna Sam.

Les deux autres lui firent signe de baisser d'un ton.

— Seredilov. Garde rapprochée de Poutine, expliqua Dan Andrews. L'homme des mouvements de jeunesse.

— Parmi d'autres attributions, précisa Félix.

Seulement, concentré sur ce qu'il avait appris dix minutes plus tôt, l'avocat n'était pas d'humeur à bavarder.

— Et donc, ils ne sont plus chez vous…

— Je vous l'ai dit : ils sont repartis hier, en début d'après-midi. Enfin… ceux qui étaient là. Parce que, pour la chanteuse, elle n'est même pas revenue dormir chez nous.

Sam en répandit sa crème au chocolat sur la belle nappe ivoire. Cela fit une tache affreuse.

— Elle a dû se faire un oligarque, plaisantait Dan.

Le serveur, d'une discrétion parfaite, escamota l'incident en un tournemain.

— On a quand même facturé la chambre, siffla le directeur en lorgnant imperceptiblement en direction de la tache.

— Sur le dos des contribuables, tu n'as pas honte ?

Sam ne partageait pas leur humeur badine. Il embrassa du regard le décor de la salle, un manifeste Art déco réussi, indéniablement. Des samovars géants apportaient du chic à l'ensemble.

— Pardon d'insister, dit-il, mais vous me confirmez qu'après le concert du 21 juin Noemi n'est pas venue dormir à l'*Astoria* ?

Félix se tourna vers l'homme du *Times*, comme pour lui demander si son compagnon n'était pas intellectuellement limité.

— Et bien entendu, poursuivit Sam, vous n'avez aucune idée de l'endroit où elle a pu se rendre après le spectacle.

— Aucune idée ! confirma le Russe. À propos, pardonnez-nous un instant : j'aimerais montrer quelque chose à notre ami Andrews.

— Sois sage, plaisanta Dan en posant sa serviette sur la table.

Sam les excusa d'un geste ; ils se levèrent et gagnèrent la sortie. L'avocat était consterné : ainsi donc, il venait de faire un long voyage pour rien. Il fit tourner son BlackBerry comme une toupie sur la table, puis l'immobilisa et entreprit d'adresser un SMS à Sonia.

« Je tombe sur un os. Je m'en vais d'ici. »

— Excusez-moi, monsieur, se permit timidement le serveur.

Lui aussi parlait tout bas – *vestige des temps soviétiques*, songea Sam.

— J'ai entendu que vous parliez de Noemi. Moi, je l'ai vue partir.

L'avocat ressentit comme une décharge électrique au niveau du plexus. Il accorda enfin un vrai regard au serveur, un grand homme d'âge mûr, portant des cheveux postiches.

— Vraiment ?

— Oui, monsieur. L'après-midi du 21, je lui avais porté un encas dans sa suite. Nous avons bavardé et elle m'a glissé un carton pour les coulisses du concert. J'y suis allé. En sortant de scène, elle m'a prié de la conduire au Cavalier. Ce que j'ai fait. Mais en arrivant, j'ai eu un choc : c'est une Mercedes de Moscou qui l'attendait. Elle est montée dedans…

Le serveur, feignant de lisser la serviette installée sur la tache de crème, approcha plus près encore de Sam son crâne emperruqué. Sa voix n'était plus qu'un murmure.

— Monsieur, c'était une voiture du FSB.

— Comment pouvez-vous l'affirmer ?

Le serveur se redressa, pincé.

— Je ne sais peut-être pas grand-chose, mais ça, je connais.

Il s'éloigna pour ne plus revenir. L'avocat inspira profondément, puis il termina son SMS d'un doigt plus agile. Il remplaça « un os » par « une piste », et « d'ici » par « à Moscou ». Puis il ajouta « Je t'appellerai du train », et envoya le tout.

En quittant l'*Astoria* et ses marbres, Dan fit une confidence à Sam. Au nom de leur antique complicité…

— Félix m'a pris à part. Je crois qu'il n'a pas trop confiance en toi, déclara-t-il.

Sam, encore sous l'effet de ce qu'il venait d'apprendre, n'en conçut aucune aigreur.

— En fait, poursuivit l'homme du *Times*, ce qu'il voulait me dire en aparté, c'est que ta chanteuse a reçu samedi un appel en provenance de Moscou…

Sam prit un instant pour réfléchir.

— Comment se rend-on à Moscou de la manière la plus rapide ? demanda-t-il.

Andrews fut soufflé par ce qu'il prit pour de la réactivité.

— Tu vas toujours aussi vite en besogne. Dis donc, tu te rappelles comment on te surnommait, à la fac ?

— Speedy Gonzales. Pourquoi ?

15

Sam Douglass filait à reculons vers Moscou, assis côté fenêtre à bord du nouveau train *Sapsan*, fabriqué par les Allemands mais peint aux couleurs du drapeau russe : blanc, bleu et rouge. Parti de la gare Moscovski bien après dix-neuf heures, il devait avaler six cent cinquante kilomètres à grande vitesse et atteindre la gare Leningradski, dans le nord-est de la capitale, bien avant minuit.

Ce « TGV russe » n'était pas sorti de la banlieue pétersbourgeoise, que le portable de l'avocat se mit à vibrer. C'était Dan Andrews.

— J'ai oublié de te dire une chose importante. Tu es parti si vite !

— S'il te plaît, dis-moi que tu connais l'adresse de Noemi à Moscou...

Le journaliste éclata de rire.

— Non, malheureusement. En revanche, je vais te donner celle d'un confrère du journal anglophone de là-bas, *The Moscow Times*. C'est un peu loin vers le nord, au-delà de ton hôtel.

Sam Douglass enregistra soigneusement les indications d'Andrews, par ailleurs élogieux sur son homologue.

— Jeffrey T. Epstein n'est plus tout jeune, mais tu verras, c'est un type sensationnel, affirmat-il. Rien ne se passe à Moscou – et spécialement au Kremlin – sans qu'il le sache. N'hésite surtout pas à l'appeler de ma part.

— Et tu sais s'il a ses entrées au FSB ?

— En tout cas, ça n'aurait rien de surprenant.

— Merci encore pour tout, Dan. Je ne sais pas ce que j'aurais pu faire ici sans toi.

— Du tourisme !

Sam se rappela qu'il avait promis à Sonia de lui donner des nouvelles. Il composa son numéro dans la foulée ; elle répondit dès la première sonnerie.

— C'est quoi, cette piste ? demanda-t-elle d'entrée de jeu.

— Il semblerait que Noemi ait quitté Saint-Pétersbourg, samedi soir, à bord d'une voiture officielle. À destination de Moscou !

— Donc, te voilà parti pour Moscou. Je vois que tu t'amuses bien...

Sam ne connaissait pas assez la jeune femme pour faire la distinction, dans ses remarques douces-amères, entre un naturel abrupt et une aigreur particulière.

— Je vois du pays..., reconnut-il.

— Sam, je suis en train de faire des courses ; rappelons-nous, d'accord ?

— Bien sûr, fit-il, interloqué. Je ne voulais pas te déranger...

— Il n'y a pas de mal. Je t'embrasse.

— Moi aussi.

Ce court échange dans la langue de Corneille avait suffi à retenir l'attention d'un couple de touristes français – un homme obèse et une femme rousse – qui voyageait face à Sam. Leur guide, une jeune Russe, était assise à côté de l'avocat.

— Français ? Je vous avais pris pour un Américain…, lança l'homme qui ne craignait pas de se montrer indiscret.

— Je possède la double nationalité.

— C'est mieux que pas de nationalité du tout ! répondit l'autre en s'esclaffant.

Il paraissait, décidément, soucieux d'établir un lien de connivence. Sam hocha poliment la tête, espérant que l'échange allait en rester là ; c'était méconnaître la prévenance de certains voyageurs envers un compatriote de rencontre.

— Je suis dans la robotique, crut devoir préciser le gros homme. Numéro 3 de ma boîte, ce qui me vaut de voyager avec Madame aux frais de la princesse !

— Vous avez raison d'en profiter…

— Malheureusement, on rentre demain… Et vous ?

— Pardon ?

— Vous êtes dans quelle branche, vous ?

— Ah !… Je suis avocat.

Le touriste fit avec ses lèvres un bruit bizarre, où sans doute il fallait lire une marque de respect. Sam, en vérité, commençait à se lasser. Heureusement pour lui, l'accompagnatrice vint à son secours.

— Si je puis me permettre…, intervint-elle avec un accent russe assez marqué.

— Mon mari est dissipé, s'excusa la dame aux cheveux roux. Continuez votre explication !

— Je vous disais que *Sapsan*, chez nous, signifie « faucon pèlerin ». C'est notre ministre des Transports qui a eu l'idée de ce nom. En ce moment même, vous voyagez donc sur le dos d'un faucon pèlerin…

Sa plaisanterie tomba complètement à plat, malgré la gentillesse foncière des deux clients. Sam, feignant de s'absorber dans la contemplation du paysage, riait sous cape.

— Et en dehors de l'anglais, vous parlez aussi le russe ? insista le gros homme.

La guide, irritée par tant d'indiscipline, ne laissa pas à Sam le temps de répondre.

— Chez nous, reprit-elle en haussant légèrement le ton, les trains sont en général différents de celui-ci. Normalement, le voyage entre Saint-Pétersbourg et Moscou s'effectue de nuit, à bord de convois traditionnels, n'offrant que des compartiments-couchettes. Le service y est soigné, et chaque compartiment est comme une petite chambre. Si je puis me permettre, je dirais que les trains russes sont de petits hôtels roulants, conclut-elle sans se décourager.

Cette fois, les clients esquissèrent un sourire. Sam, toujours le nez sur la baie vitrée, continuait de rire en silence. À sa grande surprise, l'accompagnatrice s'en prit alors à son hypocrisie.

— Vous vous moquez de moi, et cela se voit.

— Mais pas du tout, protesta-t-il en se retenant de rire.

— Je ne pensais pas être si drôle, déclara-t-elle d'un ton pincé.

— C'est un malentendu, j'ai du rire dans les yeux. Les gens, quand ils croisent mon regard, croient toujours que je me moque d'eux.

Le paysage, à présent inhabité, était celui de l'immensité russe, ponctuée de loin en loin par une colline aux sombres sapins, ou par quelque vaste plan d'eau. Sam avait dans l'œil un soleil de plus en plus coloré, ce qui l'incita à se retourner vers l'intérieur. Cette nouvelle position l'amenait à détailler la jeune Russe et son joli petit nez. Il se demanda s'il avait envie de la classer dans la catégorie des jolies filles... Elle avait du moins fini par se taire, afin de respecter le sommeil dans lequel avaient sombré ses deux clients.

— J'imagine que vous connaissez bien Moscou, risqua-t-il à mi-voix.

— Assez bien, répondit-elle de même, sans tourner le visage.

— Je vais devoir trouver quelqu'un qui puisse m'y piloter.

— *Piloter* ?

— Servir de guide, si vous préférez.

— Oh !... Je peux vous indiquer des personnes.

Ils se turent un moment, tandis qu'un employé servait du thé aux voyageurs. Par bonheur, cela ne réveilla pas le couple de Français. Sam put donc bientôt revenir à la charge.

— Vous-même... vous ne seriez pas disponible ?

— Cela dépend de vos centres d'intérêt, répondit-elle sans chaleur. Si je puis me permettre, que venez-vous faire à Moscou ?

« Je suis à la poursuite d'une tueuse », eut envie de répondre Sam. Mais il opta pour une version édulcorée de la réalité.

— Disons... Disons que je suis à la recherche de quelqu'un. Quelqu'un dont j'ai perdu la trace.

— Et cette personne est à Moscou ?

— J'ai de bonnes raisons de le penser.

— Vous avez évoqué tout à l'heure, au téléphone, une certaine administration.

— Le FS...

— Je vous en prie, l'interrompit-elle en le foudroyant du regard. Si je puis me permettre, il n'est pas du tout recommandé de prononcer ces trois lettres !

Sur quoi elle lui tourna délibérément le dos, croisa les bras et s'enfonça dans un silence obtus.

Pas si jolie que ça, songea Sam. En vérité, même, presque ingrate de visage...

C'est la dame rousse qui, réveillée par l'éclat de voix de la jeune guide, relança l'avocat ; il avait eu le malheur de croiser son regard.

— Et vous êtes ici pour vos affaires ? s'enquit-elle.

— Pour une affaire en particulier, répondit Sam, de plus en plus agacé. Une affaire sentimentale.

Il avait cru l'embarrasser ; mauvais calcul.

— Mon Dieu ! s'émut la touriste. Vous m'en avez trop dit, ou pas assez !

— Eh bien... je me rends à Moscou dans l'espoir de retrouver une jeune femme, dit-il sans mentir vraiment. Une chanteuse...

L'accompagnatrice parut tendre l'oreille, mais elle ne broncha pas. C'est la Française qui insista, sans craindre de réveiller son mari qui dormait maintenant comme un bébé.

— Une chanteuse ? Mais c'est tout à fait romantique, votre histoire ! Et comment s'appelle-t-elle ?

— Noemi, répondit Sam en se demandant s'il était très prudent de découvrir ainsi ses batteries.

— Noemi, c'est joli... Et vous avez bon espoir de la retrouver ?

— Malheureusement, je crains que ce ne soit difficile, s'amusa Sam qui commençait à se piquer au jeu. Je finirai peut-être par me jeter dans la Moskova…

— Mon Dieu ! Ne faites pas cela, s'insurgea la touriste. Vous êtes encore jeune, et la vie peut vous apporter tant de belles choses !

L'accompagnatrice, sans doute fatiguée de cet échange insane, s'éclipsa en direction du couloir.

Sam Douglass laissait glisser son regard sur un paysage sinistre, où d'immenses barres d'immeubles, oppressantes, émergeaient d'une semi-obscurité, sur fond d'usines et d'entrepôts : le *Sapsan* touchait presque au but, sous un crachin qui constellait ses grandes vitres de gouttelettes lumineuses. L'avocat se sentait épuisé à l'idée des difficultés qui l'attendaient. Comment s'y prendre pour retrouver la trace de l'assassin de Quentin Bellon ? Le confrère de Dan pourrait-il seulement l'aider ? Il venait de fermer les yeux, découragé, quand il comprit que sa voisine était en train de déposer quelque chose sur sa tablette.

— Voici ma carte, dit-elle tout bas.

Le petit carton était imprimé en cyrillique au recto, en romain au verso. Sam surmonta sa surprise pour gratifier Galina – tel était son prénom – d'un sourire appuyé.

— Qu'est-ce qui nous vaut ce changement d'attitude ? demanda-t-il.

Elle ne se perdit pas en explications inutiles.

— Votre histoire m'a un peu émue, si je puis me permettre… Je me suis dit que je pouvais peut-être essayer de vous aider…

— Ce serait très gentil, vraiment, remercia l'avocat sidéré.

Galina inscrivit un nom, au stylo à bille, sur le coin de sa petite carte.

— Retrouvons-nous, si vous le voulez, demain à midi au *Café Bosco*. C'est facile à trouver. Sur la place Rouge, vis-à-vis du Kremlin, juste en face du mausolée de Lénine.

— J'y serai. À propos... je m'appelle Sam.

Galina se leva pour rejoindre son couple de Français. Elle esquissa un dernier sourire.

— Pour répondre à votre question, je dirai que j'ai moi-même perdu quelqu'un de très cher... À la guerre... Alors, pour Noemi, je crois savoir ce que vous ressentez.

— Oh ! mais... bien sûr !

— Alors, à demain, Sam ? fit-elle en s'éloignant déjà.

— Oui, à midi. Au...

Il jeta un œil à la carte.

— Au *Bosco* !

Elle porta son index à ses lèvres, pour lui recommander la discrétion. Peut-être pas très jolie, rectifia-t-il mentalement, mais terriblement *sexy*.

16

Depuis qu'il avait, neuf ans plus tôt, quitté Moscou en catastrophe pour venir, *via* Genève, s'installer à Londres, Iouri Pullinski avait déménagé huit fois. En privé, il justifiait cette bougeotte par la prudence. « Avec la bande d'assassins qui occupe en ce moment le Kremlin, répétait-il, mieux vaut ne pas trop s'assoupir. » Mais le véritable motif de ces migrations incessantes était qu'en bon exilé il ne se trouvait bien nulle part.

Il occupait pour l'heure une belle demeure à colonnes ouvrant sur Eaton Square, dans le quartier de Belgravia. C'était un havre doux et verdoyant, mais que lui-même considérait comme transitoire ; d'où un amoncellement de caisses jamais déballées, voisinant bizarrement, dans ses couloirs, avec une collection de natures mortes flamandes et une autre, de commodes françaises en laque. Il faut dire que Pullinski lui-même se définissait volontiers comme « collectionneur de collections ».

Ce genre de tropisme, joint à la fortune appréciable qu'avait pu sauver l'ancien oligarque, avait naguère fait le bonheur des négociants d'art. Depuis quelque temps, cependant, les marchands se faisaient rares auprès de « Iouri le Magnifique » et ne demandaient plus de rendez-vous que pour lui réclamer le versement d'arriérés ou la restitution d'objets impayés. Maxim Weitz faisait en quelque sorte figure d'exception : jamais on ne l'avait tant vu à Eaton Square. Le Russe, habitué à déceler partout l'intérêt sous-jacent, traitait ouvertement l'Américain de « vautour » et de « charognard » – ce que le vol tournoyant de Maxim au-dessus des grands diadèmes Romanov ne faisait rien pour démentir.

Ce matin-là, le courtier s'était présenté sans rendez-vous au domicile de son client. Sachant que Pullinski s'absentait rarement et ne respectait, de toute façon, aucun horaire, il avait fini par comprendre qu'il était plus efficace de le saisir à l'improviste. Une jeune et jolie secrétaire l'introduisit dans un salon tout en longueur, meublé de beaux fauteuils disparates et d'une table chargée de revues. Un tel aménagement n'était pas sans rappeler la salle d'attente d'un dentiste, et Weitz se dit qu'à tout prendre il aurait préféré la perspective d'un arrachage de molaire à l'empoignade qui l'attendait. Comment faire admettre à Iouri Pullinski qu'il allait devoir transiger avec le banquier Ward et lui céder sa collection pour la moitié de la somme prévue ?

La secrétaire vint le chercher assez vite, pour le conduire dans les bureaux de son patron : l'étage noble de l'hôtel particulier se trouvait dévolu aux sociétés d'investissement de l'ancien oligarque.

— Qu'est-ce que tu viens m'annoncer, Maxi-truc ? attaqua Pullinski sans ménagement.

Weitz avait fini par s'habituer aux familiarités du personnage ; il préféra passer outre. Il n'était guère en position d'exiger des égards.

— Mon cher Iouri…, répondit-il.

— Tu commences par « mon cher Iouri » : mauvais signe !

Le Russe recracha d'un coup la fumée grasse et blanche de son havane. Il montrait un visage poupin, sous un paquet de cheveux blancs tout raides. On aurait pu sans peine l'imaginer grimé en clown et assurant des reprises d'Auguste, au cirque de Moscou.

— Mon cher Iouri, laissez-moi vous redire, avant toute chose, à quel point cette dépêche de RIA Novosti nous place dans une position difficile.

— Ta dépêche est signée : tout ça vient des *siloviki*, grommela Pullinski. Je suis sûr qu'ils ont inventé cette histoire de toutes pièces, rien que pour me savonner la planche.

Sous le terme de *siloviki*, il désignait, au cœur du pouvoir fédéral russe, un noyau dur d'anciens du FSB et de l'armée, opposés à toute forme de libéralisation.

— Vous ne pensez pas que ces gens-là ont d'autres chats à fouetter ?

— Dis donc, bonhomme, il faudrait savoir dans quel camp tu joues ! Si je te dis que ces fumiers cherchent un moyen de me couler, c'est que j'ai mes raisons. O.K., mes milliards ont fondu ; mais je ne suis pas encore foutu, figure-toi. Et eux, là-bas, ils savent très bien que, s'il le faut, j'irai jusqu'à soutenir Kasparov au prochain scrutin.

— À la limite, il existerait des moyens plus directs de réduire un opposant au silence…

— Me flinguer, tu veux dire ?

Pullinski partit d'un drôle de rire qui, sous l'effet de la fumée, se mua en toux saccadée.

— Mais figure-toi que ce n'est pas l'envie qui leur en manque ! S'ils ne l'ont pas fait, c'est uniquement à cause de certains documents que je détiens en lieu sûr et qui, si je venais à disparaître de mort violente, ou simplement suspecte, seraient mis aussitôt sur la place publique.

L'ancien ami de Boris Eltsine saisissait, en privé, la moindre occasion de laisser entendre qu'il en savait long sur les débuts de Vladimir Poutine à la tête de la Fédération de Russie, et notamment sur les ressorts, jamais élucidés, des attentats meurtriers de 1999 à Moscou. Ce qu'il évitait d'ajouter, c'est qu'il y avait assumé lui-même un rôle assez trouble pour le condamner au silence.

— Réel ou supposé, reprit un Weitz soucieux d'avancer, le vol organisé du fonds diamantaire est aujourd'hui officiel ; et cela fait peser un doute sur les joyaux Romanov en circulation.

— Sauf que ça ne tient pas debout ! éructa le Russe en abattant sur son bureau un poing de bûcheron. Le fonds diamantaire du Kremlin, tout le monde sait, depuis toujours, ce qu'il contient. Et cette histoire de « réserves confidentielles » est une connerie.

— C'est officiel, Iouri, *officiel* !

— C'est officiel à la sauce russe, oui. Officiel, mon cul !

— Mais qu'est-ce que vous savez, vous-même, de la provenance de ces joyaux ?

— Je te l'ai dit, et redit, et re-redit : le moine qui m'a vendu tout ça le tenait de son grand-père qui, lui-même, avait récupéré le magot pendant la guerre.

— Dans ce cas, pourquoi ces gens ont-ils autant tardé à s'en débarrasser ?

— Mais parce que le vieux ne voulait rien vendre et qu'il n'a passé l'arme à gauche qu'en 2003 ! Et que le petit-fils a mis du temps à comprendre comment il pourrait écouler une marchandise si… atypique. Dis donc, l'Amerloque, je te trouve bien sceptique, d'un seul coup.

Le dialogue de sourds se prolongea sur le même ton, jusqu'à ce que Pullinski, tirant une grande bouffée de son cigare, pose enfin la vraie question.

— Bon, l'Écossais, il propose combien ?

Maxim Weitz estima que son salut passait par un mensonge provisoire.

— Il ne propose plus rien, déclara-t-il. Cette annonce de vol l'a effrayé.

— Plus rien…, répéta, d'un ton piteux, le Russe au visage de clown.

Cette soudaine absence de réaction était inespérée pour le courtier. Il en profita pour enfoncer le clou.

— Quand je l'ai rejoint sur son yacht, il ne voulait plus entendre parler de la moindre transaction.

— Tu m'inquiètes…

— Vous n'imaginez pas ce qu'il m'a fallu d'arguments pour le ramener à de meilleures dispositions.

— Donc… résultat des courses ?

— Il propose la moitié, lâcha Weitz dans un souffle.

— La *moitié* ?

Pullinski avait presque crié, comme s'il s'était brûlé avec le Montecristo.

— Dis donc, tu m'as bien regardé ?

— Je ne fais que transmettre…

— C'est ça, oui ! Sauf que j'ai horreur qu'on se foute de ma gueule. Alors, écoute-moi bien, toi...

Le ton, devenu quasi menaçant, annonçait des complications.

— Tu vas pouvoir dire à cet enfant de salaud d'Écossais que mes pierres, je me les garde. Et qu'à ce tarif-là je préférerais les bouffer, tu m'entends : les *bouffer*, plutôt que de lui en céder une seule.

— Iouri...

— Et je te promets que si tu m'appelles encore « Iouri », ne serait-ce qu'une fois, je t'écrase ce cigare entre les yeux. *Capito ?*

Lorsqu'il retrouva l'atmosphère apaisée d'Eaton Square, avec ses belles façades, ses jolis arbres et ses petites grilles bien entretenues, Maxim eut le sentiment de s'éveiller d'un cauchemar. Il souffla deux ou trois fois, pour évacuer les reliquats de l'épaisse fumée et se laissa envahir par un curieux sentiment de nostalgie. Le passage d'un fiacre aux couleurs du grand magasin *Harrod's* acheva de l'émouvoir – comme un pied de nez de la civilisation victorienne aux barbaries du XXIe siècle.

Il arrêta un *cab*, s'engouffra dans son habitacle douillet et, renonçant à se rendre comme prévu chez Sotheby's, pria le chauffeur de le ramener chez lui, près du marché de Covent Garden. En chemin, il composa le numéro d'un de ses meilleurs amis londoniens.

— Justin ? C'est Maxi... En forme ? On dîne ensemble, ce soir ?... Ça va me faire du bien. Et pour finir la soirée, tu as toujours tes entrées dans cette boîte à la mode, pleine de jolis garçons ?

17

À Moscou, l'hôtel recommandé par Dan Andrews était un building sans charme, bâti sous Brejnev dans l'optique moderniste des jeux Olympiques de 1980. Son immense façade concave dominait une esplanade en pente où s'élevait, géante, comme la flèche d'un cadran solaire, une statue récente du général de Gaulle. Cette incongruité n'était pas la seule, dans un secteur – celui du Centre panrusse des expositions – conçu jadis à la gloire des cosmonautes et autres favoris du régime.

Sam Douglass avait repoussé les voilages pour coller son front à la baie. Il contemplait d'un œil déjà moins rieur cette ville immense et grise, rendue plus grise encore par la pluie qui n'avait pas cessé depuis la veille. Plus qu'aux ravages de l'architecture soviétique, il attribuait son humeur maussade au sentiment d'impuissance qu'il éprouvait. Par où devait-il commencer ? Fallait-il entreprendre un tour complet des grands hôtels moscovites, ou bien chercher, comme Galina le lui avait suggéré, du côté des préfectures d'arrondissement ? Le lien plus que probable de Noemi avec les Services risquait de lui compliquer la tâche.

L'avocat, cependant, n'avait pas le choix : rien ne serait éclairci tant qu'il n'aurait pas mis la main sur l'assassin de Quentin. D'un geste devenu machinal, il massa son épaule encore douloureuse – souvenir de sa seule « rencontre » avec la chanteuse.

Plan d'action de la matinée : d'abord, entrer en contact avec Epstein, le journaliste. Puis, rejoindre Galina dans son café de la place Rouge. Ensuite… Ensuite, on aviserait.

— Allô, je suis bien au siège du *Moscow Times* ?

— Je vous écoute.

— J'appelle de la part de Dan Andrews, du *St. Petersburg Times*. J'aurais aimé parler à Jeffrey Epstein.

— Un instant, s'il vous plaît.

La standardiste transféra la communication.

— *The Moscow Times, zdrastvuite ?* reprit la voix d'une autre femme.

Sam répéta sa demande. Après un léger flottement, elle répondit dans un anglais approximatif.

— Plus tard, s'il vous plaît. Jeffrey ne pas là, maintenant.

— Doit-il passer au bureau dans la journée ?

— Plus tard, s'il vous plaît. *Bolchoï spasibo.*

L'avocat soupira lourdement. Il frappa du poing sur la grande vitre, attrapa son blouson et ses clés, vérifia qu'il n'oubliait rien – pas même le précieux Hanneton – et quitta cette chambre qui ne l'inspirait pas.

Le hall de l'hôtel *Cosmos* ressemblait à une aérogare. Sam Douglass ne fit pas appeler de taxi. Il croyait savoir qu'à Moscou il suffisait de se poster au bord d'un trottoir et d'y lever la main pour qu'un particulier prenne la course en charge.

Il descendit donc jusqu'à la gigantesque Mira Prospekt et tenta sa chance. À peine avait-il levé son bras valide qu'effectivement une voiture vint se ranger devant lui. Le conducteur, œil torve et moustache tombante, abaissa la vitre, côté passager.

— *Dobri dien,* pouvez-vous me conduire à la place Rouge ? *Krasnaïa Plochtchad*...

D'un signe de tête, l'homme acquiesça.

— Combien ? tint à faire préciser Sam.

Le Moscovite ouvrit grande la main, pour montrer cinq doigts.

— Cinq cents roubles ?

L'automobiliste lui fit signe de monter à l'avant. L'avocat eut du mal à refermer la portière, tant la guimbarde – un modèle local – était vétuste. Le trajet n'en fut pas moins rapide, à l'écart des encombrements. Les abords de la place étant inaccessibles, le Moscovite laissa Sam à une encablure, en lui indiquant d'un geste la direction à suivre. Le passager paya son dû et sortit en remerciant ce drôle de chauffeur dont il n'avait même pas entendu la voix.

En dépit de la pluie, la place Rouge lui parut grandiose. Ses yeux d'enfant clignèrent sur les bulbes multicolores de la cathédrale Basile-le-Bienheureux, sur les impressionnants remparts du Kremlin, de couleur ocre-roux, sur les fioritures pittoresques du musée d'Histoire et la longue façade des galeries marchandes du GOUM. Au milieu se trouvait le *Café Bosco,* facile à repérer, comme l'avait dit Galina. Sam avait un peu de temps à tuer avant qu'elle ne l'y rejoigne ; il décida de le consacrer à son activité favorite : le lèche-vitrines. Le GOUM hébergeait exactement les mêmes enseignes que Madison Avenue, à New York, ou la rue Wangfujing de Pékin.

Il était midi pile quand il s'assit à l'une des tables du *Café Bosco*, choisie pour sa vue stratégique sur la place. Le décor des lieux, à dominante orange vaguement psychédélique, la tenue *fashion* des serveurs, tout de blanc vêtus, et surtout un riche assortiment de pâtisseries viennoises achevèrent de le réconcilier avec Moscou.

Galina le surprit en entrant par l'arrière, venant d'une des boutiques. Dès qu'il la vit, Sam comprit qu'un drame était arrivé. La jeune Russe, au bord des larmes, le fixait d'un air abattu ; elle tenait un journal russe.

— Sam, je suis désolée, pleurnicha-t-elle en le serrant dans ses bras, comme s'ils étaient de vieilles connaissances.

— Désolée ? Mais de quoi ?

— Oh ! *Bojé moï* : vous n'êtes pas au courant !

Galina plaqua sa main contre sa bouche et, secouant la tête, fixa l'avocat d'un regard empli de larmes.

— C'est à propos de Noemi ?

Elle ouvrit le journal à l'avant-dernière page, celle des brèves de dernière minute. L'avocat reconnut la photo de la chanteuse, mais il ne put rien lire : l'article était en cyrillique.

— Vous traduisez ? demanda-t-il en essayant de mimer, tant bien que mal, l'angoisse de l'amoureux éploré.

J'en suis navré, pensa-t-il, *mais il est un peu tard pour te détromper. J'ai trop besoin de tes services…*

Il laissa donc la jeune femme lui traduire le court article, d'une voix émue.

— Le titre dit : « Encore une victime de la drogue ».

Sam Douglass fronça les sourcils.

— « La chanteuse Noemi, du groupe allemand Kondor, a été retrouvée morte, tôt ce matin, dans sa chambre de l'hôtel *Lotte Plaza* à Moscou. Selon nos premières informations, elle aurait été victime d'une overdose. »

La voix de Galina se brisa sur ce mot.

— Je suis là, à vous lire cette chose...

— Poursuivez, s'il vous plaît, la pria Sam, dont l'air tendu devait plus à l'impatience qu'au désespoir.

Elle ravala son émotion.

— « La jeune artiste (vingt-neuf ans) s'était produite avec succès, ces jours derniers, dans le cadre d'un festival à la citadelle de Saint-Pétersbourg. On ignore encore les détails du drame, un de plus sur la liste déjà longue des ravages causés par la consommation de drogues. »

Galina releva les yeux.

— C'est tout... Oh ! je suis désolée, pauvre Sam !

Le premier réflexe de l'avocat, après avoir réalisé toute l'importance de ce qu'il venait d'apprendre, fut d'adresser à Sonia un SMS, pour la prévenir de ce coup de justice immanente. Puis il pria Galina d'appeler l'hôtel cité par l'article, afin d'y réserver à son nom une chambre pour le soir même. Enfin, et tout en s'excusant d'abuser ainsi de son temps, il lui demanda de rappeler le *Moscow Times*, et de tâcher d'en savoir un peu plus sur les disponibilités d'un certain Epstein – le mieux à même, à ses yeux, de le renseigner précisément sur les événements du *Lotte Plaza*. Mais la jeune femme n'obtint qu'une assurance : le journaliste serait de retour le surlendemain.

— Laissez tomber, dit Sam. Je vais rappeler mon ami à Saint-Pétersbourg.

— Puis-je vous être utile encore ? demanda-t-elle d'un ton apitoyé.

— Non, merci, c'est déjà très gentil…

— Je peux rester un peu, si vous voulez…

— C'est adorable, mais j'ai besoin d'être seul.

— Je comprends cela, dit-elle en l'embrassant spontanément. En tout cas, vous avez ma carte ; n'hésitez pas à m'appeler.

— Merci, merci beaucoup.

— Même la nuit, cela ne me dérangera pas…

En la regardant sortir et lui montrer ses poings en signe de solidarité, Sam fut partagé entre un soulagement de surface et une culpabilité plus profonde. *Je me déteste,* songea-t-il. *Mais je n'ai pas le choix…* Il jeta autour de lui un regard circulaire : pour la première fois depuis le début de son enquête, il se sentait la proie d'une sensation confuse, que sa lucidité ne tarda pas à identifier à de la peur.

Il retraversa le GOUM en direction de la rue Nikolskaïa. Son BlackBerry vibra. C'était la réponse de Sonia à la nouvelle de ce décès inattendu : « Je ne vais pas pleurer, écrivait-elle. Que comptes-tu faire ? »

18

Sam Douglass était repassé au *Cosmos*, afin d'y prendre ses bagages, puis il s'était fait conduire – en taxi, cette fois – jusqu'au *Lotte Plaza*, sur le boulevard Novinski. C'était un immeuble neuf, à l'architecture audacieuse, abritant un centre commercial et un palace dont les ascenseurs à vue, les jardins en terrasse et les restaurants étoilés affichaient le standing international. Le nouveau venu apprécia le design discret de la chambre, tout en nuances. Il approcha de la fenêtre pour admirer la belle vue sur la capitale ; était-ce la même ville qui, quelques heures plus tôt, l'avait tant déprimé ? Achevant la métamorphose, le soleil choisit ce moment pour percer et venir éclairer, altière au centre du panorama, une tour stalinienne élevée près du fleuve.

L'avocat plia un billet de mille roubles et le glissa dans la main du chasseur qui venait d'installer ses affaires.

— Vous parlez anglais ?

— Oui, monsieur.

— C'est vrai, ce que disent les journaux ? On aurait retrouvé le corps d'une chanteuse, dans cet hôtel, la nuit dernière...

— Oh ! je ne sais pas, monsieur.

Une ombre était passée dans les yeux du garçon.

— Réfléchissez : une certaine Noemi qui serait décédée des suites d'une overdose...

— Je... Nous n'avons pas le droit de bavarder avec les clients, monsieur.

— Vous ne savez pas où cela s'est passé ? Au moins, quel type de drogue elle aurait absorbé ?

— Bon séjour, monsieur.

Le chasseur s'éclipsa précipitamment, ce qui eut pour premier effet d'arracher un sourire à Sam. Cette attitude lui rappelait la phrase récurrente d'un de ses professeurs qui, jadis, excusait tous les problèmes de la Russie par une expression toute faite : « Soixante-dix ans de communisme »... Mais il savait bien que l'emprise de la police sur la société russe n'était pas née avec le communisme, et qu'elle n'était pas non plus morte avec lui.

Deux heures durant, Sam n'en arpenta pas moins les larges couloirs, à la recherche d'un témoin de plus en plus improbable. Dès qu'il évoquait ce mystérieux décès, les employés se fermaient un à un, comme frappés de mutisme. Seule exception : une vieille femme de chambre consentit tout de même à répondre, du bout des lèvres.

— Vous parlez de cette Allemande ? C'était une droguée.

Sam, aussitôt, s'engouffra dans la brèche.

— Vous savez à quel étage elle est morte ?

— Elle n'est pas morte ici, on l'a emmenée dans le coma. Pourquoi me demandez-vous cela ? Vous êtes journaliste ?

— Je la connaissais, simplement...

— Un ami, peut-être ?

— Admirateur, tout juste.

La femme de chambre fit une moue qui semblait dire : « Je ne vois pas comment on peut admirer une fille pareille ! »

— Et vous êtes à Moscou depuis longtemps ? s'enquit-elle.

Ce fut la question de trop, celle qui fit comprendre à Sam qu'en fait de femme de chambre c'était un agent qualifié qui, sans aucun doute, se trouvait devant lui. Elle n'avait feint de répondre à ses questions que pour mieux le ferrer…

— Je suis arrivé hier. Mais je repars bientôt. Je ne suis qu'un touriste.

Cette fois, c'est lui qui faussa compagnie à la soi-disant employée.

— Attendez, monsieur ! Attendez ! Je peux peut-être vous renseigner…

Il était dix-neuf heures passées quand il vit s'afficher le nom de Dan sur le petit écran.

— Allô, merci de me rappeler.

— Je t'en prie… J'ai pu réunir quelques éléments sur ton macchabée, annonça-t-il d'un ton désinvolte.

— Des éléments utiles ?

— Je te laisse en juger. Il semble qu'elle ait succombé à une overdose de GHB. Tu vois de quoi je parle ?

— Pas très précisément…

— Acide gamma-hydroxybutyrique, plus connu des clubbers sous le nom d'ecstasy liquide. C'est la fameuse « drogue des violeurs » – un produit répandu, mais ingrat, car difficile à doser ; il en faut peu pour qu'une prise normale devienne dangereuse, voire létale. Elle buvait, cette Noemi ?

— Possible, je n'en sais rien…

— Parce que le GHB ne fait pas bon ménage avec l'alcool.

Sam était debout devant la fenêtre de sa chambre ; il enregistrait les paroles de son ami, tout en laissant vagabonder son regard en contrebas, sur la circulation, dense à cette heure de pointe.

— À ce qu'on me dit, poursuivit Andrews, elle aurait passé la soirée seule ; mais le malaise ne l'a pas prise dans sa suite.

— Non ?

— Si mes renseignements sont bons, elle aurait été retrouvée dans la piscine de l'hôtel.

— Dans la piscine ?

— Oui, et avec assez d'eau dans les poumons pour qu'on hésite sur les causes du décès : overdose ou noyade… Du reste, elle n'est morte qu'à son arrivée à l'hôpital.

— Crime ou accident ?

— Plutôt une sorte de suicide, à ce que pensent les enquêteurs. Tu te rappelles ce que je t'ai dit, concernant le coup de fil à l'*Astoria* ? Ta chanteuse n'avait probablement pas la conscience tranquille…

L'avocat grimaça.

— Quoi d'autre ?

— On m'a proposé son emploi du temps détaillé pour la journée d'hier, mais j'ai laissé tomber ; je me suis dit que ça ne t'intéresserait pas, plaisanta Dan, piqué par l'insatisfaction chronique du *Frenchy*.

— Tu as bien fait, s'esclaffa Sam. Merci, vieux !

— Pas de quoi. Si j'apprends quelque chose, je sais où te trouver. Prends soin de toi.

— Sacré Dan !

Sam sortit le maillot qui ne quittait jamais la poche extérieure de son sac de voyage et le revêtit ainsi que le peignoir mis à sa disposition par l'hôtel ; puis il gagna l'ascenseur pour descendre au *fitness club*. En cette heure de dîner, rien ne troublait l'harmonie de ce vaste sous-sol à l'ambiance tiède : parois de bois clair, éclairages tamisés...

L'enquêteur inspecta discrètement le sauna, le hammam, le jacuzzi – tous déserts – jusqu'à la vaste piscine rectangulaire, au bleu luminescent. Les lieux semblaient abandonnés ; n'était-il pas étonnant, d'ailleurs, qu'au lendemain d'un tel événement on n'ait pas jugé bon de les faire garder ?

Sam trempa un pied pour évaluer la température du bassin – assez chaude – et pourtant frissonna ; l'idée de plonger dans ces eaux mortifères lui répugnait. Il se contenta de choisir un des transats blancs alignés sur le bas-côté et s'y allongea dans l'attente d'un hypothétique garçon de bain.

— S'il vous plaît, demanda-t-il dès qu'il en aperçut le fantôme.

— Oui, monsieur ?

C'était un homme au crâne rasé, qui présentait le physique musculeux et glabre des nageurs de compétition.

— Puis-je savoir quand vous avez changé cette eau ?

— Elle est constamment filtrée, monsieur, régénérée sans cesse...

— Oui, mais...

— Pardon ?

— Je me disais qu'après ce qui s'est passé ici, hier soir...

— Je ne sais pas, je n'ai pris mon service qu'à midi, aujourd'hui.

Sam se redressa sur le transat ; il arborait un sourire incrédule à souhait.

— Ne me dites pas que vous ignorez ce que l'on a repêché là-dedans !

— Sincèrement, monsieur, personne ne m'a rien dit.

Il devait manquer tout de même de curiosité, car, sans tenter d'en savoir davantage, il s'éclipsa aussi vite que son collègue chasseur, quelques heures plus tôt. Sam secoua la tête.

L'avocat se leva pour reprendre son inspection, espérant surmonter ainsi le découragement qu'il sentait poindre en lui. À une double porte, près du sauna, était fixé un panonceau de sens interdit ; quitte à se retrouver seul, autant en profiter : Sam la poussa doucement et se retrouva dans des locaux techniques, aussi peu soignés que les salons du club étaient luxueux. La proximité des chaudières rendait l'atmosphère étouffante. Il n'avait pas fait dix mètres qu'il tomba nez à nez avec un employé, visiblement stupéfait de le trouver là. L'homme était un Noir, ce qui, en Russie, n'est pas fréquent. Solidarité ethnique ou gentillesse, il tendit à Sam une main chaleureuse et l'entreprit avec feu. Seulement il ne parlait ni anglais, ni français, ni même espagnol – rien que le russe et ce qui ressemblait à une langue africaine. *Peut-être un ancien étudiant angolais, boursier de l'époque soviétique,* songea l'avocat tandis que l'homme persistait à s'expliquer dans le vide.

— Je suis désolé, mais je ne comprends rien. *Ia nié gavariou pa rouski.*

Le technicien semblait pourtant soucieux de lui parler.

— Je reviendrai avec une interprète, promit Sam. Demain ! *Zavtra !*

— *Da, zavtra !* reprit l'homme, enfin soulagé. *Da, zavtra !*

Le soleil déclinait et, avec lui, les espoirs de Sam Douglass de tirer vivement cette affaire au clair. En se levant, le matin même, il nourrissait encore l'ambition de retrouver l'assassin de Quentin ; à présent, il allait se coucher sans objectif clair, avec une seule certitude : Noemi était morte à son tour, peut-être anéantie par le remords... Il s'entendait encore définir cette affaire comme un « sac de nœuds »... Plutôt que de se mettre au lit, il prit une douche et se fit beau. Il n'avait certes pas assez faim pour envisager de dîner ; mais il était tombé, dans l'ascenseur, sur une affiche du bar panoramique et s'était dit qu'un petit tour au vingt et unième étage lui donnerait peut-être la hauteur de vue nécessaire...

Le *Kalina Bar* lui apparut, tout de suite, comme un point de ralliement de l'élite russe. Jeunesse dorée, magnats argentés, jolies ambitieuses et pulpeuses hôtesses en composaient la clientèle, sur un fond de *remix* à la mode, et dans un camaïeu de teintes fauves, rehaussé de halos bleus et mauves. En arrière-fond, dans la verrière, le panorama sur Moscou *by night* était à couper le souffle.

Sam s'installa au bar, sous un lustre volumineux, en forme de cloche ; et lui qui ne buvait presque jamais commanda une boisson à base de vodka. Puis un deuxième. Soucieux de son enquête, il n'en eut pas moins à cœur d'interroger son voisin immédiat : un homme massif aux paupières tombantes qui, dans un anglais international, lui conseilla de ne se mêler jamais ni de vol, ni de viol, ni de meurtre.

— Ce sont les trois secrets du bonheur, conclut l'homme avec un rire sourd.

Sam rit complaisamment – du moins, dans la mesure où ses réactions lui appartenaient encore. Il commençait à perdre l'équilibre et aurait même pu tomber de sa chaise haute si un autre voisin, révélant une poigne d'airain, ne l'avait rattrapé au dernier moment. Cette chute évitée de justesse eut un effet salutaire sur Sam : il souffla, cligna des yeux, reprit enfin conscience et, espérant sans doute se remettre d'aplomb, commanda un troisième cocktail à la vodka. Il s'en alla le boire un peu plus loin, vers le fond. Tout près des vitres aux fortes montures d'acier.

Les clients déjà installés dans ce coin le dévisagèrent sans bienveillance, mais l'avocat avait trop bu pour s'en soucier. Il allait, dans un hoquet, commander un autre verre, lorsqu'une voix rauque, dans son dos, le dégrisa d'un coup. À la manière d'une douche froide.

— Eh bien, maître Douglass, on ne tient pas la vodka ?

Sam respira douloureusement. Très surpris – pour ne pas dire sonné – par l'apostrophe, il tenta de se redresser et, faisant l'effort de se retourner, dévisagea Tacha Loubet installée sur la banquette juste au dos de la sienne.

— Vous ici..., s'étonna-t-il, camouflant à grand-peine son état sous un masque d'amabilité.

La Parisienne se leva, royale, et, d'un mouvement de rotation digne d'une comédienne, vint se poser en douceur sur le large accoudoir de l'avocat.

— Je vous observe depuis un moment, avoua-t-elle sur le ton de la confidence. Vous paraissez broyer des idées noires.

— Vous ici..., répéta Sam Douglass un peu lourdement. Vous avouerez que le hasard est fou...

— Le hasard n'y est pas pour grand-chose, admit-elle. Nous sommes, vous et moi, ici pour des raisons différentes, peut-être, mais qui relèvent au fond du même dossier.

— Ah oui... Lequel ?

Tacha, souriant de ses efforts pour paraître frais et dispos, lui retira des mains un verre vide.

— Disons, pour rester vague, le dossier « Joyaux Romanov »...

Il aurait sans doute aimé répondre, mais, tout à coup, le fil de la conversation lui échappait. De l'accoudoir, Tacha Loubet s'était laissée glisser sur le sofa. Tout près de lui.

— Je peux vous poser une question ? demanda-t-elle en souriant.

Il pensa que le moment était mal choisi, mais ne put le formuler.

— Dans quelle intention êtes-vous venu jusqu'ici ? Alors que, selon toute vraisemblance, je connais la réponse aux questions que vous vous posez...

— Oui, mais...

Sam était dans la situation pénible de l'homme assez ivre pour perdre l'usage de la parole, mais pas suffisamment pour avoir perdu celui de la pensée. Humiliante position, où les idées – presque claires encore – sont impitoyablement trahies par les mots. Tacha Loubet se pencha pour lui parler à l'oreille.

— Cela t'ennuie si je te dis *tu* ?

— Non, mais…

— Oh ! tu es tellement mignon quand tu as bu… Saisissons l'occasion, cher maître !

— L'occasion…

— Tu ne voudrais pas que nous allions finir la soirée ailleurs ?

— Où ça ? s'entendit-il répondre, alors que ses yeux sombres, durcis par l'alcool, peinaient à fixer ceux, tellement bleus, tellement doux, de la Parisienne.

— Il doit bien y avoir une chambre à ton nom, quelque part dans ce grand machin…

Ces mots susurrés le dégrisèrent un peu plus. Il aurait tant voulu disposer de toute sa conscience, de toute sa force, et prendre enfin cette femme dans ses bras pour l'emmener, telle une jeune mariée, jusqu'à sa chambre !

— Je peux t'aider un peu, si tu veux, continuait, au creux de son cou, la voix insinuante et rauque.

Sam se laissa faire mais, à la vérité, sa bonne volonté fut prise en défaut. Ce qui arriva par la suite ne devait lui laisser qu'un ensemble confus de souvenirs informes. Une porte de chambre, un parfum, des caresses, un lit, des baisers, un visage, ce visage – *son* visage. Se détachait de tout cela une impression, une idée maîtresse qui, du fond de ces délices brumeuses, devait remonter en lui jusqu'à l'infraconscience : cette femme était la clé de voûte de l'histoire ; tous les fils partaient d'elle et tous y ramenaient. S'il avait dû poser un nom sur le dossier, il ne l'aurait pas appelé « Joyaux Romanov » – oh non… Il l'aurait baptisé « affaire Tacha Loubet ».

Deuxième partie

LE RÉSEAU

19

— Si je puis me permettre, voulez-vous réessayer ?

Arrivée depuis une bonne heure au *Lotte Plaza*, Galina Kharchova faisait le siège des réceptionnistes, qu'elle suppliait de rappeler, et rappeler encore, « la chambre de M. Douglass ». Ils s'exécutaient d'assez mauvaise grâce, moins pour lui complaire, d'ailleurs, que par un vague sentiment d'inquiétude envers ce client qui s'obstinait à ne pas répondre.

— Vous devriez peut-être aller voir, suggérait de temps à autre la visiteuse, de plus en plus inquiète.

Vaine recommandation. Les employés s'abritaient derrière le marqueur « NE PAS DÉRANGER », enclenché par le client lui-même. La jeune Russe avait laissé plusieurs messages sur le répondeur de Sam, mais son portable était visiblement déconnecté. Avait-il décidé, sur un coup de tête, de retourner dormir à l'hôtel *Cosmos* ? La crainte secrète de Galina était que celui qu'elle prenait pour un amoureux désespéré n'ait choisi d'en finir avec la vie... Elle relut, pour la troisième fois, l'article en anglais que le *Moscow Times* du jour consacrait à la disparition de la chanteuse.

« C'est à l'hôtel *Lotte Plaza*, dans le Nouvel Arbat, que la chanteuse de hard rock Noemi – de son vrai nom Elena Saronieva – a trouvé la mort, au cours de la nuit de lundi à mardi, dans des circonstances assez troubles. Elle a été découverte dans un état comateux, peu après minuit, au sous-sol de l'établissement, aménagé en salles de sport. La jeune femme semblait victime d'une overdose. Elle serait décédée au cours de son transfert au Centre médical européen.

« Âgée de vingt-neuf ans, Noemi était leader du groupe de heavy metal Kondor, basé à Dresde. Mais si sa carrière l'avait amenée à chanter en allemand et à se produire le plus souvent en Russie, en Ukraine et dans les pays Baltes, elle était de nationalité française. Sa famille vit près de Paris, et son père est un diacre de l'ancienne Église russe exilée. Ce père comptait beaucoup pour elle, comme elle l'avait confié dans nos colonnes le 17 mars 2007. *"Il s'est fait 'lourder' de son Église pour opinions divergentes"*, avait-elle plaisanté alors.

« *"L'annonce de sa mort nous a choqués, bien sûr,* déclarait hier soir l'un des guitaristes du groupe, Horst Weinberger, à nos confrères de la radio Écho de Moscou. *Mais en même temps, elle menait une vie tellement secrète que personne, chez Kondor, ne peut se dire vraiment surpris de ce qui lui est arrivé."* Ce partenaire de scène n'en a pas moins exprimé son "pessimisme total" quant à l'avenir du groupe. Trois concerts, programmés en juillet à Riga et Vilnius, ont déjà été annulés (DPA).

« Noemi s'était fait connaître d'un certain public par l'amour qu'elle vouait à son petit compagnon Peppo, un rat blanc auquel elle prêtait des opinions sur la vie, le monde et la politique. Aujourd'hui, si le groupe Kondor se retrouve sans voix, c'est sa conscience elle-même que Peppo, quant à lui, vient de perdre. »

— Mademoiselle ?

Un réceptionniste tendait un combiné téléphonique en direction de Galina. Elle s'en empara fébrilement.

— Allô ?

— Galina ? Je dormais… J'entendais sonner, mais dans mon rêve…

— Je me suis beaucoup inquiétée !

— Pardon, vraiment. J'ai le sommeil un peu lourd. Vous devriez monter, j'ai prévenu l'accueil.

Sam Douglass l'accueillit en peignoir, ce qui fit naître chez la jeune femme un trouble visible.

— Oh ! prenez le temps de vous habiller ! lança-t-elle dès qu'elle l'eut aperçu.

Il l'attrapa par le coude afin de l'attirer dans la chambre.

— Inutile de m'habiller, je dois descendre à la piscine.

— Pardon, je vous dérange !

— Pas du tout, au contraire : vous allez venir avec moi.

— À la piscine ? Mais…

— J'ai besoin d'une interprète, expliqua-t-il. Vous avez un maillot ?

— Si je puis me permettre…

Avant qu'elle ait eu le temps de s'esquiver, l'avocat s'entretenait par téléphone avec le concierge du palace.

— Pouvez-vous me trouver d'urgence un maillot de bain seyant pour une jeune femme plutôt menue ? demanda-t-il. C'est cela… Parfait !

Il marqua une pause.

— Je dirais, bonnets B, trancha-t-il, ce qui fit rougir Galina jusqu'au blanc des yeux. Alors j'attends…

Il raccrocha, se permit un clin d'œil et, tout en choisissant une pomme dans la corbeille de fruits, s'inquiéta du journal qu'elle tenait, roulé dans sa main gauche.

— Il y a un article pour vous, ce matin, dans le *Moscow Times*.

Tandis qu'il lisait, elle finit par lui révéler, tout de même, le but de cette visite matinale.

— J'ai parlé avec un de mes oncles, annonça-t-elle. Ancien agent du KGB.

— Vous avez un oncle agent du KGB ?

Le regard de Sam brillait d'une lueur incrédule.

— Oui, enfin : ex-agent. Je lui ai raconté vos malheurs ; il se trouve qu'il connaît assez bien la personne que votre amie devait rencontrer au FSB. Alors, si vous êtes d'accord, mon oncle serait disposé à nous recevoir, cet après-midi.

Sam demeurait bouche bée.

— Je ne pensais pas vous faire autant d'effet, plaisanta-t-elle.

— C'est ce que je viens de lire, qui me sidère.

La sonnette retentit.

— Vous pouvez ouvrir ?

Le garçon d'étage remit à Galina un superbe maillot de bain une pièce.

Ils se présentèrent ensemble au *fitness club*, ce qui ne diminua pas la gêne perceptible de la jeune Russe. Sam crut en deviner la raison.

— Les couples mixtes ne doivent pas courir les rues, par ici…

— *Mixtes* ? demanda-t-elle.

Le terme lui échappait.

— Un Noir avec une Blanche.

— Oh ! si… Non, en fait, non.

Il l'avait directement conduite vers la double porte au sens interdit, mais dut modifier ses plans au dernier moment : une employée se trouvait là, tout près, affairée à constituer des piles de serviettes propres. D'un coup d'œil, Sam indiqua le sauna voisin ; il accrocha son peignoir à une patère, retira prestement son maillot et, se ceignant d'une serviette, franchit la porte de bois blanc. Galina déglutit, ôta son peignoir à son tour, puis son maillot et s'enveloppa d'une serviette pour gagner la pièce lambrissée, sur ses talons. La forte chaleur ne la surprit pas : elle avait l'habitude du sauna. Ce qui l'étonna davantage, ce fut de s'y retrouver seule avec lui. Tandis qu'il se postait au petit carreau pour surveiller la préposée aux serviettes, elle prit une pose qu'elle estimait avantageuse.

— Cette femme va bien finir par bouger ! déclara-t-il après un moment tout en s'essuyant le front du revers de la main.

Galina feignait de s'être assoupie ; aussi put-il enfin la détailler à son aise. Elle avait des épaules charmantes, dont les courbes très douces encadraient une poitrine aux rondeurs prometteuses ; ses cuisses, mal protégées par la serviette, étaient parfaitement fuselées et, n'eût été leur blancheur, rappelaient à Sam celles, si fermes, de son ex-femme. Il s'attarda sur les pieds, petits et bien dessinés, qui semblaient ceux d'une adolescente…

Ces formes, cette chair, le ramenèrent soudain quelques heures en arrière, à cette rencontre tellement improbable avec Tacha Loubet. À présent, quelques images, ou, plutôt, quelques sensations lui revenaient péniblement à la mémoire : l'odeur si capiteuse d'un parfum parisien ; le goût vanillé de cette bouche quand elle l'avait embrassé ; la douceur de ses bras, aussi, qu'il avait tenté de baiser, de lécher peut-être, avant de s'abîmer dans ce sommeil honteux...

— Elle est toujours là ? demanda Galina.

L'espace d'un instant, Sam crut qu'elle parlait de Tacha.

— L'employée ? Je... Non, elle est partie, dit-il en réalisant, avec retard, que le passage vers la chaufferie était enfin libre.

Ils ressortirent à l'air frais pour, aussi vite, se glisser dans les locaux techniques, dont la température convenait mieux à leur tenue. Le sol en béton était poussiéreux, désagréable à fouler pieds nus.

— Nous devons trouver cet homme, dit-il en se mettant à marcher devant elle. Il est noir et porte une combinaison bleu foncé.

— Vous êtes sûr qu'il travaille le matin ? demanda-t-elle d'un ton amusé.

Il perçut clairement, dans sa voix, une pointe d'excitation – se prenait-elle au jeu de l'enquête ? Ou bien s'émouvait-elle à l'idée d'être ainsi avec lui, à moitié nue, dans un lieu isolé ?

— Si l'on nous surprend, qu'est-ce qu'on va dire ? demanda-t-elle d'un ton de plus en plus rieur.

— La vérité : que nous sommes jeunes mariés et que nous cherchons la chambre nuptiale.

Galina éclata de rire, ce qui permit à Sam de réaliser qu'elle ne l'avait pas suivi ; elle avait fait halte dans un renfoncement. Il fit trois pas en arrière et, sidéré, la retrouva juchée sur une gaine de ventilation. Elle l'observait d'un regard flottant, avec un air de connivence mêlée de défi. Comme si c'était la chose la plus naturelle, il la rejoignit sur son perchoir et approcha lentement son visage, comme s'il allait l'embrasser. D'un geste un peu trop prévisible sans doute, elle laissa glisser sa serviette, découvrant des tétons roses dressés, un nombril joliment dessiné, une toison plus sombre que ses cheveux... Lui feignit la surprise ; et, comme s'il rattrapait la serviette, se pencha jusqu'à lui effleurer le genou des lèvres.

— Pas de technicien en vue, dit-il. J'ai bien peur que nous ne soyons venus pour rien.

Se rapprochant encore, il lui donna un baiser, posa ses paumes à plat sur les hanches de la jeune femme et les fit remonter lentement jusqu'à ses seins qu'il palpa, malaxa langoureusement. Il allait l'embrasser vraiment quand il perdit l'équilibre et se retrouva tout à coup sur le dos, entre le mur et la gaine de ventilation. Devant sa drôle d'expression médusée, Galina partit d'un rire en cascade. Plutôt que de l'aider à s'extraire de ce piège, elle s'y laissa tomber à son tour... Leurs bouches se rejoignirent, et leurs corps, et leurs sexes qui, naturellement, sans le moindre heurt, se trouvèrent, se plurent, s'épousèrent...

Dans le halètement du plaisir partagé, ils firent l'amour avec fougue, et comme des danseurs emportés par un rythme endiablé, se laissèrent surprendre et gagner chacun par la frénésie de l'autre – lui, compensant peut-être la frustration de la nuit passée, elle, assouvissant sûrement un désir éprouvé, malgré elle, au premier instant...

Et Sam ne saurait jamais ce que le technicien noir, avec tant d'insistance, avait voulu lui dire.

20

Ils descendirent d'un bon pas le boulevard Novinski, en direction de la station de métro Smolenskaïa. Galina avait confirmé le rendez-vous avec son oncle, à quinze heures, dans un parc, dans le sud de la ville.

Sam sentit vibrer son BlackBerry : c'était Eudes Enguerrand.

— Comment va votre bras ?

— Guéri, merci. C'est gentil de me rappeler.

— Je viens seulement de trouver votre message.

L'avocat s'était demandé, un temps, s'il devait mettre l'écrivain au courant de la mort de Noemi ; mais il avait conclu que ce n'était pas nécessaire.

— Pardonnez mon indiscrétion, dit-il, mais je voulais savoir si vous aviez des nouvelles de votre contact à Sainte-Geneviève-des-Bois. Le diacre Iliodore…

— Pop-oh ! Après l'accueil qu'il nous a réservé l'autre jour, je n'ai pas cherché à en reprendre !

— Si cela ne vous ennuie pas trop, j'aurais pourtant aimé que vous l'appeliez…

— Vous avez quelque chose à lui demander ?

— J'aimerais savoir s'il a eu des échos de cet incident, au cimetière…

— Je vous soupçonne de ne pas tout me dire. Enfin, j'imagine que vous avez vos raisons… Je l'appelle donc et je vous tiens au courant. À bientôt, cher ami.

— Je compte sur vous.

Il regarda Galina du coin de l'œil : elle paraissait pleinement sereine, comme si leur aventure en sous-sol l'avait transfigurée. Sam se renfrogna : il redoutait qu'elle ne tombe amoureuse.

— Voici l'entrée du métro, annonça-t-elle, décidément bien enjouée.

Très souvent, il avait entendu vanter les splendeurs du métro de Moscou. Or, il le trouva profond, certes, et spacieux, mais pour le reste assez rébarbatif ; et c'est un œil railleur qu'il posa sur les fameux décors ornant les coursives et les quais, partout célébrés comme grandioses. Il le dit à la jeune femme, tandis qu'ils parcouraient deux étapes dans une rame ancienne, bien entretenue ; elle approuva complaisamment.

— Je suis heureuse de notre rencontre, dit-elle soudain, confirmant les inquiétudes de Sam.

— Les hasards du voyage, approuva-t-il sans trop s'avancer.

— Tu sais, ma vie n'a pas été drôle, depuis trois ans…

— J'ai cru comprendre, dans le train, que tu avais perdu ton fiancé…

— Mon fiancé ?

Elle trouva la force de sourire.

— Non, pas du tout ! C'est mon frère, qui est mort. En Tchétchénie, tué dans une embuscade.

— Je suis désolé, Galina.

— Nous étions jumeaux…

Voilà, tu peux être fier : tu viens de faire une belle gaffe ! Sam serra les mains de Galina dans la sienne. Ils changèrent de ligne pour finalement atteindre leur destination.

Le domaine arboré de Kolomenskoïe, sis dans une boucle de la Moskova, ne put qu'évoquer à Sam les parcs immenses que l'on trouvait partout, en Amérique du Nord, à la périphérie des grandes villes. Il avait abrité un fabuleux palais de bois, construit au XVIIe siècle pour le tsar Alexis ; à présent, outre plusieurs églises monumentales, il hébergeait, véritable conservatoire d'architecture à ciel ouvert, plusieurs maisons traditionnelles importées de tout le pays. La verdure liait l'ensemble, avec surtout d'immenses pelouses, semées de sentiers propices à l'exercice ou à la flânerie.

— C'est le lieu de promenade préféré des Moscovites, expliqua Galina qui, même en galante compagnie, n'abandonnait jamais tout à fait les bonnes habitudes.

— Nous sommes en retard, constata Sam.

Il était près de quinze heures quinze.

— Mon oncle nous attend à l'église de l'Annonciation.

— C'est loin d'ici ?

— À l'autre bout du parc ! dit-elle sans s'émouvoir.

Depuis son arrivée en Russie, Sam n'avait pas encore eu le sentiment d'entrer vraiment en contact avec l'âme russe, ce mélange instable de mysticisme byzantin et d'âpreté cosaque. Cela changea dès qu'il vit, se profilant, presque blanche sur un ciel gris pâle, la masse énorme, pyramidale de l'Annonciation.

— C'est ce qu'on appelle une structure de toit à *chatior*... commença Galina.

Mais l'air subitement agacé de son ami la dissuada de poursuivre. Sam, subjugué, admirait le splendide édifice, entouré d'une forte galerie desservie par deux escaliers couverts.

— Ton oncle devait nous attendre à l'intérieur ?

— Plutôt dans la galerie, je crois...

Des grilles interdisaient l'accès aux escaliers ; mais une *babouchka* qui semblait là exprès ouvrit sans rien dire celle de droite et leur fit signe de passer. Ils montèrent les marches deux à deux. Jusqu'à cet instant, l'avocat n'avait pas pris très au sérieux ce rendez-vous avec le « tonton espion » de Galina ; à présent, l'intuition lui venait que son enquête allait peut-être décoller.

Alexis Alexeïevitch les attendait au beau milieu de la galerie, près d'un grand siège avec vue imprenable – quoique dégradée par l'urbanisme – sur la capitale. Il déposa un baiser sur le front de la jeune fille et gratifia Sam Douglass d'une énergique poignée de main.

— J'allais partir.

— Désolé pour le...

— Trêve d'excuses. Voici le trône d'Ivan, expliqua-t-il pour changer de sujet. *Galinenka* vous a sans doute raconté que cette église a été bâtie, au XVIe siècle, pour célébrer l'avènement de l'enfant-tsar Ivan.

Il marqua un silence, comme pour mesurer la culture de l'étranger.

— Le futur Ivan le Terrible ! se vit-il obligé de préciser.

— J'ai vu le film d'Eisenstein, se rattrapa Sam, comme pour montrer qu'il savait au moins de qui l'on parlait.

Mais il se garda bien d'ajouter que l'air sombre de Kharchov, comme son visage émacié, n'était pas sans lui rappeler Nicolaï Tcherkassov – le comédien qui, dans ce chef-d'œuvre, incarnait le tsar sanguinaire.

— Ma nièce m'a dit que vous étiez très proche de la défunte Noemi, attaqua-t-il sans autre préambule.

— « Très proche » est excessif.

— Mais vous la connaissiez bien !

— Oui…

— Et vous saviez quel genre de personne elle pouvait être ?

Sam hésita : la question restait si ouverte qu'il ne voulait pas risquer un impair.

— Qu'entendez-vous par « genre » ?

— En dépit de sa réputation, précisa Kharchov, votre Elena, dite Noemi, n'était pas un agent de renseignement à notre solde. En revanche, elle cherchait depuis quelques jours à communiquer avec le Kremlin. Je le sais d'autant mieux que son contact chez nous, à la Loubianka, n'était autre que mon filleul et successeur.

— Je comprends…

— Il y a quelques jours, elle a demandé à rencontrer une haute personnalité. On a prié mon filleul de la recevoir auparavant et de tâcher d'apprendre ce qui justifiait cette demande d'audience.

— D'où la voiture qui est venue la chercher à Saint-Pétersbourg.

L'ex-agent ne releva pas.

— *Galinenka* m'a certifié que vous étiez quelque chose comme… son fiancé. Ne serait-ce que pour vous être agréable à tous deux, j'aimerais pouvoir vous en dire davantage sur ce qui inquiétait tellement votre amie. Malheureusement, Elena est morte avant d'avoir pu nous parler.

— La drogue qui l'a tuée, intervint Sam, était d'une variété liquide, facile à instiller dans un verre d'alcool, à l'insu du consommateur. Ne pensez-vous pas que c'est, en l'occurrence, ce qui a pu se passer ?

Pour toute réponse, Kharchov se contenta d'une moue dubitative.

— À mon avis, insista Sam, ceux qui ont fait disparaître Noemi voulaient l'empêcher de communiquer des informations au gouvernement russe.

— Avez-vous une idée de leur identité ?

— C'est, mot pour mot, la question que je souhaitais vous poser.

— En ce cas, reconnut Kharchov, j'ai bien peur de vous décevoir... Mais je vais m'empresser de transmettre vos soupçons à qui de droit.

Alexis Alexeïevitch se tourna soudain vers Galina.

— Trésor, dit-il en tirant de son portefeuille un billet froissé, tu devrais aller nous chercher quelque chose à la buvette. Prends ce que tu veux ; pour moi, ce sera un thé glacé. Et pour vous ?

Sam déclina poliment. Il sentait Galina mortifiée de se voir ainsi évincer, mais n'osait pas contredire Kharchov. Celui-ci, dès que la jeune fille eut tourné les talons, changea radicalement de ton.

— Je ne sais pas exactement qui vous êtes, mais je ne tarderai pas à le découvrir. Ce que je sais, d'ores et déjà, c'est que vous n'avez pas eu de liaison intime avec Noemi.

— Ah non ?

— Non. Pour la bonne raison qu'Elena Saronieva était profondément raciste.

Sam, surpris, ne trouva rien à répondre. Kharchov se rengorgea.

— Si, donc, vous n'étiez pas amoureux, la question qui se pose est la suivante : Pourquoi couriez-vous après cette fille ?

Sam Douglass ne répondit pas. Kharchov, vérifiant d'un coup d'œil que Galina était loin, poursuivit sur le même ton.

— Peut-être, tout simplement, saviez-vous que Noemi jouait un rôle central dans le réseau Romanov ?

— Le « réseau Romanov » ? Je ne sais même pas de quoi vous parlez !

— Le contraire m'aurait étonné... Le réseau Romanov est une entité aussi discrète qu'efficace... J'ai moi-même découvert son existence un peu tard ; mais depuis, je n'ai cessé de m'y intéresser.

L'avocat se dit que son intuition ne l'avait pas trompé : l'affaire était en train de revêtir, sous ses yeux, une tout autre dimension.

— Voyez-vous, poursuivit Alexis Alexeïevitch, ce que l'histoire a retenu de la fin tragique de notre famille impériale, en 1918, n'est pas exactement conforme à ce qui s'est passé. On fait aux écoliers le récit du massacre d'Iekaterinbourg. La maison Ipatiev, le commando des tueurs, etc. Tout le monde aurait péri dans la fusillade : le tsar, sa femme, son fils et ses quatre filles... Eh bien, la vérité, c'est qu'en juillet 1918 une partie de la famille a été épargnée.

— On a beaucoup parlé d'Anastasia, hasarda Sam Douglass.

— Anastasia est seulement, comme vous dites chez vous, *l'arbre qui cache la forêt* ! Entendons-nous bien : ce jour-là, il y a eu des survivants – au moins, des survivantes… Or, il a bien fallu s'occuper d'elles, et les soutenir, et les protéger… C'est à cette fin que s'est mise en place, avec le temps, toute une organisation. Structurée. Efficace.

— Le réseau Romanov.

Kharchov grommela. Il jaugeait à présent Sam d'un regard mi-figue mi-raisin, celui qu'adopterait un parieur au paddock, devant l'*outsider* de la course à venir.

— Si cette piste vous intéresse, sachez que je suis disposé à vous en faciliter l'accès ; en retour, naturellement, vous me tiendrez au courant de vos découvertes…

Galina revint, portant un seul gobelet de thé glacé. Kharchov, reprenant aussitôt son air emprunté, fit dévier la conversation sur la reconstitution somptueuse, aux frais de la municipalité, du fameux palais de bois d'Alexis.

Ils revinrent par les mêmes lignes de métro. Sam revivait mentalement cet échange inattendu. À supposer que l'homme n'ait pas été un fou, ses propos ouvraient à l'enquête des horizons invraisemblables.

— Je dois te paraître songeur, s'excusa-t-il dans un sourire. Mais ton oncle m'a dit tellement de choses ! Merci, en tout cas : tu viens de me rendre un grand service. À présent, il faut que je digère tout ça.

— Alors, tu vas devoir rester un peu ici, lança-t-elle. Le temps de réfléchir…

Sam s'approcha comme pour lui donner un baiser sur la joue et, au dernier moment, l'embrassa sur la bouche.

— Malheureusement, j'en sais maintenant assez pour rentrer en France. Je partirai par le premier vol disponible.

Elle ne fut pas longtemps sans réagir.

— Nous nous verrons peut-être à Paris, suggéra-t-elle. Mon métier me conduit régulièrement en France, et...

Il lui scella les lèvres d'un nouveau baiser. Cette liaison avec une interprète russe, dotée d'un oncle issu du KGB, évoquait irrésistiblement, pour lui, un univers de guerre froide à la John Le Carré. Savoureux et rétro à la fois.

— Ça nous laisse une nuit, dit-il. Pourquoi ne reviendrais-tu pas au *Lotte Plaza* ? Ils ont aussi des chambres confortables, tu sais ?

De nouveau, le soleil se couchait sur Moscou ; mais, au contraire de ce qu'il avait ressenti la veille, Sam Douglass éprouva, au spectacle des immeubles qui, sous ses yeux, s'illuminaient peu à peu, un sentiment de griserie chargé d'optimisme.

Il entendait couler, derrière la cloison, la douche de Galina et réprima en lui l'envie d'aller la rejoindre. Rallumant son BlackBerry, il découvrit qu'Eudes Enguerrand lui avait laissé un message.

« Allô, comment diable avez-vous su, pour Iliodore ? Il est complètement effondré : il vient de perdre sa fille. Quelque chose me dit que vous vous en doutiez. Rappelez-moi. Bonne soirée. »

Cela ne me surprend pas, songea Sam, *mais en revanche, cela m'inquiète.* Il répondit presque machinalement aux messages reçus dans la journée – dont un de Sonia – et se massa le front, submergé tout à coup par un trop grand nombre d'idées. Il n'y voyait pas encore bien clair dans cette histoire ; mais il se dit que, lorsque chaque pièce aurait trouvé sa place, cela finirait par former un assez beau puzzle.

Il venait de promettre à Galina de l'emmener dîner « là-haut » et choisit avec soin sa tenue. C'est en rangeant sa veste de la veille qu'il découvrit, plié en forme de pochette, ce court message, griffonné sur du papier à lettres de l'hôtel : « Dommage, ce sera pour la prochaine fois... *Kisses*, T. » Suivait un numéro de portable, qu'il enregistra soigneusement sous le nom de Tacha Loubet.

Tacha Loubet ! Que faisait-elle, dans l'hôtel même où Noemi venait d'être si habilement poussée vers la tombe ? Le « hasard fou » relevé d'emblée par l'avocat relevait-il de la simple coïncidence ? Il s'assit au bord du lit et composa sans attendre son premier SMS à l'intention de cette étrange femme. Il attendit un moment, dans l'espoir d'une réponse rapide. Mais il n'en vint aucune.

Derrière la cloison, l'eau coulait toujours. Sam se releva, s'étira, puis gagna la salle de bains sur la pointe des pieds : pour la peine, il allait s'inviter sous cette douche interminable.

21

Parmi les petits privilèges dont Tacha, experte en passe-droits, avait agrémenté sa vie professionnelle, il y avait celui de garer sa voiture directement dans la cour du centre d'affaires. Ce matin-là, elle arriva en retard rue de Tilsitt, bondit hors du petit bolide, une pile de dossiers dans les bras, salua négligemment la réceptionniste et se dirigea vers l'ascenseur. Soudain, elle réalisa que l'employée n'avait pas répondu à son salut. Pivotant sur ses talons, elle revint vers elle et, d'un geste imprévisible, aplatit ses dossiers sur le comptoir.

— Je ne t'ai pas bien entendue !

— Pardon ? bredouilla la jeune fille, sidérée par la violence contenue de cette femme.

— Je t'ai dit bonjour et je n'ai pas entendu ta réponse.

— Bonjour...

— On ne t'a jamais appris à dire : « Bonjour, madame » ? Alors écoute-moi bien, toi : au cas où tu ne le saurais pas, laisse-moi t'apprendre que je suis Mme Loubet – c'est un nom qui te dit quelque chose ? En d'autres temps, je me serais montrée moins patiente. Seulement je vieillis ; alors je vais te laisser une chance. Compris ?

— Oui…

— Comment ?

— Oui, madame !

Elle observa la réceptionniste d'un air terrifiant et joua de sa voix rauque.

— Je n'ai tout de même pas porté un gilet pare-balles pendant des années pour me laisser snober par une gamine !

Puis, comme si de rien n'était, elle reprit ses dossiers et appela l'ascenseur. Mais ne venant pas assez vite, elle choisit de grimper les deux étages par l'escalier et fit dans ses bureaux une entrée tonitruante :

— Bonjour à toutes, au travail !

Elle arborait un ensemble de lin blanc, très estival, et des cheveux si bien arrangés qu'ils sortaient visiblement des mains d'un grand coiffeur.

— Tacha, vous êtes magnifique, lui lança sa secrétaire, admirative.

On ne pouvait guère lui retourner le compliment : Isabelle était parfaitement insipide, et toujours aussi mal coiffée que possible – ce qui n'ôtait rien à ses compétences.

— Vous êtes gentille. Programme de la matinée ?

— D'abord votre rendez-vous avec M. Weitz ; puis, à onze heures, le point de presse que vous m'avez interdit d'annuler, au musée d'Orsay ; le ministre vous retient à déjeuner.

— Parfait. Faites entrer Maxim Weitz dès qu'il sera là.

— Je prépare votre thé.

Le bureau de Tacha Loubet possédait deux vastes fenêtres offrant une vue directe, à peine croyable, sur l'Arc de Triomphe. Elle déposa les dossiers sur une desserte, régla l'air conditionné, consulta son iPhone… Elle avait vu s'y afficher, en venant, un SMS de Sam Douglass, daté de la veille ; apparemment, le message avait pris son temps pour arriver de Russie.

« Dommage aussi qu'on n'ait pas pu parler de Noemi. Ce sera pour la prochaine fois… *Kisses*, S. »

Fallait-il interpréter cette provocation comme un bluff de sa part, ou bien comme un avertissement ? Selon toute vraisemblance, l'avocat la testait… Elle ne médita pas longtemps sa réponse.

« Ne restons pas sur des regrets. Venez me voir dès que vous rentrerez. Tacha. »

Le voyant du téléphone interne clignotait. Elle décrocha ; c'était Isabelle.

— M. Weitz est arrivé.

— Je l'attends.

Maxim survint donc, plus élégant que jamais, toujours souriant, toujours bronzé. Il embrassa son amie, mais n'avait d'yeux, en vérité, que pour le célèbre monument.

— Quelle vue magnifique, vraiment !

— Je n'y fais plus attention, répliqua-t-elle.

Et pour couper court, elle lui proposa de s'asseoir à la table ronde, dans l'angle du bureau – mais dos au panorama. L'Américain n'osa pas protester.

— Alors, lança-t-il, des nouvelles du Fou des pierres ?

— Ça, pour des nouvelles… Il ne t'inquiétera plus : il est mort.

— Oh ! Mort de quoi ? De confusion, j'espère.

Il s'apprêtait à rire lui-même de son bon mot, quand la réponse de Tacha le saisit.

— Mort assassiné. C'était un jeune, du nom de Bellon. Il faut croire que tu n'étais pas le seul à te plaindre de son blog…

— Oh ! je suis navré, pardon, dit Maxim avec sincérité.

— Pas tant que lui… Pour le reste, personne n'a repris cet écho. Pour peu que la reine évite de porter cette broche, on n'en entendra plus parler.

— J'ai vu le secrétaire privé ; la broche est au coffre et n'en sortira plus.

— Un grand Bolin qui disparaît…

Isabelle entra, chargée d'un service à thé japonais. Tacha prit aussitôt les choses en main.

— Je peux te proposer un Kabusecha, Maxi ?

Elle sourit en se rappelant l'infâme breuvage qu'il lui avait infligé, à Londres, chez Sotheby's.

— Sinon, tes affaires parisiennes vont bien ? demanda-t-elle en remplissant les tasses, d'une finesse exquise.

Maxim ne connaissait rien au thé, mais il savait reconnaître, et apprécier, une porcelaine ancienne.

— Disons que mes affaires parisiennes vont mieux que mes affaires londoniennes…

— C'est encore ton Pullinski qui te fait des misères ?

— Tacha, il refuse d'en rabattre ! Ce bonhomme est un malade ! Tu connais la situation aussi bien que moi…

Elle prit le temps de humer les doux effluves du thé.

— Il se trouve que j'ai peut-être le souverain remède à tes soucis.

— Ah oui ?

Il la scruta d'un air où la curiosité le disputait au scepticisme. Tacha se rassit posément.

— Et c'est pour ça que je t'ai proposé de passer me voir.

Elle se mit à parler tout bas.

— Maxi, je rentre de Moscou. Or, j'ai récupéré, là-bas, un document qui pourrait calmer ton client.

Elle étendit le bras pour saisir, sur la desserte, un des dossiers qu'elle y avait posés en entrant. Elle en fit sauter les attaches tout en fixant Maxim d'un œil complice.

— Alors, voyons... Voici !

Elle sortit trois feuillets, tenus par un coin métallique, et les tendit à son ami.

— Est-ce que, par hasard, cette liste te dirait quelque chose ?

Weitz attrapa, dans une poche spéciale de sa veste, des lunettes ultralégères qu'il déplia comme un gadget et se mit prestement sur le nez. L'en-tête était en russe, mais la liste elle-même, rédigée en anglais.

— Nom de Dieu de nom de Dieu ! murmura-t-il. Mais c'est la liste dont parlait leur dépêche ! On dirait l'inventaire de la collection Pullinski...

— ... sauf qu'il s'agit de celui des objets volés dans les réserves du Kremlin !

Maîtrisant sa fébrilité, il se mit à éplucher le document de plus près.

— Je ne vois pas la broche revendue à la Couronne britannique...

— Et pour cause : le Kremlin a eu la délicatesse de la faire retirer, précisa-t-elle.

Tandis qu'il détaillait l'inventaire, Tacha entrevit, sur son iPhone, la réponse de Sam Douglass à son SMS.

« Je serai à Paris dès demain », écrivait-il.

Visiblement, Maxim Weitz n'en revenait pas.

— Enfin, Tacha, mais… comment t'es-tu procuré cette bombe ?

— Je te le dis, Maxi : c'est un métier.

Il paraissait partagé entre un soulagement sincère et le plus parfait abattement.

— Cette fois, soupira-t-il, nous avons en main la preuve que ce fumier s'est fait refourguer le butin d'un vol organisé !

— Mais tant que ce n'est pas public, tu as surtout en main le moyen de lui faire dire amen à tous les rabais imaginables !

Maxim hocha la tête, puis regarda Tacha droit dans les yeux.

— J'imagine que cela se paie ?

— Tu imagines bien. Disons… quinze pour cent du montant complet de la transaction.

Il hocha la tête de plus belle.

— À propos…, dit-il en portant la main à sa pochette.

Il en sortit un petit paquet rectangulaire, enveloppé de papier kraft, et le posa sans manière sur la table ronde.

— Ton acompte… Le lot n° 118.

Le visage de Tacha s'illumina.

— Chouette, dit-elle, mon étui à cigarettes !

22

De retour à Paris, Sam Douglass s'était réinstallé dans sa pension de famille, rue des Écoles. On était loin du luxe d'un *Lotte Plaza* ; mais cette enquête semblait devoir durer, et l'avocat ne disposait pas de ressources illimitées.

À présent, il était aux prises avec une double énigme. Certes, il n'avait pas l'intention de lâcher la piste qui, du Hanneton et des Enguerrand, devait remonter à travers Noemi jusqu'à ceux qui, pour des raisons toujours opaques, avaient ordonné la mort de son jeune client ; mais, dépassant cette première piste, l'englobant sans doute et l'éclairant d'un jour nouveau, s'en profilait désormais une autre, que son nom même – le réseau Romanov – et ses connexions directes avec l'histoire, rendaient à ses yeux bien plus intimidante.

En tapant sur Google les mots « réseau » et « Romanov », on n'obtenait presque rien : une évocation basique de la dynastie impériale russe, des notices tirées de réseaux sociaux ou de sites de rencontres – ainsi que plusieurs articles sur la race ovine des Romanov, moutons originaires de la Volga, très prisés en boucherie pour leur nature prolifique !

L'avocat s'était donc rabattu sur les sites historiques. Ce que lui avait révélé Kharchov de l'éventuelle survie d'enfants du dernier tsar l'incitait à rechercher des précisions sur la tragédie de cette famille. Et c'est en parcourant la documentation disponible en ligne qu'il était tombé sur l'annonce d'une conférence d'Eudes et de Berthe Enguerrand – décidément incontournables sur le sujet –, conférence qui serait prononcée le lendemain devant le Cercle des historiens, et dont le titre semblait avoir été conçu pour lui : « La fin des Romanov ».

Sans hésiter un instant, Sam s'était rendu sur le site du Cercle afin de s'inscrire à la dernière minute ; puis il avait demandé à la gérante de l'hôtel d'imprimer sa réservation et soigneusement noté l'adresse où se donnaient ces conférences d'été : l'Automobile-Club, 6-8, place de la Concorde.

Achopper sur la banalité du quotidien avait toujours été le point faible de l'avocat. Ce jour-là, sortant de la station de métro Concorde par une bouche excentrée, il mit près d'une demi-heure à trouver la précieuse adresse ; de sorte que l'horaire était nettement dépassé quand il pénétra enfin, en nage et hors d'haleine, dans les locaux opulents du Club.

— S'il vous plaît : je dois me rendre à la conférence des Enguerrand…

— Deuxième étage, droite, monsieur.

C'étaient de très hauts étages, et il jugea plus raisonnable d'attendre l'ascenseur, ce qui lui fit perdre encore de précieuses minutes. Soulagé enfin de croiser une hôtesse aux couleurs du Cercle, il lui tendit sa réservation comme un marathonien donnerait à poinçonner son bulletin, sur la ligne d'arrivée. Mais l'organisatrice des conférences – une maîtresse femme d'ailleurs fort élégante – avait aperçu le retardataire ; elle se fit un devoir de le houspiller comme un collégien.

— On se dépêche, on se dépêche ! Et surtout on ne fait pas de bruit en s'installant ! Non, non, c'est au fond du couloir !

Derrière la lourde porte, il découvrit, tout surpris, une salle archicomble, au point de ne trouver de chaise libre qu'au premier rang, sur le côté. Les grands rideaux vert sombre avaient été tirés sur les fenêtres, pour faciliter la projection d'illustrations dont Berthe Enguerrand, depuis son ordinateur portable, assurait elle-même l'enchaînement. À ce stade de la causerie, c'est son mari qui tenait le micro, ravissant l'assistance de formules à l'emporte-pièce.

— Nicolas II faisait un excellent père, mais un chef exécrable, pérorait-il ; un mari presque idéal, mais un allié presque impossible. Bref : réservant ses grandes qualités à sa famille, il n'avait plus à offrir au monde que ses petits défauts.

Les spectateurs – des spectatrices pour la plupart – guettaient ce genre de saillies comme des amateurs d'opéra à l'affût du contre-*ut*. Berthe jeta quelques mots sur une feuille qu'elle fit passer discrètement à son mari ; elle avait écrit : « Le journaliste de *Sud-Ouest* vient d'entrer dans la salle. »

Du temps de ses études, presque vingt ans plus tôt, Sam avait fait l'admiration des amphithéâtres pour sa rapidité dans la prise de notes ; à présent, il se contentait d'enclencher le dictaphone de son BlackBerry... Ses voisines, elles, n'avaient pas perdu les bonnes habitudes ; et c'était amusant de voir toutes ces dames – dont beaucoup devaient être grand-mères – « gratter » comme des potaches à la veille d'examens. Il est vrai que, la chaleur aidant, nombre d'entre elles avaient déclaré forfait, et se servaient plutôt de leur bloc-notes comme d'un éventail qu'elles agitaient frénétiquement.

Pour la circonstance, les Enguerrand avaient coordonné leurs tenues comme jamais. Par une concession à la chaleur estivale, l'un et l'autre étaient en bras de chemise – et de chemisier – d'un blanc immaculé. Mais Berthe avait, pour une fois, troqué la jupe pour un pantalon couleur taupe, ce qui accentuait encore leur habituel effet d'uniformité.

La grande erreur du tsar Nicolas, au dire de l'écrivain, avait été de prendre lui-même, en septembre 1915, le commandement suprême de ses armées en guerre.

— C'était non seulement s'exposer en première ligne à toutes les critiques, estima-t-il, mais, dans une période si redoutable, c'était partir loin du gouvernement, et donc laisser la tsarine, seule, éperdue, en proie à des périls dont son cher conseiller Raspoutine n'était sûrement pas le moindre !

Le conférencier passa en revue les revers militaires et les faux pas politiques qui, de reculade en palinodie, allaient conduire à sa perte l'occupant du trône de Russie. Il évoqua l'inévitable abdication du tsar, en mars 1917, puis son placement, avec sa femme et ses enfants, en résidence surveillée, au palais Alexandre de

Tsarskoïe Selo. Il insista sur la réponse bien molle des chancelleries occidentales aux mains tendues par le gouvernement Kerenski, encore modéré, en vue d'un exil convenable de la famille impériale...

Sur l'écran apparurent alors, sidérants pour les non-initiés, ces clichés montrant les grandes-duchesses Olga, Tatiana, Maria et Anastasia en semi-captivité, apparemment détendues dans leurs incroyables tenues de paysannes ; ou encore le tsar et son jeune fils, le tsarévitch Alexis, occupés à scier du bois en prévision de l'hiver... Ce dernier cliché avait été pris dans l'Oural. Or, précisément, au dire du conférencier, les choses n'avaient vraiment tourné à l'aigre qu'au milieu de l'été 1917, lorsque le gouvernement aux abois avait choisi de déporter la famille en Sibérie et de l'installer dans la modeste villa du gouverneur de Tobolsk. Elle y resterait tout au long d'un hiver glacial, jusqu'à la décision de la ramener à Iekaterinbourg. Au printemps 1918.

— Pour cet empereur et cette impératrice déchus, déclama Enguerrand d'une voix soudain vibrante d'émotion, pour ces grandes-duchesses et ce prince héritier désormais sans titres, privés de leurs trésors, dépouillés de leur dignité même, commençait la descente aux enfers ou – pour prendre une comparaison plus chrétienne – un chemin de croix dont les stations, chaque jour plus pénibles, devaient les mener au martyre !

C'était le moment du passage de relais. Eudes remit le micro à Berthe qui, en échange, lui confia l'ordinateur portable. Mais l'écrivain tira trop fort sur le câble et fit sauter la connexion. L'écran se trouva envahi d'un bleu uniforme, le temps qu'une hôtesse rétablisse la liaison.

— Comme vous le constatez, plaisanta Berthe Enguerrand, mon mari est plus efficace en paroles qu'en actes !

Un rire homérique souleva l'assistance. Instinctivement, Sam protégea son micro. Puis l'historienne revint, pour les décortiquer, sur les circonstances du départ, en deux convois bien distincts, des membres de la famille pour Iekaterinbourg. La ville était aux mains des rouges, Lénine avait pris le pouvoir à Moscou, la guerre civile faisait rage... Dès la cinquième phrase, il apparut que cette deuxième partie de la causerie serait moins enlevée que l'autre. On allait perdre en brio ce qu'on gagnait en précision, et les plats développements de Berthe sur les atermoiements des bolcheviks, l'approvisionnement de la maison Ipatiev – nouveau lieu de détention de la famille – ou les renouvellements parmi les gardiens parurent bientôt compliqués à Sam. Il décrocha.

Tandis que la conférencière lisait son texte, une partie du public se mit à regarder son époux se battre avec la mosaïque d'images et, sautant certaines photographies pour s'attarder sur d'autres, offrir au texte un contrepoint si décalé, finalement si absurde, qu'il en devint comique. Cette chute d'attention irrita Berthe, qui tenta de reconquérir l'auditoire en augmentant le débit et en forçant la voix – ce qui ne fit qu'ajouter au cocasse de la situation.

Le calme et la concentration ne revinrent dans l'auditoire qu'au moment où elle dépeignit, avec force détails, les circonstances du crime lui-même.

— En cette nuit fatale du 16 au 17 juillet 1918…

Pendant qu'elle s'attardait sur l'exécution sordide, dans un petit entresol, d'une famille massacrée à bout portant par un commando de tueurs, alors même qu'elle décrivait le sinistre ricochet des balles assassines sur les pierreries cousues par les princesses à l'intérieur de leurs corsages, Sam Douglass prit de fortes distances avec le propos : en effet, pas une fois dans son minutieux récit l'historienne n'avait mis en question la version officielle des faits, tirée du rapport – pourtant controversé – du juge Sokolov. Pas un instant, au sein d'un exposé par ailleurs pointilleux, elle ne fit la part du doute.

La conférence s'acheva sur un double épilogue : la découverte, à la fin des années 1970 des restes présumés de la famille exterminée ; puis leur authentification par l'ADN, bien plus tard, dans les années 1990.

— Nous avons assisté tous deux à leur bouleversante inhumation, en 1998, à la cathédrale Saint-Pierre-et-SaintPaul de Saint-Pétersbourg, précisa Eudes, comme en point d'orgue – et pour avoir le dernier mot. Dois-je vous dire que nous en conservons le souvenir d'un de ces moments rares où les aiguilles paraissent s'arrêter au cadran des horloges ?

La salle applaudit. Vint le moment des questions. La chaleur aidant, les candidats ne se bousculaient pas. Un vieux monsieur rappela tout de même qu'entre 1924 et 1991 Iekaterinbourg avait été rebaptisée Sverdlovsk.

Alors l'avocat demanda la parole. De main en main, on lui fit passer le micro. Il se leva. Sa connaissance du sujet, toute fraîche, tenait uniquement à une nuit passée sur Internet ; mais le métier de l'avocat fit le reste.

— Bonjour, Sam Douglass, de *Sud-Ouest*, précisa-t-il, ce qui eut pour effet d'arracher un hoquet à Eudes. Madame, vous venez de nous exposer la version d'un assassinat collectif, telle qu'établie et publiée, en 1924, par Nicolas Sokolov, un magistrat missionné par le chef des armées blanches. Quel cas faites-vous, s'il vous plaît, des graves contestations dont ce rapport a fait l'objet, notamment de la part d'Anthony Summers et Tom Mangold, en 1976 ?

Si le sourire de Berthe Enguerrand ne faiblit pas un instant, son regard assassin n'en trahit pas moins un agacement extrême. Selon une habitude contractée dans les colloques, elle commença par mettre les rieurs de son côté.

— S'il ne faisait pas si chaud, je dirais que votre question, cher monsieur, vient de jeter comme un froid.

La salle voulut bien s'esclaffer. Il lui fut plus facile, dès lors, de botter en touche.

— En tant qu'historienne, je me trouve mal placée pour juger des hypothèses formulées, non sans habileté d'ailleurs, par ces deux journalistes – vos confrères si je ne m'abuse. Je dirai simplement que les travaux scientifiques menés depuis 1976 – notamment un certain nombre d'analyses ADN, dont les plus récentes ne remontent qu'à 2007 – ne vont pas précisément dans leur sens…

L'organisatrice des conférences, en ouvrant grandes les portes, venait de signifier à ses ouailles qu'il était temps de vider les lieux ; et le public, sans attendre l'éventuelle réaction de Sam Douglass, se leva.

Alors Eudes s'empara *in extremis* du micro des conférenciers et, tapant dessus pour faire cesser le vacarme, reprit une dernière fois la parole. Le silence revint dans l'assistance, à présent debout.

— Je partage, naturellement, les réserves de mon épouse à propos de Mangold et Summers... Cependant, monsieur, et pour ne pas vous décourager, je n'hésiterai pas à déclarer que l'on a sans doute rangé un peu vite le dossier Ipatiev au rayon des affaires classées ! Mais c'est là un sujet qui, à lui seul, mériterait toute une conférence.

Sam fut soulagé ; il alla saluer les Enguerrand. Il pensait qu'après un tel coup d'éclat Berthe allait lui battre froid. Il se trompait.

— Alors, et ce portrait ? demanda-t-elle comme si de rien n'était. Où en êtes-vous ?

L'avocat comprit qu'elle était de ces auteurs moins soucieux de publier des articles que d'en susciter. L'organisatrice s'interposa : elle entendait régler, avec les nouveaux académiciens, le programme des causeries de la rentrée. Eudes l'arrêta.

— Je meurs de soif, déclara-t-il en la gratifiant de ce qu'il appelait lui-même « un baisemain d'avant les congés payés ». Je vous laisse voir cela avec Berthe. Moi, j'emmène ce garçon au troquet !

Il tint toutefois à prévenir les objections conjugales.

— *Dear*, je fais préparer ton bellini.

— Alors vous, je vous retiens, dit-il à Sam tout en redescendant par l'escalier. Il va falloir que vous m'expliquiez comment vous avez fait pour *deviner* qu'Iliodore avait perdu sa fille !

L'avocat échangea un regard de connivence avec l'académicien.

— À une condition : que vous me disiez sincèrement tout ce que vous savez d'un sujet qui me tient à cœur.

— Tope là !

— Pour le diacre, c'est simple : j'avais identifié – grâce à votre remarque sur la queue du rat – la fille à moto du cimetière ; j'ai même su qu'elle se trouvait en Russie, où je l'ai suivie. Sauf qu'en arrivant j'ai appris : 1°) Qu'elle était morte ; 2°) Que son père était un membre français de l'Église russe hors frontières, résidant près de Paris. Le rapprochement n'était pas difficile à faire...

— Dites donc, vous seriez en train d'alléguer que ce serait la fille d'Iliodore qui vous aurait foncé dessus avec la moto ? Impossible ! trancha Enguerrand sans appel.

— Pourquoi, « impossible » ?

— Impossible, je vous dis ! Ce n'est pas du tout le genre de cette famille...

— Ah non ? Est-ce que vous connaissez, seulement, le nom de famille d'Iliodore ?

— Eh bien... Ma foi, non...

— Et vous saviez qu'il avait une fille ?

— Il parle peu de ses enfants... Je dois dire qu'il ne s'est jamais attardé sur le sujet.

— Et pour cause : il n'allait pas vous révéler que sa fille chantait, à Dresde, dans un groupe de heavy metal !

À ces mots, comme s'il avait reçu une illumination, Eudes Enguerrand se frappa le front.

— Mon Dieu, j'y songe : l'Allemagne !

— Eh bien ?

— Iliodore m'a dit que les obsèques auraient lieu samedi – c'est-à-dire demain – en Allemagne. Sur le coup, je n'y ai pas prêté attention...

Enguerrand resta songeur un long moment.

— Il faut reconnaître qu'il y a là plus qu'une coïncidence, admit-il.

L'avocat se retint de rire. Ils firent quelques pas sur la place, avant de bifurquer, tout de suite à droite, pour entrer à l'hôtel *Crillon*.

— Maintenant, dit-il, à vous de me répondre franchement.

— Je vous écoute...

— J'ai besoin que vous me disiez tout ce que vous savez sur le réseau Romanov.

— Le *réseau Romanov* ?

Ils s'installèrent dans un coin lumineux du bar, sur des sièges néo-Louis XV. Sam Douglass s'apprêtait à remettre son enregistreur en marche.

— Oh, pas la peine de brancher la machine ; je n'en sais rien du tout.

L'avocat sentit bien qu'un tel aveu coûtait à l'écrivain.

— Vous n'avez jamais entendu parler...

— ... d'un réseau Romanov ? Navré, mais non. C'est même la première fois que j'entends prononcer l'expression.

Sam Douglass devait paraître effondré, car on se crut obligé de le réconforter.

— En revanche, si cette affaire de survie des grandes-duchesses vous intéresse, je me ferai un plaisir de vous adresser par e-mail, dès ce soir, une liste des chercheurs à consulter sur le sujet. Comme cela, vous ne serez pas venu pour rien...

Ils se serrèrent la main. Un serveur s'était approché, apportant de son propre chef deux flûtes remplies de cocktails dorés, mousseux, qui ressemblaient fort à des bellini.

— Eh bien, vous voyez, commenta, satisfait, Eudes Enguerrand : c'est à des attentions comme celle-là que l'on reconnaît une grande maison.

23

Depuis la Concorde, Sam prit un autobus de la ligne 73, afin de remonter les Champs-Élysées jusqu'à l'Étoile. Il allait enfin revoir Tacha Loubet, l'esprit clair, et lui poser les questions qui lui tenaient à cœur : notamment, il voulait l'interroger sur la défunte Noemi, et sur l'étrange coïncidence de sa présence au *Lotte Plaza*, juste au moment de cette overdose suspecte. Il allait aussi profiter de l'occasion pour lui demander de s'expliquer sur son tout premier appel, au domicile de Quentin et Sonia, quinze jours plus tôt…

Un nouveau SMS s'afficha sur son BlackBerry, pour lui annoncer que Jeffrey T. Epstein, du *Moscow Times*, venait seulement de rentrer de vacances. Sam ne put s'empêcher d'en rire en lui-même : *Mieux vaut tard que jamais,* se dit-il.

Le bus avait atteint le haut de la célèbre avenue et, tout à coup, l'avocat fut pris d'une sorte d'angoisse diffuse : et si elle évoquait, pour s'en moquer, son ivresse de l'autre soir ? Et si elle lui sautait dessus, de nouveau, avec ses airs de mante religieuse ? Et si…

— La paix ! dit tout haut Sam, comme s'il s'adressait à une sorte de Jiminy Cricket perché sur son épaule.

Une vieille dame, qui descendait en même temps que lui, le regarda, sidérée ; elle devait croire qu'il s'était adressé à elle et se tapota la tempe d'un air de pitié. Sam rit tout seul du malentendu.

Il trouva facilement le centre d'affaires, rue de Tilsitt, et en traversa la petite cour déserte. Sans lever les yeux de son recueil de sudoku, la standardiste lui indiqua l'ascenseur d'un geste évasif.

— Deuxième étage, marmonna-t-elle.

— Bonjour, dit Sam à la jeune stagiaire qui vint lui ouvrir. Je suis Me Douglass, du barreau de La Rochelle. Je viens voir Mme Loubet.

— Me Douglass ? Vous aviez rendez-vous ?

— À vrai dire, non… Mais je l'avais prévenue de mon passage probable dans la journée.

La jeune fille préféra consulter, dans un bureau voisin, une collègue qu'elle devait juger plus compétente pour gérer ce genre d'imprévu.

— Bonjour, je suis la secrétaire de Tacha Loubet. Vous aviez rendez-vous ?

Sam reformula sa réponse.

— Je suis étonnée qu'elle ne vous ait pas prévenu, répondit Isabelle. En fait, Tacha s'absente régulièrement le vendredi…

— … et c'est le cas aujourd'hui, acheva l'avocat, d'un ton fataliste.

— Si vous voulez, nous pouvons fixer un rendez-vous de principe, pour mardi ou mercredi…

— Je ne maîtrise pas encore assez mon agenda. Je préfère vous rappeler.

— Comme vous voudrez, maître.

Paradoxalement, ce contretemps avait soulagé Sam. Il redescendit plus léger, par l'escalier, comme ces malades atteints de maux bénins qui, entrés chez le médecin pliés en deux, en ressortent tout guillerets et presque guéris.

La vérité était que, depuis leur première rencontre au Chalet des Îles, Tacha Loubet l'impressionnait. Il avait beau tenter de s'en défendre, elle était même, à bien y songer, la seule personne qui ait pu, à ce moment de son enquête – de sa carrière – de sa vie – prétendre l'impressionner vraiment...

Ce n'est jamais qu'une mondaine, se rassurait-il, *missionnée par des margoulins, et qui essaie d'oublier son âge en sautant sur des garçons plus jeunes, pour peu qu'elle les sente en difficulté*... Mais tous ses raisonnements n'empêchaient pas ce fait de s'imposer, têtu : elle l'impressionnait.

Il avait pris le métro à la station Kléber et rejoint son petit hôtel du Quartier latin.

— Il y a une jeune fille qui vous attend, lui dit la gérante sur un ton enjoué, et même familier.

— Une jeune fille ?

— Elle s'appelle Sonia Marchessou ; elle m'a dit qu'elle vous connaissait très bien... Comme je l'ai trouvée sympathique, je lui ai donné la chambre à côté de la vôtre.

— Mais... Et si je n'avais pas voulu la voir, moi ? s'étonna Sam Douglass.

— Dans ce cas, je vous aurais changé de chambre, et puis c'est tout...

— C'est... Tenez...

Il préféra se taire et, tournant les talons, monta vivement l'escalier, tandis que la gérante, prenant à témoin de nouveaux arrivants, agitait la main d'une manière qui voulait dire : « Pas content, le petit monsieur ! »

— Sonia ? Mais qu'est-ce que tu fais là ? demanda-t-il, soudain radouci, en la découvrant assise, près de la fenêtre du palier.

Elle referma son *notebook* et se leva, un triste sourire aux lèvres.

— Je t'attendais, monsieur l'avocat…

— Tu es à Paris pour le week-end ?

— Ce sont les vacances, Sam ! J'ai livré ma dernière commande hier, et me suis donné congé à moi-même ! Jusqu'au 21 juillet. Je me suis dit que tu avais peut-être besoin d'une assistante, pour ton enquête…

Il lui sourit sans répondre. D'un côté, la proposition de Sonia lui faisait secrètement plaisir ; mais d'un autre, il savait qu'il ne travaillait bien que dans une certaine solitude. Sans compter que cette affaire n'était pas sans danger.

Elle perçut son léger embarras.

— Il fait chaud, dit-elle. On pourrait peut-être aller boire un verre…

Ils s'installèrent à la terrasse d'une brasserie, place de la Contrescarpe. Avec ses jolis pavés, ses devantures de cafés et son petit square octogonal, elle offrait l'aspect d'un décor parisien de Trauner pour un film de Marcel Carné. Sonia accrocha son sac à dos au dossier de sa chaise. Un serveur prit commande à la volée, sans même les regarder – selon la coutume locale…

— Deux demis ? suggéra Sam.

— Pour moi, un Perrier-rondelle, rectifia-t-elle.

Sam lui demanda des nouvelles de l'enquête officielle.

— Un désastre, dit-elle. La police patauge complètement… L'inspecteur est d'une incompétence criante…

— Ribouleau, j'imagine ?

— C'est cela : Ribouleau !

— Je le connais… Pas brillant, j'en conviens.

— Est-ce que, de ton côté, tu as un peu avancé ? demanda-t-elle. Tu as compris pourquoi cette folle est venue tuer Quentin avant de se faire liquider à son tour ?

— C'est une affaire complexe, tu sais…

Il lui fit un récit complet de son périple russe, et elle n'en perdit pas une miette. Mais alors qu'il s'attardait en chemin et revenait sur cent détails, elle se mit à mâchonner et triturer sa paille, d'une façon qui trahissait de la nervosité. Sam finit par s'en rendre compte.

— Sonia ? Tu es sûre que ça va ?

— Oui… Pardon… La vérité, commença-t-elle – mais elle ne finit pas sa phrase.

— La vérité ?

— La vérité… c'est que je ne tiens plus en place à Port-Neuf.

Elle manifesta soudain une fougue insoupçonnée.

— Oh, Sam, laisse-moi t'aider dans tes recherches !

Il lui sourit, sans répondre. Alors Sonia se retourna, entrouvrit son sac à dos et en sortit, pliée en deux, une enveloppe de papier à bulles, en partie déchirée, toute hérissée de ruban adhésif.

— J'ai retrouvé cette enveloppe derrière la poubelle de la cuisine, dit-elle. Elle était tombée à côté. Je m'apprêtais à l'y remettre quand j'ai aperçu… ça.

Elle désignait une petite étiquette portant un code-barres, discrètement placée sur un coin du rabat autocollant. Sam la fixa d'un air étonné.

— Tu veux parler du code-barres ?

— Les spécialistes l'appellent « code EAN 13 ». Tu n'imagines pas le nombre d'informations que cela contient.

— Des informations exploitables ?

Sonia ne put réprimer un sourire de triomphe.

— Disons qu'en appelant le fabricant et en me montrant très persuasive, j'ai fini par lui faire dire à quelle palette appartenait le lot d'enveloppes dont celle-ci est tirée. Et du coup, à quel détaillant elle a été livrée…

Ce fut au tour de Sam d'arborer un sourire où entrait déjà de l'admiration.

— Réponse ?

— La maison de la presse de Sainte-Geneviève-des-Bois.

L'avocat n'en croyait pas ses oreilles. À plusieurs reprises, il s'était dit qu'une inspection chez le diacre Iliodore aurait été bienvenue – de préférence, pendant que les obsèques de sa fille le retenaient en Allemagne… Ce que Sonia venait de découvrir ne fit que le conforter dans cette voie.

Ils redescendirent, sur le coup de minuit, par la rue Mouffetard, encore pleine de vie en cette veille de week-end. La nuit était vraiment douce, et ils s'offrirent une glace, comme des étudiants en goguette.

En rentrant, Sonia s'excusa d'avoir osé, sans l'en avertir, prendre une chambre dans le même hôtel que lui. Il se dit que, pour parler ainsi, elle avait dû surprendre son échange avec la gérante… Ils se séparèrent sur le palier.

— Si tu veux, proposa-t-il, nous pourrions nous rendre ensemble à Sainte-Geneviève-des-Bois…

— Je ne veux pas t'imposer ma collaboration. Mais ça me ferait plaisir.

— Faisons l'essai ! Bonne nuit, Sonia.

— Bonne nuit. À demain.

Il entra dans sa chambre et, avant de se coucher, consulta son BlackBerry pour voir si Enguerrand avait tenu parole. Une longue liste de noms de chercheurs lui apporta la réponse, avec toutes les coordonnées souhaitables. Postée dès dix-huit heures.

Ainsi donc, tous ces historiens refusaient de croire à l'assassinat collectif de la famille impériale, dans le sordide entresol de la maison Ipatiev… L'avocat se mit à détailler la liste. Certains noms étaient fameux, et auraient dû susciter au moins le respect de Berthe Enguerrand elle-même.

Sam ressentit soudain comme un petit choc électrique. Au milieu des noms qu'Eudes avait collectés, s'en trouvait un qu'il connaissait bien, pour ne pas dire trop bien : John Warenen, de l'université américaine de Chapel Hill ! C'était ce prof assommant, ennuyeux comme la pluie, qui avait eu raison, vingt ans plus tôt, de son goût pourtant prononcé pour l'histoire. Une sorte de savant maudit, perdu dans son monde hermétique, et qui devait avoir sur la conscience la mort d'un bon millier de vocations.

Sam se sentit gagné par l'envie de reprendre enfin le chemin de sa bonne vieille Caroline du Nord. Une des clés de l'énigme se trouvait peut-être là-bas – à l'endroit même où il avait découvert toute la complexité du monde… Les mots de son grand confrère, Pierre-Jean Sovert, lui revinrent à l'esprit : « Le plus important, c'est de pouvoir se dire qu'on a bien occupé son temps. » *Je ne sais pas si Warenen serait heureux de me voir, mais, moi, je serais heureux de voir mon frère…*

En post-scriptum, Eudes Enguerrand avait ajouté ce simple rappel : « Vous ne m'avez toujours pas expliqué d'où vous venait ce cliché en couleurs du Hanneton vert de Bolin. J'en suis fâché, mon cher : chose promise, chose due. »

24

Ils entrèrent à scooter dans Sainte-Geneviève-des-Bois, après un détour par Malakoff et le siège de l'Insee. Ils y avaient récupéré une pile de questionnaires de recensement, soigneusement glissés par Sam Douglass dans la petite malle, sous la selle…

— Je peux te demander ce que tu comptes faire de cette paperasse ? avait questionné Sonia.

— Je nous constitue un paravent, avait-il répondu, mystérieux.

Le bourg parut à Sam encore moins animé que lors de sa première venue, quinze jours plus tôt. Il rangea le scooter bien à l'ombre, sur une petite place voisine de la « vraie » Maison russe – selon l'appellation d'Enguerrand.

— D'après notre informateur préféré, le frère Iliodore est en Allemagne, pour les obsèques de sa fille, finit par expliquer Sam. Mais la maison n'est peut-être pas aussi vide que nous l'espérons…

— Tu es en train de me dire que nous allons jouer les agents de recensement ?

— C'est toi qui vas tenir ce rôle ! Moi, pendant ce temps, j'explorerai les lieux !

La jeune femme se renfrogna. Il lui désigna, d'un coup d'œil, la petite maison en meulière.

— Iliodore habite ici. Mon plan : tu sonnes au portail de la cour, et s'il y a une femme de ménage, tu tentes de gagner sa bienveillance.

— À coups de formulaire ?

— C'est un prétexte qui en vaut un autre. Crois-moi, il a fait ses preuves, argumenta Sam.

Sonia trouva qu'il s'ingéniait un peu trop à dédramatiser la situation.

— Mon but, précisa-t-il, est d'accéder au jardin, à l'arrière de la maison, par le petit passage de gauche.

L'avocat se cacha derrière une voiture en stationnement et observa la mise en œuvre de la première phase de son plan. Sonia paraissait malheureuse et, pour un peu, il l'aurait relevée de sa mission… Elle n'en tira pas moins la sonnette, d'un geste résigné. La porte d'entrée de la maison mit un moment à s'ouvrir. Or, en lieu et place d'une femme de ménage, c'est un jeune gaillard en survêtement qui s'encadra dans l'embrasure : probablement le frère de Noemi. Il était athlétique et arborait un visage dur et fermé que ses yeux sombres, affublés d'un léger strabisme, ne contribuaient pas à égayer.

— Oui, c'est pour quoi ?

Sans se démonter, la pseudo-enquêtrice endossa son rôle *illico*.

— Bonjour, monsieur. Je viens pour le recensement. Vous devez être au courant, j'imagine…

— Pas du tout.

— J'ai quelques questions simples à vous poser. Ça ne vous prendra pas longtemps.

Sam était partagé entre l'envie d'éclater de rire et la vexation de s'être laissé surprendre. Il se demandait déjà quel autre subterfuge adopter quand, stupéfait, il entendit le garçon opiner.

— Oh ! vous savez, j'ai tout mon temps…

Dans un grésillement électrique, le petit portail céda. Sonia, jetant un regard furtif en arrière, le poussa courageusement ; au passage, elle tira un loquet pour empêcher le vantail de fer de se refermer tout à fait. Sam en profita : dès qu'il trouva la voie libre, il quitta sa cachette et, comme un enfant préparant un bon tour, se faufila dans l'étroit passage, entre le grand mur et la maison. De là, quelques enjambées le menèrent au jardinet. Il s'accroupit pour n'être pas repéré depuis l'intérieur et s'approcha de la porte de la remise ; elle était malheureusement fermée par une chaîne cadenassée. Que faire ?

Il observa la façade arrière du pavillon : la fenêtre du centre était entrouverte. Il y risqua un œil et reconnut aussitôt la pièce. *Le bureau d'Iliodore, toujours aussi moche !* L'avocat s'assura que la pièce était déserte ; puis il se hissa sur le rebord de ciment et, passant la main dans l'entrebâillement, parvint à ouvrir en grand la fenêtre. Il n'eut dès lors qu'à pivoter : d'un bond, il se retrouva dans la pièce. Aux murs, la collection de vieilles icônes lui parut plus ordinaire que la fois précédente. Il tendit l'oreille, pour s'assurer que l'athlète au survêtement n'allait pas surgir dans le bureau ; puis il entreprit une rapide inspection : la table de travail était presque vide. Il ouvrit un tiroir, puis un autre, et finit par tomber sur un paquet d'enveloppes à bulles, semblables à celle rapportée par Sonia. Il en déchira le rabat, porteur du code-barres, et le glissa dans une poche de son blouson.

La pièce ne comportait que deux issues : la principale, face à la fenêtre, donnait sur le couloir. L'autre, sur la droite, le long d'un grand miroir mural, ressemblait à un placard ; il l'ouvrit et découvrit ainsi un cabinet minuscule, visiblement gagné sur le bureau. En réalité, le fameux miroir était sans tain. *Voilà l'endroit d'où Noemi a dû nous épier. C'est ici qu'elle a eu l'idée de me voler ma gibecière...*

Sam repassa dans le bureau et, de là, s'aventura vers le couloir. Du côté du séjour, il perçut très distinctement la voix de sa complice, endormant le gardien des lieux d'un verbiage inepte.

— Les statistiques sur les catégories socioprofessionnelles ont fait faire de grands progrès à l'économétrie, affirmait-elle.

— Ah bon ? Si vous le dites...

Sam se dit que, décidément, Sonia ne manquait pas d'aplomb. Il gagna le bout du couloir sur la pointe des pieds et, à force de tâtonner, découvrit un accès à la remise par l'intérieur. La porte en était verrouillée mais, curieusement, la clé était restée dans la serrure. Il la tourna le plus délicatement possible, mais ne put éviter un terrible grincement.

— Qu'est-ce que c'est ? demanda le fils de la maison.

Sam eut tout juste le temps de dévaler trois marches jusqu'à une sorte d'atelier, encombré d'établis croulant sous les outils. Il se dissimula derrière une table où s'alignaient des dizaines de figurines peintes, dont il comprit qu'elles devaient servir à des jeux de rôle. Déjà le gardien des lieux inspectait le couloir, jusqu'au fond, ouvrant et refermant des portes avec fracas... Soudain il ouvrit celle de la remise, en alluma la lumière et, franchissant les trois marches d'un bond, entreprit de l'inspecter. Il déplaça un vieux sommier, fit le tour d'un établi, s'approcha de la table aux figurines et se retrouva tout près de l'avocat. Celui-ci retint son souffle, certain d'être découvert d'un instant à l'autre.

C'est alors qu'un claquement de porte résonna dans le couloir. Un instant plus tard, Sonia surgissait, tout excitée.

— Dans le bureau, cria-t-elle pour faire diversion, ils sont dans le bureau !

Aussitôt le jeune homme la rejoignit. Sam souffla, conscient d'avoir frôlé la catastrophe. Il se redressa, se fraya un chemin au milieu de casiers bâchés. Une forme reconnaissable attira son attention ; il souleva la toile cirée qui la recouvrait, et les chromes de la Yamaha 450 WR brillèrent dans la pénombre... Elle se trouvait à l'extrémité de la remise, non loin d'une porte ouvrant sur une ruelle. En la voyant, ce n'est pas à sa propre agression que Sam fut ramené, mais à la mort de Quentin – ce drame à peine croyable, et qui avait changé totalement le sens et la dimension de son enquête.

Tout près de la moto, une rampe dissimulait le départ d'une échelle de meunier donnant accès à un sous-sol. Sam tira une minilampe de son blouson, l'alluma et descendit jusqu'à la cave à peu près déserte. Un grand coffre-fort en occupait le fond.

— De mieux en mieux..., murmura-t-il.

La porte du coffre, armée de serrures énormes, se trouvait pourtant grande ouverte. Il dirigea vers l'intérieur le faisceau concentré de sa petite lampe, et décela une boîte d'archives, ainsi qu'une vingtaine d'écrins anciens – en gros comparables à celui qu'avaient reçu Quentin et Sonia.

L'avocat s'employa, méthodiquement, à ouvrir les écrins ; il les trouva tous vides. Depuis quand l'étaient-ils ? Et où était passé leur précieux contenu ? Plus surprenant : les cartons d'archives aussi avaient été vidés... Sam ne doutait plus de se trouver maintenant au cœur du mystère. À l'endroit même où tout s'était noué.

Qui, du frère Iliodore, de sa fille tatouée ou de son fils insignifiant d'aspect, fallait-il imaginer, penché sur des trésors, au fond de cette cave ? Sam commençait à se faire une idée de la réponse... Par l'échelle de meunier, il remonta jusqu'à l'atelier, contourna la moto et se retrouva devant la porte donnant sur la ruelle. Il n'eut qu'à en tourner le gros verrou pour l'ouvrir ; vérifiant que personne ne l'épiait, il sortit de la maison sans risquer d'être découvert.

Dans la salle à manger, Sonia cherchait une issue rapide à ce qui, depuis l'alerte, virait au cauchemar éveillé. Le jeune homme en survêtement avait insisté pour que l'enquêtrice l'appelle par son prénom : Dmitri. Il avait tout de suite, du reste, paru lui manifester plus d'intérêt qu'à son questionnaire...

— Ça vous plaît, ce travail ? Poser toutes ces questions aux gens...

— Je suis payée au nombre de questionnaires remplis.

Sonia arborait le sourire détaché de la vacataire.

— Résumons-nous, reprit-elle. Vous êtes donc deux à vivre sous ce toit : votre père et vous.

— Nous étions trois, jusqu'à la mort de ma sœur.

— Oh ! je suis désolée…

Elle ne s'en découvrait pas moins, grâce au pénible exercice, un talent rentré pour la comédie.

— D'un point de vue statistique, ça ne change pas grand-chose : ma sœur était rarement à la maison.

— Elle voyageait beaucoup ?

— Beaucoup… Elle était chanteuse… Vous ne connaissez rien au hard rock, je présume…

— Non.

— Ça se voit tout de suite.

Sonia se savait, depuis l'enfance, une certaine aptitude au mensonge ; à présent elle se découvrait un don pour la mystification.

— Et elle est décédée depuis longtemps ?

— Cela fait quatre jours. Cinq, maintenant.

— Oh ! c'est encore très frais…

— Mon père assiste aux obsèques. En ce moment même.

— Et pas vous ?

— Non. Pas moi. Si vous voulez savoir, je trouve honteux que mon père ait refusé qu'on rapatrie le corps de ma sœur. La vérité, c'est qu'il avait honte d'elle. Honte de son propre enfant, vous vous rendez compte ? Une fille pourtant géniale !

— Je comprends…

— Bien sûr que non ! Comment pourriez-vous comprendre ?

Dmitri Saroniev fixait d'un regard noir – un regard de myope – le formulaire que l'enquêtrice affectait de remplir avec soin.

— Donc, j'ai refusé de me rendre à Dresde. Je sais que Noemi m'aurait approuvé.

Noemi… C'était la première fois qu'il prononçait le nom de scène de sa sœur ; et Sonia prit cela pour une confirmation douloureuse. Elle aurait tant aimé avoir commis une erreur ! Elle se sentit sur le point de révéler à ce garçon que la « fille géniale » qu'il pleurait était en vérité l'assassin de son propre compagnon. Et que les larmes amères qu'il avait dû verser depuis quatre jours ne compensaient pas les larmes, tout aussi amères, que Noemi lui avait coûtées, à elle.

— Je vous remercie d'avoir pris le temps de me répondre.

— Vous ne voulez pas que je vous montre sa chambre ?

Sous cette offre précipitée, Sonia perçut les accents d'une supplique. Évidemment, tout en elle se refusait à cette éventualité ; mais, en même temps, il lui sembla qu'en surmontant sa répulsion pour pénétrer dans l'antre même de l'assassin elle ferait preuve d'un courage digne de Quentin.

Grave et résignée, elle laissa donc le frère éploré la conduire vers la chambre de la défunte. Il la précéda jusqu'à l'étage où, s'armant de courage, elle finit par entrer dans ce qui ressemblait à une sorte de loge, envahie jusqu'au plafond d'un décor psychédélique, comme figé dans les années 1970.

— C'est un endroit peu banal, hasarda-t-elle.

— Elena n'avait rien de banal, confirma le jeune homme. Elle communiquait avec son rat, vous savez ? Il lui arrivait même de m'emprunter ma moto !

Sonia ferma les yeux un moment. *Pourquoi s'infliger cela ?* Elle se mit à inspecter la pièce, à la recherche d'un objet qui, peut-être, pourrait faire avancer l'enquête. Sur un des murs se trouvaient cinq photos agrandies de tatouages qui figuraient divers insignes héraldiques, dont les aigles impériales russes enveloppant l'arrière d'un crâne – forcément celui de Noemi… Dmitri, qui l'avait vue s'arrêter sur ces clichés, se crut obligé de les commenter.

— Les œuvres complètes de Torkel, ironisa-t-il.

— *Torkel* ?

— Un grand tatoueur new-yorkais. Sans aucun doute le meilleur ami de ma sœur. Son second confident – après Peppo.

Il précisa que Peppo était le nom du rat blanc de Noemi. Sonia s'abstint de répondre ; elle continuait son petit tour d'inspection. Soudain son téléphone portable vibra : c'était un SMS de Sam.

« Je t'attends dehors. »

Sur la console d'acier servant de tête de lit, elle remarqua une étonnante collection de boules de verre décorées de fleurs stylisées – une douzaine de presse-papiers des plus voyants, posés sur des piles de magazines. De nouveau, Dmitri devança la question qu'elle s'apprêtait à poser.

— Elena raffolait de ça, dit-il. Mon père les lui rapportait de ses voyages. Deux par deux…

Sonia souleva la plus proche, et son regard tomba sur le catalogue d'une vente londonienne, intitulée *Trésors des Romanov*.

— Vous permettez que je feuillette ce fascicule ? demanda-t-elle.

— Prenez-le ! Qu'est-ce que ça peut faire, maintenant ?

— Vous êtes gentil.

Les traits du garçon tremblèrent imperceptiblement. Ses yeux très noirs fixaient à présent la jeune femme.

— C'est vous qui êtes gentille, articula-t-il en s'approchant d'elle. Je suis sûr que ma sœur vous aurait beaucoup appréciée...

C'est alors seulement que Sonia, le cœur au bord des lèvres, remarqua les mains de Dmitri – des mains énormes et noueuses, et qui cependant paraissaient capables de délicatesse. L'une d'elles s'approcha de son bras nu et se referma sur lui avec une douceur inattendue. Elle esquissa un geste de recul et perçut aussitôt la lueur mauvaise qui traversait le regard du jeune homme.

— Je... Il va falloir que j'y aille..., dit-elle nerveusement.

— Restez un peu ! Vous avez l'air si triste, vous aussi.

Sonia serra le catalogue contre sa poitrine. Du coin de l'œil, elle lorgnait la collection de boules de verre. Elle s'apprêtait à en saisir une de sa main libre pour s'en faire une défense quand, de lui-même, Dmitri lâcha prise et se détourna.

— Je vous sens préoccupée, dit-il sur le ton du regret.

— C'est que j'ai d'autres maisons à visiter...

— Ne vous justifiez pas, la coupa-t-il d'un ton devenu plus grave.

Le frère de Noemi la raccompagna jusqu'à l'entrée mais, avant de lui ouvrir la porte, la pria de patienter encore un instant. Il fit une incursion dans la cuisine et en revint tenant un petit carton.

— Tenez : si un jour, vous vouliez me joindre...

C'était une petite carte de visite qu'il avait dû confectionner lui-même, où figuraient, sous des coordonnées professionnelles, une adresse mail privée, ainsi qu'un numéro de téléphone portable.

Dehors, Sam commençait à s'inquiéter pour sa nouvelle recrue. N'ayant pas de réponse à son SMS, il commençait à envisager le pire lorsque, sur le pas de la porte, réapparut une Sonia détendue.

— Bon courage et peut-être à bientôt ! lança-t-elle d'un ton où semblait percer de l'amitié.

L'avocat n'en croyait pas ses oreilles.

— Quand je pense que je me faisais un sang d'encre…

— Tu parles ! J'aurais eu le temps de me faire tuer dix fois, répondit-elle avec humeur. En attendant, j'ai appris bien des choses ; ce Dmitri est un gentil garçon…

— On aura tout entendu !

— Il m'a donné sa carte (Sam grimaça de manière comique) et… ceci !

L'œil amusé, l'avocat se saisit du catalogue de vente qu'elle lui tendait ; il n'eut pas besoin de le feuilleter bien longtemps pour y repérer plusieurs joyaux de Bolin – dont une libellule assez voisine du hanneton de Quentin. Il sortit son BlackBerry pour y enregistrer le nom de l'expert : Maxim Weitz.

— Qu'y a-t-il, sur sa carte ? demanda Sam qui, pour étudier le catalogue de plus près, s'était appuyé au dossier d'un banc public.

— L'adresse de sa boîte : un atelier de mécanique de précision. À Courcouronnes.

Ils se rapprochèrent du scooter.

— Je viens aussi d'apprendre que le meilleur ami de Noemi est un tatoueur, et qu'il vit à New York, ajouta-t-elle avec une pointe de satisfaction.

— Si j'en crois ton catalogue, le plus grand connaisseur des joyaux Romanov vit lui aussi à New York. C'est comme si, d'un seul coup, tout nous appelait là-bas...

— Sans moi ! lâcha-t-elle. Plutôt mourir !

— Pas de chance : j'ai déjà réservé ton billet.

Il s'amusa de sa mine incrédule.

— Quand j'étais plus jeune, dit-il, on m'avait surnommé...

— ... Speedy Gonzales. Je sais : tu le répètes tout le temps.

Décidément, cette fille aura toujours le dernier mot.

25

Sonia observait d'un œil sombre l'immense bannière étoilée ornant le hall du terminal 1, à l'aéroport Kennedy de New York. Elle s'était fait couper les cheveux, ce qui lui donnait un air presque enfantin, et se palpait le ventre comme aurait pu le faire une petite fille vaguement anxieuse. Sam revint porteur de grands gobelets de soda et, dépassant d'un sac en papier, ce qu'elle identifia comme une paire de *doughnuts*.

— *Welcome home!* dit-il d'un ton qu'elle trouva moins allègre que d'habitude.

— Parce que tu te sens chez toi, ici ?

— Disons que je serai vraiment chez moi tout à l'heure. Ici, c'est plutôt « chez tout le monde »...

— *The Big Apple*...

Elle se mit à jouer avec la paille fichée dans son verre de carton – sans toucher à la boisson – et saisit l'occasion de lui poser une question qui la taraudait depuis très longtemps.

— Sam, je me demandais : pourquoi est-ce que tu as choisi la France ?

— Par un concours de circonstances... Mon père est mort en 2001... Ni mon frère ni moi ne pouvions subvenir aux besoins de ma mère. À l'époque, je venais de me faire virer d'un cabinet d'avocats ; je ne faisais pas assez de chiffre… Et mes parents avaient englouti leurs économies dans nos études…

— Système pourri ! ne put s'empêcher de placer Sonia.

Il croqua dans un *doughnut* à belles dents.

— C'est ce que je me suis dit… En plus, je sortais d'un divorce compliqué, je tournais en rond… Ma mère, après quarante ans passés ici, a choisi de se rapprocher de sa famille. Je l'ai suivie. Je ne regrette pas.

— Tu n'as jamais eu le mal du pays ?

— J'aime bien revenir…

Sam s'interrompit : son BlackBerry venait de vibrer. Il jeta un coup d'œil à l'écran et décrocha.

— Douglass, j'écoute… Ah ! professeur !… Vraiment ? C'est parfait… Je suis ravi… Alors, à jeudi. Oui, à jeudi, monsieur.

— Ton prof d'histoire ?

— Oui. Il confirme le rendez-vous, dit-il avec un soulagement perceptible. J'avais peur qu'il ne se dérobe au dernier moment.

Sam fit un signe à Sonia, pour qu'elle surveille mieux ses valises et leur précieux contenu. Puis il revint au seul sujet qui, depuis quelque temps, l'intéressait vraiment : son enquête – et spécialement la mission qu'il venait de confier à sa nouvelle partenaire.

— Tu crois que tu vas t'en sortir ? demanda-t-il.

— Je n'ai pas grand-chose à faire.

— C'est plus que tu ne crois, et c'est sans doute risqué. Encore une fois, fais bien attention.

L'avocat lui tendit le *doughnut* restant et, devant son refus, le fourra dans son sac de voyage.

— On se retrouve où tu sais, lundi soir ? Mettons vingt heures…

— Bien, chef !

Ils se levèrent, prirent leurs bagages respectifs et s'embrassèrent avant de suivre des chemins séparés. Lui devait rejoindre le terminal 5 et prendre sa correspondance pour Raleigh, en Caroline du Nord ; elle n'avait qu'à chercher la file des taxis. Elle le regarda, de loin, se mêler à la foule. Son tee-shirt bleu électrique, à l'effigie de Mohammed Ali, et son petit chapeau en toile de jean finirent par s'y fondre tout à fait.

Sonia se défiait de l'Oncle Sam. Ses convictions altermondialistes l'avaient sensibilisée aux ravages du système libéral ; en outre, elle détestait l'agressivité foncière de ce pays et soulignait les dangers que, selon elle, le « complexe militaro-industriel » faisait courir à la planète. Du temps de George W. Bush, elle avait été de toutes les manifestations anti-impérialistes ; et si sa rébellion s'était calmée depuis, elle n'en restait pas moins « défiante envers les États-Unis, leur fausse culture, leurs fausses valeurs ».

Or voilà que, pour aider l'avocat de l'homme qu'elle continuait d'aimer par-delà la mort, elle allait devoir enquêter au cœur de New York même – autant dire à l'épicentre du monde capitaliste ! Il est vrai que, depuis son arrivée, ce qu'elle avait vu des autochtones tranchait sur l'image – blanche, anglo-saxonne et protestante – qu'elle s'était faite jusqu'alors de l'Amérique : après avoir signé, dans la file d'attente, la pétition d'une Timoraise favorable aux animismes, elle avait dû supporter le délire pro-

Mugabe d'un chauffeur issu de l'ethnie des Shonas.

Pour traverser l'East River, au sortir de Brooklyn, le taxi emprunta le gigantesque Meccano du Williamsburg Bridge, véritable porte de Manhattan. Entre un parapet de béton et d'énormes tubulures, Sonia distingua ses premiers gratte-ciel dans un poudroiement de lumière douteuse et prit la mesure de la mégalopole où elle entrait. Il lui sembla qu'un monde vertical et mystérieux, aussi peu réel que l'univers Marvel de ses lectures d'enfance, s'éloignait à mesure qu'elle s'en approchait. Des immeubles massifs, aveugles plus ou moins, bordaient l'endroit où la route, retrouvant la terre ferme, s'incurvait sur la droite et pénétrait le vif de la cité.

La circulation était frénétique, et elle s'étonna de la conduite survoltée du chauffeur qui changeait constamment de file. Sam lui avait recommandé un petit hôtel, sur la 14e Rue ; « central et pratique », avait-il dit avant d'ajouter : « pas trop cher » – ce que Sonia jugea relatif. Il avait oublié de préciser que les chambres en étaient si étroites qu'elles ressemblaient en fait à des couloirs, et la plomberie si vétuste qu'on y séjournait au milieu de vibrations incongrues.

Elle prit un bain vaguement tiède et choisit dans ses affaires, noires pour la plupart, la seule robe susceptible à ses yeux de faire illusion dans les beaux quartiers – du côté de l'Upper East Side – où devait la conduire sa mission. Elle ne tenait pas à se faire évincer sans avoir seulement pu accéder au dénommé Weitz ! Elle n'oublia pas de glisser dans son sac la boîte d'allumettes que lui avait confiée Sam ; puis elle vérifia l'adresse et se mit en route.

Maxim Weitz avait ses bureaux sur la Cinquième Avenue, à hauteur de la 50e Rue, chez Manessian – un marchand de bijoux anciens dont il avait été l'amant, jadis, et qui l'avait initié jeune au commerce des joyaux. George Manessian était mort depuis quelques années ; mais sa boutique et ses bureaux avaient été repris par Maxim.

Le téléphone sonnait ; il décrocha lui-même.

— Oui, j'écoute.

— Ward, à l'appareil, dit une voix distinguée.

Car le banquier, s'il se voulait avant tout Écossais, mettait un point d'honneur à parler l'anglais d'Oxford.

— Ah ! cher ami, je me réjouis...

— Vous êtes bien le seul. Enfin, Maxi : voilà quinze jours que nous sommes ici sans nouvelles. Pouvez-vous me dire si, oui ou non, votre client reste vendeur ?

— Bien sûr...

— Comment cela : « bien sûr » ? « Bien sûr, je peux vous le dire », ou : « Bien sûr, il est vendeur » ?

— Les deux, mon cher. Je peux vous dire qu'il est vendeur... Je le sais depuis une heure, mais craignais qu'il ne soit un peu tard, chez vous ; je vous aurais appelé demain matin.

— Mon épouse va être heureuse ! Pullinski a donc entériné notre petit accord...

Le courtier acquiesça sans aucune joie. En vérité, s'il avait longuement hésité, avant de montrer l'inventaire fourni par Tacha à l'ancien oligarque, c'était par scrupule envers Ward, qu'il répugnait à encombrer d'une collection de joyaux provenant d'un vol qualifié... Mais à présent qu'il l'avait transmise, avouer la chose à l'acheteur serait revenu à enfoncer un couteau dans le dos de son propre client… Tromper l'acheteur ou trahir le vendeur ? Confronté à ce choix cornélien, Weitz avait opté pour la tromperie. Ce qui ne l'exonérait pas forcément d'une trahison à venir…

— Si vous voulez, nous pourrons nous retrouver à Londres en fin de semaine, dit-il, et procéder à la transaction dans les formes.

— À la bonne heure ! s'écria Ward, avec la pénible gaieté des dupes. Excusez, s'il vous plaît, mon léger mouvement d'humeur.

— Sir Alistair, je vous ai trouvé très patient.

Le courtier raccrocha dans un soupir ; il demeurait songeur et n'avait pas vu entrer l'un de ses vendeurs.

— Maxi, une jeune Française vous demande à la boutique.

Une jeune Française ? Weitz pensa tout de suite à Tacha ; mais le vendeur, qui lui-même n'avait pas vingt-cinq ans, l'aurait-il qualifiée de jeune ?

— Elle s'est nommée ?

— « Mlle Sonia »… Elle m'a donné ceci pour vous.

C'était une photo de qualité médiocre, imprimée sur papier ordinaire, mais qui atteignit sans peine le but qu'on lui avait fixé.

— Je descends, dit simplement Maxim.

L'assistant s'éclipsa. L'expert, chaussant ses drôles de lunettes, approcha le cliché d'une fenêtre. Aucun doute possible : il s'agissait d'une broche de Bolin, presque identique à celle dont il avait – si imprudemment – conseillé l'achat à la Couronne britannique ; à cette nuance près que, sur ce modèle, les rubis avaient fait place à des émeraudes.

Une telle coïncidence était pour le moins improbable ; et Weitz se demanda comment la personne qui l'attendait en bas avait pu savoir qu'il s'était récemment occupé d'un joyau similaire. Peut-être avait-elle lu l'article du Fou des pierres...

Il plia la feuille, puis les lunettes, et descendit à la boutique. Avant d'entrer, il s'arrêta quelques instants pour observer « Mlle Sonia ». Elle portait une robe simple, mais bien coupée, et des ballerines qui paraissaient recommandées par sa taille élancée. Ses beaux yeux sans maquillage, ses cheveux courts et, transcendant l'ensemble, une vraie distinction dans l'allure, auraient pu trahir la jeune héritière en rupture de ban.

— Vous souhaitiez me voir, *miss* ?

Sonia lui réserva son plus charmant sourire. N'osant pas trop se risquer à l'anglais, elle demanda si l'entretien pouvait se faire en français, ce qu'il accepta volontiers.

— Vous êtes la propriétaire de ce qui est photographié là ? demanda-t-il.

— Je représente les propriétaires, qui ne désirent pas révéler leur identité. Ils voudraient connaître votre avis, en tant qu'expert des joyaux russes.

— Il est toujours difficile de se prononcer sur une photographie...

— C'est pourquoi je vous ai apporté l'objet lui-même.

Le marchand ne put cacher sa surprise, malgré sa grande habitude de la dissimulation.

— *Well*... Voulez-vous me suivre dans ce bureau ?

Ils s'installèrent dans un petit salon aveugle, séparé de la boutique par une porte de verre blindé. À la stupéfaction de Weitz, Sonia sortit de son sac une boîte d'allumettes – le grand modèle économique, destiné aux cuisines.

— Pardon, dit-elle, ce n'est pas très orthodoxe…

— *Orthodoxe* ?

— Habituel, si vous préférez. Je vous confie l'objet…

Le marchand, d'un geste faussement calme, fit coulisser sur la table, entre la cliente et lui, une petite plate-forme technique – comprenant microscope éclairant, polariscope, réfractomètre… Il prit d'infinies précautions pour sortir le joyau de sa boîte et le manipuler : il avait compris l'importance de l'objet.

— Il me paraît authentique, finit-il par lâcher. Il me faut juste un peu de temps pour affiner mon expertise.

Sonia se mit à parler très bas, comme si le petit bureau n'avait pas été insonorisé. Elle semblait réciter une phrase apprise par cœur.

— Les propriétaires ne seraient pas fermés à l'idée de se séparer de la broche ; à supposer que vous ayez la clientèle pour ce genre d'objet, naturellement…

— Naturellement. Dans ce cas, accepteriez-vous de me confier la pièce quelques jours ?

— C'est impossible, dit Sonia en se crispant. J'ai reçu la consigne de ne m'en séparer sous aucun prétexte…

L'expert ne put se retenir de sourire devant tant de candeur.

— Nous sommes plus qu'habitués à recevoir en dépôt des pièces d'importance, dit-il pour la tranquilliser. Et si cela peut vous rassurer, sachez que je puis vous remettre un dossier de dépôt très détaillé, assorti de toutes les garanties.

La jeune femme eut une moue dubitative.

— Combien de temps vous faudrait-il ?

— Nous sommes mardi… Nous serons fermés vendredi et samedi. À cause du 4 Juillet… L'idéal serait que vous la récupériez lundi.

Ne voyant pas d'échappatoire, elle finit par accepter. Une demi-heure plus tard, elle ressortait de chez Manessian, avec la conscience de s'être plutôt bien acquittée de la première partie de sa mission. Mais une pointe d'anxiété lui vint, à l'idée de cette boîte d'allumettes, désormais vide au fond de son sac.

26

Le frère aîné de Sam avait tué le veau gras : l'expatrié fut reçu avec une joie profonde. Imposant par la taille et le poids, Nathan Douglass n'en affichait pas moins une nature douce et pondérée. Avec sa femme, la minuscule et très dynamique Jaisyn, il formait en apparence un couple de comédie – mais en apparence, seulement. Car rien ne prêtait moins à sourire, en vérité, que l'harmonie parfaite avec laquelle l'un et l'autre se partageaient les poids de l'existence. Sam, qu'un mariage difficile avait, naguère, conduit au plus retentissant divorce, ne tarissait pas d'éloges sur cette union paisible qu'aucun enfant, malheureusement, n'était venu couronner.

— Maman m'a dit, au téléphone, que tes affaires battaient de l'aile..., glissa tout de même le grand frère, sans intention blessante.

Il s'agissait plutôt, pour lui, d'encourager l'insaisissable Sam à la confidence.

— Je ne me plains pas, dit l'avocat en réprimant un mouvement d'humeur. Tu sais, en France, une clientèle ne se fait pas en trois ans.

— Je m'en doute...

— Mais dans l'ensemble, je m'en sors. Quoi que Maman ait pu te dire...

— Tu es revenu pour ton travail ?

Sam rit nerveusement. Il hésitait à mettre son frère dans la confidence d'une enquête passionnante, certes, mais marginale – pour ne pas dire hétérodoxe. Nathan était si classique ! Il s'était montré, dans le passé, si critique envers sa propension à s'affranchir des habitudes. En cela, Sam ressemblait davantage à leur père.

— Tu vas rire : je suis venu rencontrer John Warenen !

— John Warenen… Le prof d'histoire ? Il est encore de ce monde ?

— Il n'est pas tellement âgé, tu sais.

— Tu connais mon peu de goût pour les choses du passé, plaisanta Nathan, du ton que l'on prend généralement pour clore un sujet.

En cela aussi, il se distinguait de leur père. Larry Douglass, mémoire vivante de la ségrégation, s'était passionné toute sa vie pour la lutte des Afro-Américains en faveur de l'égalité. D'ailleurs, si Sam portait ce prénom, c'était par référence à Sammy Younge, un étudiant assassiné à Tuskegee, quelques années avant sa naissance.

— Tu as toujours notre pick-up Ford ? demanda l'avocat pour relancer la conversation.

— Bien sûr ! Je ne l'aurais jamais vendu sans ton accord.

C'est vitres baissées, un bras le long de la portière, que Sam gagna le campus de Chapel Hill. La plus ancienne université publique des États-Unis lui semblait mériter son surnom de « partie sud du paradis ». Jamais il n'oublierait l'extase qui l'avait saisi, au premier jour, devant l'impression de vertu qui émanait de cette cité du savoir, noyée dans ses verdures. Vingt ans avaient passé, mais le cadre ne lui parut pas trop changé ; et il se dirigea vers le parking du Hamilton Hall aussi aisément que s'il l'avait quitté la veille.

John Warenen avait choisi de le recevoir dans son bureau du premier étage – encore une chose qui n'avait pas changé. Sam sentit son cœur se serrer dès qu'il perçut l'odeur du bâtiment : apparemment, les produits d'entretien aussi étaient restés identiques... Sa mémoire n'était cependant pas sans faille : il se trompa d'escalier et finit même par se perdre – ce qui le rassura plutôt. Ainsi dut-il, comme un visiteur étranger, demander son chemin jusqu'à ce petit bureau perdu dans un couloir immense et sombre. Il retint son souffle avant de frapper à la porte entrouverte.

— Entrez, entrez, fit une voix presque plaintive.

Sam Douglass poussa la porte et se figea net : comme une sorte de portrait de Dorian Gray qui, seul, aurait assumé le poids de ces vingt années, John Warenen était méconnaissable. L'avocat se rappelait un homme d'une cinquantaine d'années, ressemblant à l'acteur James Stewart au temps de sa splendeur ; or le vieil homme qu'il retrouvait lui apparut comme décharné, presque chauve, avec une barbe blanche et drue qui lui dévorait le visage. Ses yeux, déjà tristes de nature, paraissaient avoir absorbé la détresse du monde ; ils s'éclairèrent pourtant à la vue de l'ancien étudiant.

— Tiens, mais qui voilà ?

Un instant, Sam se demanda si l'historien avait noté leur rendez-vous ; mais il comprit bientôt que cet étonnement était tout rhétorique.

— J'étais en train de feuilleter votre dossier d'étudiant, confessa en effet le vieillard... Asseyez-vous, asseyez-vous ! Dommage que vous ayez abandonné l'histoire en deuxième année...

L'avocat n'osa lui rappeler la responsabilité qu'il portait dans cette décision ; si ses cours l'avaient moins ennuyé, s'il avait su lui transmettre le feu sacré, alors c'est un chercheur, un archéologue ou un archiviste, qui serait entré pour le saluer.

— Enfin, vous êtes devenu avocat ? Ce n'est pas mal non plus...

— Finalement l'histoire m'a rattrapé ! plaisanta Sam en prenant place, face au bureau surchargé de papiers.

Le professeur saisit la balle au bond.

— Qu'est-ce qui vous amène ?

— La maison Ipatiev, repartit Sam avec hardiesse.

— La maison Ipatiev...

Le vieillard secoua imperceptiblement la tête, d'un air qui semblait dire : « Forcément, on n'en sortira jamais... »

— Eudes Enguerrand, précisa l'avocat, m'a juré que vous connaissiez le dossier mieux que personne.

— Eudes Enguerrand ! Comment va-t-il ?

Et sans attendre la réponse, il se lança sur son sujet de prédilection.

— Je connais un peu le dossier, c'est un fait. Je le connais même trop bien, si j'en juge par la réputation que mes chers collègues m'ont faite. « Warenen ? Ce vieux toqué qui voit partout les fantômes de la tsarine et de ses filles ! »

Sam sourit ; il se rappelait bien, à présent, le mépris vague dans lequel les enseignants de Chapel Hill tenaient John Warenen ; mieux : il réalisait l'influence qu'avaient eue leurs haussements d'épaules sur son propre jugement d'étudiant.

— Et alors ? Que voulez-vous savoir, au juste, à propos de cette maison Ipatiev ?

— J'aimerais connaître votre avis sur les conclusions du juge Sokolov.

— Nicolas Sokolov n'était pas vraiment juge – ou alors, un juge d'instruction ! Disons qu'il enquêtait judiciairement pour les autorités contre-révolutionnaires.

L'avocat ne put s'empêcher de songer au surnom que des générations d'étudiants avaient donné à Warenen : le Pinailleur...

— Juge ou pas, il affirme que la famille impériale russe a été massacrée au grand complet, à Iekaterinbourg, dans un vulgaire entresol.

— Oui... La nuit du 16 au 17 juillet 1918. C'est la version officielle, celle de tous les manuels d'histoire... Onze personnes – les sept membres de la famille, plus quatre serviteurs – assassinées au pistolet par douze tueurs, dans une pièce mesurant à peu près vingt mètres carrés. Drôlement crédible, pour une thèse officielle !

Cette fois, le professeur secoua franchement la tête.

— J'imagine qu'avant de venir me trouver vous vous êtes renseigné... Vous devez donc connaître un peu les circonstances de ce prétendu massacre. À l'été 1918, le monde est en plein conflit ; sauf que la Russie révolutionnaire vient de signer une paix séparée avec l'Allemagne. Elle n'en connaît pas moins la guerre civile ; et les rouges, qui tiennent Moscou, reculent partout devant les blancs. C'est le cas dans l'Oural, et notamment à Iekaterinbourg, où les armées blanches sont à deux doigts de reprendre la ville et de libérer le tsar, sa femme, son fils et ses quatre filles. Ce serait la raison pour laquelle les bolcheviks auraient liquidé leurs prestigieux otages, et ce dans leur prison : la désormais fameuse maison Ipatiev...

— J'admire votre sens de la synthèse, dit Sam avec une sincérité que son œil espiègle paraissait démentir.

— Parce que vous l'aviez oublié ? Quelques jours plus tard, les blancs prennent effectivement la ville aux rouges ; et l'une de leurs priorités est de savoir ce qu'est devenue la famille impériale. D'où la première enquête.

— Qui n'est pas celle de Sokolov.

— Bien sûr que non ! Le premier enquêteur désigné par les contre-révolutionnaires s'appelle Namiotkine. Il inspecte à chaud la maison, fouille les environs, interroge les témoins disponibles, et s'accorde avec ses homologues militaires pour admettre que la famille impériale n'a pas été tuée par les bolcheviks ; elle aurait plutôt été déportée. Seulement voilà : sans que l'on sache pourquoi, Namiotkine est limogé – il mourra vite dans des circonstances troubles – et remplacé, le 7 août 1918, par le magistrat instructeur Sergheïev. Notez qu'on ne parle toujours pas de Sokolov. Sergheïev va travailler, six mois durant, sur le mystère de la maison Ipatiev ; et ses conclusions sont formelles. Il les confie au *New York Tribune* en décembre 1918 : « Je ne crois pas que le tsar, sa famille et ceux qui les accompagnaient aient été fusillés ici. Ma conviction est que l'impératrice, les grandes-duchesses et le tsarévitch n'ont pas été tués dans cette maison. Mais je crois que le tsar, le Dr Botkine, médecin de la famille, deux laquais et la femme de chambre Demidova ont bien été tués dans la maison Ipatiev. » Une opinion conforme, du reste, à celle d'un diplomate anglais des plus fiables, sir Charles Eliot, dépêché sur place par le Foreign Office. « Les officiels les plus haut placés et les mieux informés, câblait-il à Londres dès le 5 octobre 1918, sont absolument convaincus que Sa Majesté impériale n'a pas été assassinée, mais transférée et placée sous garde allemande. L'histoire du meurtre a été inventée pour expliquer sa disparition. »

Warenen fit une pause, afin de laisser à Sam le temps de digérer ces belles citations de mémoire.

— Mais alors, demanda ce dernier, d'où vient la sempiternelle version officielle ?

— Elle a été élaborée plus tard ! Si vous aviez le temps, je vous ferais un historique détaillé, au jour le jour, des dissensions qui agitèrent le gouvernement russe blanc, après le 11 novembre 1918. Son chef, l'amiral Koltchak, devait donner des gages, de plus en plus, à son aile droite – monarchiste et réactionnaire. Et c'est alors qu'il a décidé, en accord avec le général Diterikhs, que la thèse du massacre collectif permettrait non seulement de soulever l'indignation de l'Europe et du monde contre les bolcheviks, mais encore d'épargner à la cause impériale la honte d'un sauvetage en cachette sur injonction du Kaiser.

— Un Kaiser ennemi et vaincu, opina l'avocat. Avouez que c'est un peu subtil...

— Mais l'histoire est subtile ! Vous auriez oublié la devise que j'inscrivais chaque année au tableau, lors de mon cours inaugural ?

— « En histoire, simplifier, c'est trahir ! » récita Sam dans un éclat de rire.

— Mais oui, approuva le professeur avec fierté. « Simplifier, c'est trahir »...

Warenen tira d'une pile d'ouvrages un livre jaune fatigué, tout hérissé de paperolles et portant, en grosses lettres rouges, le titre *File On The Tsars* ; il le tendit à son ancien élève.

— Vous connaissez cela ?

— Le livre de Summers et Mangold ? Je l'ai commandé sur Internet. En français.

— Pourquoi « en français » ? Lisez-le dans sa langue originale ! Il m'en reste deux ou trois neufs, à la maison ; si vous voulez bien m'accompagner jusque là-bas, je vous en donnerai un.

27

Comment faisait-on, se demandait parfois Sonia, *à l'époque où le Web n'existait pas ?* Il lui paraissait presque impossible que l'humanité ait pu, tant de siècles durant, se passer d'un tel lien, d'un tel filtre – d'un tel levier aussi. En l'occurrence, il lui avait suffi de quelques secondes pour localiser, au sein d'une agglomération pourtant gigantesque, un obscur tatoueur du nom de Torkel. Combien d'heures, combien de jours d'un labeur hasardeux un tel exploit eût-il demandé quinze ans plus tôt ? À présent, il fallait moins d'une minute à un moteur de recherche classique pour certifier que l'individu recherché œuvrait au centre *Joe Rickie Tatoo*... Ce haut lieu de l'art corporel new-yorkais se trouvait dans la 36e Rue, non loin de la Cinquième Avenue, côté ouest. Entre l'Empire State Building et la New York Public Library.

Sonia, légèrement nerveuse, se rendit à l'adresse indiquée sur le site de Joe Rickie ; elle y trouva un vieil immeuble sans aucun charme. Un léger trac l'avait envahie, lié peut-être à la résolution qu'elle venait de prendre : afin de mettre Torkel en confiance, elle était prête, s'il le fallait, à se faire tatouer quelque chose sur le cœur – pourquoi pas les initiales de Quentin ? La jeune fille ne croyait pas à l'au-delà, et moins encore au dialogue avec les morts ; mais elle ne put s'empêcher – comme cela lui arrivait depuis quelque temps – de s'adresser, en songe, aux mânes de son compagnon. *Mon pauvre amour, toi qui détestais les piqûres…*

L'atelier se trouvait à l'étage, au-dessus d'une de ces boutiques de confection qui pullulent dans le Garment District. Sonia emprunta un couloir tapissé de photos de tatouages et de piercings, monta l'escalier jusqu'à une porte vitrée qu'elle poussa de manière hésitante et se retrouva bientôt sur une autre planète. Une vaste pièce, tout en longueur, accueillait une demi-douzaine d'alcôves équipées de fauteuils inclinables, de projecteurs et de toute une batterie d'instruments de torture. Des rideaux auraient permis d'isoler chacune d'elles, mais la plupart restaient ouvertes, offrant globalement un spectacle de corps gras et maigres, blancs et bruns, jeunes et moins jeunes, abandonnés à la dextérité des tatoueurs. Le ronronnement électrique des pointes mécaniques – les « dermographes » – ramena Sonia au temps pénible où, adolescente, elle avait dû subir des soins dentaires assez importants.

— T'avais rendez-vous ? demanda, dans son dos, une petite femme aux cheveux crépus.

— Pas encore… Je… J'aurais aimé m'entretenir avec Torkel.

— Torkel ? Carrément… Et tu viens de la part de quelqu'un ?

— Justement, oui. C'est le frère de Noemi qui m'envoie.

— Le frère de qui ?

— C'est bon, Ally ! Laisse-la venir ! interrompit une voix de fausset, depuis une cellule du fond.

Influencée par ce prénom scandinave – Torkel –, Sonia s'était imaginé le tatoueur sous les traits d'une sorte de dieu nordique, immense et blond ; elle découvrit un petit homme ventripotent, presque chauve, avec une barbichette d'un autre temps et des yeux incroyablement perçants.

— Tu parles de Noemi, la chanteuse ? demanda-t-il en la saluant d'un léger signe de tête.

Il était en train de graver un animal préhistorique sur l'épaule toute frêle d'une jeune fille d'origine asiatique.

— Oui. Noemi, du groupe Kondor.

— Tu la connais ? Elle va bien ?

Sonia resta sans voix : si Torkel était le confident de Noemi, pourquoi personne ne l'avait-il averti de sa disparition ?

— Vous n'allez jamais sur Facebook..., commença-t-elle.

— Sûrement pas. J'ai horreur des fichiers – de *tous* les fichiers.

— Je disais cela, parce que... Je suis navrée d'avoir à vous l'apprendre, mais Noemi est morte.

— Oh ! merde !

Le « dermographe » avait-il ripé ? En tout cas, Torkel en releva vivement la pointe, tandis que la jeune patiente grimaçait.

— Ils ont eu sa peau, les fumiers ! Ah ! les salauds...

— Elle vous avait fait part d'une inquiétude particulière ?

S'intéressant enfin à Sonia, le tatoueur la dévisagea.

— Tu es qui, toi, exactement ?

La jeune femme se présenta comme une amie de Dmitri, le frère de Noemi. Elle ne mentit qu'à moitié en affirmant qu'elle s'employait à faire la lumière sur la mort de la chanteuse.

— Dis-moi : ils l'ont tuée comment, ces salauds ?

— Si vous avez quelques minutes à m'accorder, je vais vous l'apprendre, dit-elle, heureuse de n'avoir pas à jouer les cobayes.

— Tu peux parler devant ma cliente : elle ne comprend qu'un mot sur trois.

Pour plus de confidentialité, il tira tout de même le rideau de l'alcôve. Sonia, parlant tout bas, se mit à transiger ; elle s'était mise à l'école de Sam.

— Voici ce que nous allons faire, proposa-t-elle. Moi, je vous raconte la mort de Noemi, et vous, en échange, vous me dites tout ce que vous savez des dangers qu'elle courait…

— Mais qu'est-ce que j'en sais, moi ?

— Vous avez parlé de « salauds » qui « l'ont tuée »…

— Ouais… Tout ce qu'elle m'a dit, c'est qu'elle avait mis le doigt sur une arnaque énorme et qu'elle avait une bombe entre les mains. L'« arnaque du siècle », voilà son expression.

— Une arnaque à propos de joyaux russes, peut-être ?

— Mais j'en sais rien, moi ! T'es flic ou quoi ?

Lorsque Torkel s'énervait, sa voix grimpait dans les aigus.

— Je ne suis pas flic, mais j'aimerais faire, justement, ce que les flics ne feront pas : retrouver les assassins de Noemi.

— Pardon, je me suis emporté… Alors, dis-moi : ils l'ont tuée comment ?

Sonia évita d'entrer dans les détails ; en son for intérieur, elle sentait que Torkel ne lui en apprendrait pas beaucoup plus ; il avait déjà dit l'essentiel de ce qu'il savait. En évoquant l'« arnaque du siècle », il avait même fait franchir un grand pas à l'enquête.

28

Sam avait accepté d'accompagner son vieux professeur chez lui et s'était laissé guider jusqu'à une maison de bois couleur mastic, modeste mais chaleureuse, nichée sous un bouquet d'érables. Warenen n'y avait rien changé, dit-il, depuis la mort de sa femme, dix ans plus tôt. Un grand setter irlandais, roux et soyeux, accourut à leur rencontre et les suivit en bondissant jusqu'à l'auvent. Ayant désigné à Sam Douglass un des rocking-chairs, sur la gauche, John Warenen le laissa sur la terrasse couverte, pour entrer seul dans la maison.

— Je n'en ai que pour une minute...

L'avocat s'installa dans le fauteuil et s'y balança doucement, bientôt gagné par la paix de ce quartier forestier, peuplé d'écureuils... Le grand chien s'était allongé à ses pieds. Sam était sidéré du tour qu'avaient pris ces retrouvailles. Vingt ans après, cet homme, qui jadis, en amphithéâtre, lui avait paru tellement ennuyeux, se révélait précis, brillant, captivant même. Le professeur s'était-il bonifié ? L'étudiant avait-il mûri ? Warenen mit quelque temps à ressortir, les bras chargés de dossiers et de livres ; il avait dans les mains des cannettes de bière mexicaine.

— Voici votre exemplaire, là, sur le dessus, annonça-t-il en brandissant la pile de documents sous les yeux de son ancien élève.

Sam s'empara du livre de Summers et Mangold.

— Je vais le lire avec intérêt, merci.

— Cela ne suffira pas. Ce genre d'enquête doit s'éplucher point par point.

— « Simplifier, c'est trahir »... Nous en étions restés à Sokolov, reprit l'avocat. Vous me laissiez entendre qu'il aurait conclu sur ordre.

— En tout cas, sous influence, rectifia le Pinailleur en ouvrant les deux bières.

Il tendit l'une des cannettes à son invité.

— Il faudrait prendre le temps de noter, jour après jour, l'enchaînement des circonstances, au moment de la nomination de ce troisième et dernier enquêteur officiel. En février 1919 – soit, tout de même, sept mois après le prétendu massacre... D'un seul coup, tout se précipite : on fournit à Sokolov un télégramme chiffré qui aurait été abandonné par les bolcheviks au bureau de poste local ; on lui apporte la déposition « clés en main » d'un soi-disant témoin du meurtre – mais qui mourra du typhus avant qu'il ait pu le rencontrer ; on lui fournit des restes de la famille impériale, extraits d'un puits de mine voisin – et jusqu'au cadavre du petit chien de la grande-duchesse Tatiana ! Faut-il préciser que tout cela va dans le sens de la nouvelle version officielle ?

Warenen s'interrompit un instant, le temps de désigner discrètement à Sam un écureuil qui, sans doute apprivoisé plus ou moins, venait de s'aventurer jusqu'à la colonnette d'angle de la terrasse.

— Sokolov, reprit Sam, n'a donc pas été difficile à convaincre...

— Mais il était convaincu d'avance ! Avant même de partir pour Iekaterinbourg, il avait confié au précepteur du tsarévitch sa conviction d'un massacre collectif à la maison Ipatiev ! Vous pensez... Ce type était un fumiste, doublé d'un psychorigide.

— Moi qui voulais connaître votre opinion sur lui, je suis servi !

Le vieil homme s'assit à son tour dans un rocking-chair ; mais il ne s'y balança pas.

— Écoutez-moi bien. Les conclusions de Sokolov sont devenues paroles d'évangile ; or, elles ne s'appuient que sur quatre éléments : un télégramme qui s'est révélé être un faux patenté ; un témoignage oculaire pour le moins sujet à caution ; des bijoux et des effets personnels qui ne prouvent absolument rien ; enfin le corps d'un petit chien, si bien conservé qu'il en deviendrait miraculeux... Ajoutez à cela le fait qu'on n'ait jamais revu vivant un membre de la famille – mais ce fait-là aussi est contesté.

— Vous faites allusion à la célèbre Anastasia ?

Le Pr Warenen ne répondit pas directement à cette question. Il prit le temps d'avaler une longue gorgée de bière mexicaine.

— Vous savez, l'homme qui m'a sensibilisé à cette histoire était mon ami le Pr John Manahan, de l'université de Virginie, à Charlottesville. Cela vous dit quelque chose ?

— Manahan était le nom de la soi-disant Anastasia...

— Bien vu. Il avait en effet épousé Mrs Tchaïkovskaïa-Anderson, en 1968. Eh bien, voyez-vous ? En dépit du pseudo-test ADN mis en scène après la mort de cette pauvre femme et du formidable battage médiatique dont il a fait l'objet, je reste persuadé que la malheureuse était réellement la grande-duchesse Anastasia.

Jusqu'ici, Sam Douglass avait suivi sans peine son ancien professeur dans son raisonnement sulfureux ; mais cette dernière assertion lui parut difficile à admettre. Il observa Warenen du coin de l'œil.

— Au mieux, fit-il simplement remarquer, cela signifie qu'un membre de la famille, sur sept, aurait survécu.

— Non, non, non ! s'insurgea le professeur. Je pense, pour ma part, que, sur les sept, cinq ou six ont survécu. Seul le tsar a bien été fusillé – en compagnie, peut-être, du Dr Botkine et des trois serviteurs. Je ne sais pas vraiment quoi penser du jeune tsarévitch… Quant à l'impératrice et à ses filles, j'ai acquis, depuis des années, la certitude qu'elles ont toutes survécu à l'été de 1918.

— Mais que faites-vous des corps retrouvés ? le coupa Sam, de plus en plus dubitatif. Ces restes exhumés en 1979, puis en 2007, et tous identifiés grâce à l'ADN !

Warenen arborait le sourire des détenteurs incompris de vérités interdites.

— Qui vous a dit cela ? Le ministère russe de l'Intérieur ?

— Enfin…

— À moins que ce ne soient les services secrets britanniques…

— Mais…

— Mais tout cela va peut-être un peu vite pour vous… Il faudrait que je prenne le temps de bien vous expliquer l'histoire…

Le professeur acheva sa bière d'un trait et se leva dans une grimace. Sam Douglass accrocha son regard ; c'était bien toujours, au fond, celui de James Stewart. L'homme appela son chien, le flatta de la main, lui passa une laisse autour du cou.

— Que diriez-vous d'un petit tour au bord du lac ?

Ils reprirent le véhicule kaki pour couvrir les deux kilomètres qui les séparaient de l'endroit.

C'était un de ces immenses plans d'eau, bordés d'embarcadères, qui font la poésie de l'Amérique du Nord. Ils s'y étaient rendus sans un mot, par une route forestière absolument déserte. Pendant tout le trajet, le vieux prof avait caressé la tête de son chien, calée entre ses jambes ; et l'ancien étudiant avait respecté sa méditation.

Sam se gara dans une clairière ; ils marchèrent un moment sur la berge, puis s'assirent au bout d'un ponton, en surplomb d'un groupe de barques à peine agitées par le vent du soir. Des couples de canards rasèrent les eaux, devant eux, à la manière d'une escadrille de chasse. Le soleil déclinant, déjà caché par les frondaisons, projetait à la surface du lac des ombres glaçantes – comme des résurgences issues de profondeurs insoupçonnées.

— Que pourriez-vous me dire du réseau Romanov ? demanda soudain Sam Douglass.

Ses mots donnaient le sentiment de s'être incrustés dans le silence. John Warenen se donna le temps de la réflexion.

— Je n'ai jamais entendu parler d'une telle chose, finit-il par répondre.

Son ancien élève n'en crut pas un mot. Il allait revenir à la charge quand l'historien, sans doute conscient de l'avoir déçu, développa sa réponse.

— Mais si un réseau Romanov existe quelque part, la mieux placée pour vous en parler sera ma vieille amie Alexandra Paul-Lindsay. C'est une personne absolument discrète, pour ne pas dire secrète. Mais si je lui en fais la demande, je pense qu'elle ne s'opposera pas à l'idée de vous recevoir.

— Elle réside aux États-Unis ?

— Non, en Europe. En Italie. Sur le lac de Côme. À Menaggio.

John Warenen resta un moment silencieux, puis, avec une force inouïe, martela son conseil.

— En fait, mon petit, vous n'avez pas le choix. Cela m'apparaît comme une évidence : vous *devez* rendre visite à Alexandra !

Sur ces mots, il tira de sa poche une petite balle de caoutchouc et la jeta dans l'eau, le plus loin possible. Sans hésiter un instant, le setter plongea, avec grand fracas ; il éclaboussa copieusement les deux hommes. L'avocat en fut saisi, et son expression de surprise arracha un rire d'enfant au vieux professeur.

— Décidément, je vous imaginais différent, commenta Sam en souriant à son tour. Je crois... Je crois que je vous avais mal compris.

— On vous avait bourré le crâne... Comme aux autres.

Une telle remarque n'avait rien d'amer. Au contraire, l'avocat crut pouvoir y déceler une sérénité de maître zen.

29

Ce lundi-là devait être la dernière journée de Sonia à Manhattan ; elle avait rendez-vous le soir même avec Sam, de retour de Raleigh. Elle décida de profiter une dernière fois de l'atmosphère si prenante de la ville en été et marcha pendant plus d'une heure jusqu'à la boutique Manessian, sur la Cinquième Avenue. C'est un jeune vendeur qui la reçut, tout sourire.

— Bonjour, *miss*.

— Bonjour. Pourriez-vous dire à M. Weitz que Mlle Sonia est ici ?

— Vous êtes attendue, *miss*. Je le préviens de votre arrivée.

Il décrocha le téléphone intérieur et, tout en parlant, lui adressa le plus doux des sourires. Sonia le trouva remarquable avec ses yeux brillants, ses cheveux blonds lumineux et son teint subtilement hâlé ; elle admira l'élégante décontraction de sa tenue : blazer bleu marine, pantalon fuseau blanc et souliers de chevreau clair. Sur un signe de sa part, Sonia le suivit à l'étage, jusqu'au bureau de Weitz, et ne put s'empêcher de l'observer encore au passage. Le courtier s'en rendit compte.

— Merci, Luca, dit-il en décochant un clin d'œil à l'employé.

Puis il se tourna vers la visiteuse.

— Que pensez-vous de ma nouvelle recrue ?

Sonia trouva cette connivence déplacée ; elle se garda bien d'y répondre.

— J'ai pour vous, reprit Maxim pour clore un instant de gêne, une bonne nouvelle et une moins bonne. Je commence par laquelle ?

— La bonne.

— Comme je le pressentais, la broche que vous m'avez confiée est une pièce importante. Il s'agit de ce que les spécialistes appellent le Hanneton vert de Bolin – un joyau historique et que l'on croyait disparu depuis longtemps.

Maxim marqua un temps d'arrêt.

— La mauvaise nouvelle, c'est que la perle elle-même est fausse ; bien faite, mais fausse.

— Cela entraîne-t-il des conséquences, quant à la valeur du bijou ?

— De lourdes conséquences, *miss*.

L'expert se saisit du bel écrin de cuir gris dans lequel il avait installé l'objet, l'ouvrit et, non sans précautions, sortit la broche pour la présenter sur un petit plateau de velours noir, où sa perfection rayonna tout de suite. L'homme de l'art hochait la tête.

— Elle est néanmoins très belle, n'est-ce pas ?

— Oui...

— Puis-je vous poser une question ?

— Je vous en prie...

Weitz se racla la gorge et se mordilla les lèvres ; il pesa chacun de ses mots.

— Quelle est exactement votre implication, dans cette affaire ? Autrement dit : Connaissez-vous la broche de l'intérieur ?

— *De l'intérieur* ?

— Façon de parler… Par exemple, étiez-vous au courant du caractère incomplet de la pièce ?

Sonia se pencha vers le joyau pour mieux l'observer.

— Comme je vous l'ai déjà dit, je ne suis qu'une intermédiaire. Je vous ai transmis le bijou, ses propriétaires ne souhaitant pas se faire connaître.

— Bien entendu, s'empressa d'approuver le marchand. C'est très clair…

Il remit soigneusement la broche dans son nouvel écrin.

— Si je me suis permis de vous poser la question, dit-il, c'est notamment parce que, muni de votre assentiment, je me suis mis en quête d'éventuels acquéreurs.

— Oh ! je ne suis pas habilitée à négocier ! précisa-t-elle tout de suite.

Maxim Weitz s'empressa de la rassurer.

— Nous n'en sommes pas là…

Elle réprima un soupir. Furieuse en elle-même que Sam l'ait laissée se débattre seule avec une pareille affaire, elle lorgnait en direction du sacro-saint feuillet où devait figurer l'expertise.

— Mais, sans vouloir insister, poursuivit le marchand, je dois vous informer qu'un de mes plus gros clients m'a chargé de vous mettre en relation avec lui. Me feriez-vous la gentillesse de lui dire quelques mots au téléphone ?

En moins d'une minute, Weitz avait joint l'illustre inconnu.

— Sir Alistair ? Maxim Weitz. La personne en question est en face de moi. Elle n'est visiblement pas au courant. Puis-je vous la passer ?… Parfait, ne quittez pas, je vous prie.

Il tendit le combiné à Sonia.

— Je vous passe sir Alistair Ward, l'un des propriétaires de la banque londonienne Soating & Parson.

La jeune fille avait beau trouver la situation surréaliste, elle se sentit forcée de jouer le jeu.

— Allô ?

— Bonsoir, madame. Ici Alistair Ward, dit une voix distinguée, dans un français quasi parfait. Weitz vient de me confirmer que vous ne saviez pas grand-chose à propos de la broche. Néanmoins, je vous serais obligé de me mettre en contact avec ses propriétaires. Voulez-vous, chère madame, vous faire mon émissaire auprès d'eux et leur dire que j'aimerais les rencontrer ? Weitz possède mes coordonnées. Il se fera un plaisir de vous les transmettre.

— Eh bien, mais c'est-à-dire…

— Naturellement, je ne vous oublierai pas dans la transaction. Je vous assure que je serai généreux avec vous.

— Je comprends…

— Je vous fais confiance pour convaincre les heureux propriétaires. J'attends votre appel. Bonsoir, madame.

— Bonsoir, monsieur.

Sonia rendit le combiné à Maxim.

— Il y a une chose que je ne comprends pas, dit-elle.

— Si je puis vous aider…

— Y a-t-il une chose importante que j'ignorerais, à propos de ce bijou ?

— Une « chose importante » ? Ma foi, non. Je ne crois pas.

Elle retrouva Sam, à vingt heures, dans un restaurant *trendy*, pas très loin de Time Square. Ses yeux brillaient, il lui raconta tout un tas de petites anecdotes à propos de son frère et de sa belle-sœur. Sur les murs blancs de la salle étaient projetées des sortes de bulles aux couleurs changeantes, balayant tout le spectre.

— Ce truc me donne envie de vomir, dit-elle en repoussant sa *Caesar Salad*.

L'avocat sourit à belles dents, et d'autant plus qu'au même moment la nouvelle harmonie – verte – conférait à Sonia un teint de déterrée.

— Bon... Assez parlé de moi, dit-il en réprimant un soupir. Si tu m'en disais un peu plus sur cette fausse perle ?

Elle tira de son sac le petit écrin gris et le tendit à Sam.

— Avant tout, dit-elle, je te rends ça. Je préfère que ce soit toi qui t'en charges.

— Je vois que la citrouille est devenue carrosse, fit-il observer.

— Ce n'est pas pire qu'une boîte d'allumettes...

— Mais c'est beaucoup plus repérable.

Il eut un regard alentour et rangea prestement le petit écrin dans sa veste.

— Voici aussi l'expertise, ajouta Sonia en lui tendant un feuillet signé par Weitz. La perle mise à part, il s'agit bien d'une broche authentique de Bolin.

— Donc la sœur jumelle de celle de la reine d'Angleterre.

— Quentin avait raison.

Sonia se rapprocha de Sam.

— Et ce n'est pas tout : comme prévu, j'ai laissé entendre que nous serions vendeurs, et Weitz a déjà mis un de ses clients sur le coup.

— Tu plaisantes ?

— Pas du tout. Tu vois le nom et les numéros, au bas de la page ? Ce sont ceux d'un banquier londonien qui tient absolument à rencontrer les « heureux propriétaires »...

L'avocat se retint de rire.

— Incroyable ! Tu lui as parlé ?

— Disons que je l'ai écouté...

Sam et Sonia, pendant leur voyage transatlantique, s'étaient longuement demandé jusqu'à quel point ils pouvaient disposer de cet objet tombé du ciel et qui, par sa seule irruption dans leur vie, avait occasionné tant de dégâts. Légalement, ils n'en étaient pas propriétaires... Seulement, ils étaient bien, de fait, les détenteurs du Hanneton ; et ils avaient fini par convenir, après bien des palabres, qu'une vente éventuelle serait un dédommagement légitime.

— Mais alors... bombe glacée au rhum ! s'exclama l'avocat. D'autres auraient dit « Champagne ! ».

Il héla au passage une jeune serveuse.

— Mademoiselle ? Puis-je vous demander deux bombes au rhum, s'il vous plaît ?

— Non : une seule, rectifia Sonia.

Sam la dévisagea, surpris.

— Tu ne veux pas fêter ça avec moi ?

— Sam... Sam, il faut que je te dise quelque chose.

Il volait de surprises en inquiétudes.

— Je t'écoute.

— Quand je suis venue te rejoindre à Paris, vendredi, c'était pour t'annoncer une nouvelle.

— Ah oui ?

— Oui… J'attends un enfant, Sam. J'attends l'enfant de Quentin.

Elle fondit en larmes sur ces mots, et Sam fut bouleversé. Il prit ses mains dans les siennes.

— Mademoiselle ! insista-t-il auprès de la serveuse. Deux bombes, s'il vous plaît.

— Mais non…

— Si, je mangerai la tienne. À la mémoire de Quentin.

30

— Luca, mon petit, osa Maxim en raccompagnant son nouveau vendeur, je suis ravi de cette première journée. Est-ce que ça vous dirait de venir prendre un verre ? J'habite à deux pas...

— J'aurais dit oui, même si c'était dans le Bronx, répondit le bel Italien.

Le marchand retint son souffle ; il s'était attendu à un refus, même poli – sûrement pas à cette réponse digne d'un *escort boy*.

— Ah ! Eh bien, alors, mais... allons-y !

— Je vous suis, monsieur Weitz.

— Oh ! Luca, je vous en prie : nous sommes appelés à nous voir souvent, maintenant ; alors appelez-moi Maxi. Le monde entier m'appelle Maxi, vous savez ?

— Comme vous voudrez, Maxi, lâcha le garçon avec ce sourire en coin qui, à Milan, avait fait des ravages.

Il passa la main dans ses splendides cheveux blonds – geste qui, étrangement, ajoutait à sa virilité. Puis il sortit de son sac marin un chapeau blanc à larges bords et le coiffa d'un air canaille. Son nouveau patron le fixa un instant, de l'air de dire : « Pincez-moi, je rêve. »

Ils ne marchèrent pas longtemps avant d'entrer dans un bel immeuble des années 1950, aux baies vitrées cerclées de noir. Maxim précéda son invité dans un luxueux appartement, inondé de la lumière rougeoyante du couchant.

— Entrez, entrez, Luca, dit le marchand en faisant coulisser d'une main la porte du salon.

— C'est vraiment beau, chez vous.

— Tous les objets que vous voyez ici ont été désirés. Aimés…

— Puis oubliés ?

Cette repartie parut enchanter Maxim.

— La preuve que non, puisqu'ils sont toujours là. Mettez-vous à l'aise, lança-t-il en quittant la pièce, j'arrive tout de suite.

Ce conseil fut suivi à la lettre : le jeune homme retira blazer, chaussures, foulard, ceinture, chemise et même chaussettes ; il ne garda sur lui que le fuseau, dont il défit d'ailleurs le premier bouton. La blancheur du tissu faisait ressortir la teinte cuivrée de sa peau. Il secoua ses cheveux, s'humecta les lèvres et se vautra sur un des canapés, dans l'attitude alanguie, faussement naturelle, que l'on voit prendre aux mannequins posant pour des publicités de banques ou d'assurances.

L'effet dépassa ce qu'il en attendait : quand Weitz reparut, lui-même en bras de chemise, il laissa tomber le plateau avec le champagne et les coupes.

— *Damn it!* gronda-t-il.

Le jeune invité accourut pour l'aider.

— N'allez pas vous couper, Luca !

La bouteille, par miracle, ne s'était pas cassée ; mais du champagne avait coulé sur le marbre.

Le garçon y trempa les mains et s'en humecta la poitrine et le ventre. L'invite était directe ; Maxim ne résista pas. Sa langue alla chercher du Mumm dans le nombril du garçon, passa du nombril à ses tétons, des tétons à sa bouche. Alors l'Italien esquiva, non sans grâce.

— En fait, ça tombe bien, dit-il en repoussant doucement Maxim de l'index. Je n'aime pas le champagne. Tu n'aurais pas du whisky ?

— Dans le bar, derrière toi, répondit son patron en ramassant le plateau couvert de débris.

Il se dirigeait déjà vers la cuisine.

— Je rapporte des glaçons.

Le soi-disant Luca aimait les femmes, toutes les femmes. Depuis le temps où, adolescent, il avait commencé à faire tourner la tête des amies de sa mère, jusqu'à la période récente de ses missions pour le Milieu, où les aventures n'avaient pas manqué. Cela n'excluait pas, chez lui, un réel narcissisme, né de la conscience aiguë de sa beauté. Et il ne lui déplaisait pas de percevoir, dans l'œil de certains hommes, un désir plus ou moins affiché. « Gianni ? disait de lui sa compagne. Il ferait du gringue au chat ! » C'était vrai : même dans les bras de la plus jolie fille, il ne pouvait s'empêcher de faire, d'abord, l'amour avec lui-même.

Aussi ne trouvait-il pas insurmontable sa nouvelle mission : séduire Maxim Weitz et accéder très vite à son intimité. Gianni s'était dit que ce serait, pour lui, une expérience piquante – pour ne pas dire excitante. Il choisit deux verres de modèles différents et y versa de belles rasades de bourbon. Puis il sortit de la poche de son fuseau une petite fiole dont il arracha la capsule et versa le contenu dans un des verres. Il mélangea bien la drogue au bourbon, d'un doigt qu'il essuya sur son cou. Un verre dans chaque main, il revenait vers le canapé quand Maxim rentra de son côté, tenant un bol de glace. Il avait ouvert sa chemise et ôté ses souliers.

— Tu viens, Luca ? demanda-t-il en s'affalant sur le canapé.

Le garçon feignit de lui tendre le verre sain mais, au dernier moment, se ravisa.

— Je garde celui-ci : il y en a plus ! lâcha-t-il, avec toujours son petit air canaille.

Maxim porta un toast au soleil couchant, dont les ultimes rayons baignaient la pièce d'une sublime lumière pourpre. Puis il trempa ses lèvres dans le verre, avant de le poser sur une table basse. Gianni, qui s'était presque couché sur lui, reprit le verre à la volée et le lui redonna.

— Lâche-toi ! dit-il avec une familiarité qui, décidément, faisait songer à celle d'un professionnel. Allez, à la japonaise : *Kampaï !*

D'un trait, il but le contenu de son verre.

— À toi !

Maxim sourit et secoua la tête. Mais il n'en porta pas moins à ses lèvres le breuvage fatal – uniquement pour complaire à cet amant inespéré... Il le vida d'un coup.

— *Yeah!* fit Gianni en lui reprenant le verre.

Il se laissa caresser une ou deux minutes, trois peut-être ; mais bientôt Maxim Weitz se mit à dodeliner du chef ; il avait aux lèvres un drôle de sourire béat et paraissait déjà moins conscient... Cinq minutes encore, et il s'effondra sur le sol de marbre ; il fut un moment agité de spasmes et poussa de pénibles râles. Enfin, très vite, il sombra dans un état comateux : faute de soins rapides, la mort surviendrait dans la demi-heure.

Gianni ne s'attarda pas. Il remit ses vêtements presque aussi vite qu'il les avait quittés, puis se rendit à la cuisine où il dénicha une paire de gants de ménage. Il les enfila, vida son verre dans l'évier et fit couler l'eau chaude. Il rinça le verre, le sécha et le dissimula dans un placard. Puis il sortit de la poubelle le sac contenant les débris de coupes, le ficela et le remplaça par un sac neuf. Il revint ensuite au salon, attrapa Weitz sous les bras pour le remettre sur le canapé ; il se soucia même de lui donner une pose crédible. Il laissa tomber le verre vide, qui se cassa, près du canapé. Enfin il sortit de son sac un DVD classé X et le plaça dans le lecteur, alluma l'écran, lança le programme. Après quoi, il tenta de son mieux d'effacer quelques empreintes – mais assez discrètement, pour ne pas intriguer d'éventuels enquêteurs.

Le jeune Italien jeta un dernier regard en arrière : le corps inanimé de sa victime gisait sur le canapé, dans une lumière ambrée de fin du monde. Il remit son grand chapeau, pour se cacher des caméras installées dans les parties communes. Il glissa le sac-poubelle dans son propre sac marin et ouvrit la porte principale. Donnant à sa sortie une allure naturelle, il dit bien fort : « Au revoir, Maxi, à demain » et tira sur lui le lourd battant.

Parvenu sur le trottoir, il pressa le pas, soulagé, et se fondit bientôt dans le crépuscule. Cet

Américain, songea-t-il, avait été plus facile à séduire que la chanteuse de hard rock, à Moscou...

Gianni sourit ; il se dit qu'il en allait du meurtre comme des autres disciplines : c'était d'abord une question d'entraînement.

31

D'un coup de sécateur, Berthe Enguerrand détacha une rose « Souvenir de Marcel Proust », en prenant soin de ne pas endommager le rosier. Elle huma son doux effluve et la déposa sur les autres, dans un petit panier que tenait Tacha Loubet. Puis, ayant prélevé sa dîme, elle ferma l'outil et retira ses gants.

— Une pure merveille ! s'extasia la visiteuse, respirant à son tour le parfum fruité de la petite moisson.

Elle portait un ensemble assorti par hasard au jaune pâle des roses, ainsi qu'une immense capeline de paille, bleu nuit comme ses escarpins.

— Ce sont les premières de la saison, se félicita la jardinière. Belle variété, malheureusement peu prolifique…

Elles remontèrent tranquillement vers la maison, suivies de près par le bichon maltais. C'était un bel après-midi, sans chaleur excessive. Berthe retira le panier des mains de Tacha.

— Pendant que j'y pense, dit-elle : un journaliste s'est présenté ici, venant de votre part. Il doit y avoir un mois…

— Un journaliste ?

— Oui, un certain Douglass. Un garçon de couleur. Il s'est présenté comme pigiste à *Sud-Ouest*, mais j'ai su depuis qu'il nous avait menti.

— Vraiment ?

— J'ai téléphoné à la rédaction, à Bordeaux : ils ne le connaissent pas.

— Moi, je le connais... Le journalisme n'est pour lui qu'une couverture... Mais quel motif vous a-t-il donné ?

— Officiellement, il prétend écrire un portrait croisé, à l'occasion de notre entrée sous la Coupole. Mais je l'ai vite soupçonné de chercher autre chose.

Berthe Enguerrand marqua une pause.

— Pour tout vous dire, j'ai surpris Eudes en train de lui parler, au téléphone. Or, il avait son air de conspirateur...

— Et de quoi parlaient-ils ?

— Je n'ai pas vraiment écouté... Mais je vous mentirais si je ne m'avouais quelque peu inquiète.

— Douglass n'est pas méchant, la rassura Tacha Loubet, dans un sourire.

Elles atteignirent la terrasse, d'où la vue embrassait Pierrefonds et son château. L'employée de maison vint au-devant d'elles, et Berthe lui confia le panier de fleurs.

— Maryvonne, voulez-vous faire un joli bouquet pour notre invitée ?

— Oui, madame. Le tailleur est arrivé. Monsieur est avec lui.

— Oh ! la barbe !

Elle regarda Tacha d'un air désolé.

— On n'est jamais tranquille. À présent, nous devons essayer nos tenues d'académiciens.

— Votre habit vert ? Oh ! ce que c'est amusant ! J'adorerais jouer les petites souris.

Berthe la regarda d'un air incrédule.

— Si cela vous distrait…

Elles entrèrent ensemble dans le vaste dressing où avait lieu l'essayage. Eudes avait déjà revêtu sa grande tenue, et le tailleur – un homme entièrement chauve – s'appliquait à la reprendre, à grand renfort d'épingles. Berthe s'éclipsa dans sa chambre, afin d'y passer la sienne.

— Je n'ai pas l'air trop guindé ? demanda le nouvel académicien.

Tacha ne marchanda pas son enthousiasme ; elle était excitée comme une petite fille devant les broderies ornant les parements de l'habit.

— Elles ne sont pas tout à fait terminées, s'excusa l'artisan, serrant plusieurs épingles entre ses dents.

— C'est déjà splendide ! proclama l'invitée.

— Ma chère, la faute au Premier consul ! C'est tout de même lui qui a décidé que nous serions affublés de ce « feuillage d'olivier en soie aurore ».

Tacha ferma la porte du dressing, que Berthe avait laissée entrouverte ; puis elle s'approcha d'Eudes et l'entreprit sur le ton de la confidence.

— Nous étions en train de parler de Sam Douglass.

Enguerrand, s'il fut surpris, parvint à le dissimuler.

— Je sais que ma femme se méfie un peu de lui ; pour ma part, je le trouve charmant…

— Il n'est pas interdit de se méfier des gens charmants, répondit-elle. Surtout quand ils cultivent le secret : je suis sans nouvelles de lui depuis deux semaines.

— Oh ! il est en Italie. Sur le lac de Côme.

Cette nouvelle parut frapper Tacha Loubet qui, d'un geste machinal, ramena sous sa capeline une mèche de ses cheveux, coiffés en chignon pour l'occasion.

— Sur le lac de Côme ? Vraiment... Berthe, susurra-t-elle, a surpris vos messes basses. Elle vous a trouvé imprudent d'évoquer un tel sujet au téléphone.

— Quel sujet ?

Elle haussa les épaules.

— Eudes, cher Eudes ! Vous le savez aussi bien que moi...

Prêcher le faux avait toujours compté au nombre de ses tactiques favorites. Et comme souvent, elle ne fut pas longue à en mesurer l'efficacité.

— Ce n'est pourtant pas un sujet qu'on oublie facilement, insista-t-elle.

— Vous voulez parler du réseau Romanov ?

Elle réprima un sourire et porta son index à ses lèvres en désignant discrètement le tailleur qui, un genou au sol, continuait, imperturbable, à planter ses épingles.

— Lui ? C'est une tombe, estima Enguerrand.

Berthe revint sur ces entrefaites, parée à son tour de broderies d'olivier. Son mari s'était raidi en la voyant entrer.

— En tout cas, s'empressa-t-il de clamer, nous prononcerons le discours de réception à deux voix.

Le voir ainsi jouer à cache-cache avec sa femme arracha un sourire à l'invitée.

— Ah ! le discours ! Plutôt que d'en parler, tu devrais te mettre à l'écrire, le coupa Berthe, assez sèchement.

Elle avait décidé que cette rédaction de circonstance relevait du domaine exclusif de son mari. Tacha la complimenta sur son élégance.

— L'habit n'en est pas moins à revoir, soupira l'historienne.

Tout en se battant nerveusement avec sa manche gauche, pas encore cousue, elle revint au sujet qui avait justifié leur déjeuner.

— Pour ce qui est du livre que vous nous proposez d'écrire, reprit-elle, j'étais en train d'y repenser. Je me disais que cela méritait réflexion. N'allons pas trop vite en besogne !

Tacha décocha un regard ennuyé à Eudes qui, se sentant obligé de clarifier l'affaire, se retourna contre son épouse.

— Enfin, nous avons accepté l'idée, *dear*. Il ne serait pas correct, à présent, de faire machine arrière.

— Entre accepter une idée et signer un contrat, il y a tout de même un pas que, pour ma part, je me réserve le droit de ne pas franchir.

Tacha Loubet se dit qu'il était grand temps d'intervenir.

— Écrire l'histoire de toute cette collection de joyaux ne vous amuserait pas, chère Berthe ?

— Moi, ce qui m'amuse, répliqua l'académicienne de sa voix pointue, c'est de travailler sur des sources sûres, pour un résultat incontestable. Vous me concéderez que, sur les joyaux dont vous parlez, les sources restent douteuses, à tout le moins…

— Mais puisque notre amie se charge de nous fournir des témoignages ! tenta Eudes.

— C'est justement à « notre amie » que je parle ! le rabroua sa femme. Je n'exclus pas d'écrire ce livre si nous le pouvons. Mais, sachant ce dont je dispose actuellement, je ne saurais promettre que nous le pourrons.

— Ce serait une très, très belle édition, insista Tacha.

— Raison de plus pour choisir un très, très bon sujet…

Un certain malaise s'était installé dans le dressing, en dépit des efforts discrets du tailleur pour ramener l'attention de ses clients à leurs tenues solennelles. D'un geste à la fois ferme et courtois, il les rapprocha l'un de l'autre, afin de juger de l'effet d'ensemble. Tacha Loubet trouva l'occasion trop belle de détendre un peu l'atmosphère.

— Attendez, chers maîtres, vous êtes sublimes ! lança-t-elle de sa voix rauque. Il faut que j'immortalise les Immortels !

Elle saisit son iPhone et, s'amusant de la pose adoptée par le couple Enguerrand, entreprit de le mitrailler pour le plaisir.

— Ce n'est plus un souvenir, dit-elle ; c'est la couverture de *Match* !

32

Rentrant de New York, Sam et Sonia s'étaient séparés à l'aéroport de Londres. Elle avait pris la direction de l'Écosse, où l'attendait Alistair Ward ; lui, celle des lacs italiens, *via* Milan, dans l'espoir de rencontrer l'amie du Pr Warenen, Alexandra Paul-Lindsay. C'était un assez maigre espoir, en vérité, la vieille dame ayant clairement refusé tout rendez-vous. Elle avait commencé par laisser sans réponse deux e-mails de son ami de Chapel Hill ; puis, jointe au téléphone, elle avait prétexté son grand âge et sa maladie pour refuser de recevoir la moindre visite. « J'ai bien peur que vous ne fassiez le voyage pour rien, avait estimé John Warenen, avant d'ajouter : Mais si j'étais à votre place, je tenterais ma chance tout de même » – ce qui avait achevé de convaincre Sam.

À Côme, l'avocat s'était embarqué sur un hydroglisseur qui desservait les cités riveraines du lac. Sous un ciel pur reflété par des flots de turquoise et de lapis-lazuli, les passagers, massés sur le pont, contemplaient le grand spectacle des coteaux en à-pic. L'embarcation était rapide, mais elle perdait du temps en manœuvres d'accostage : les débarcadères se succédaient, coquets et fleuris, tandis qu'autour des pontons de solides pieux – les *paline* – peints en blanc et noir s'harmonisaient avec des eaux plus sombres.

— Menaggio, Menaggio !

Sam débarqua seul à cette station. Sise au milieu de la rive ouest, elle déployait tout un amphithéâtre de belles maisons aux toits de tuile. Des sentiments mêlés envahirent l'avocat : il était à la fois comblé par la splendeur du site et angoissé par les obstacles qu'il devinait derrière tant d'harmonie. Comment forcer la porte d'Alexandra Paul-Lindsay ? Selon Warenen, la *Villa OTMA,* où résidait sa vieille amie, se trouvait en bordure de la route. « Il faut marcher un moment sur la corniche, en direction du sud, avait dit le vieux professeur ; si je me rappelle bien, la propriété se trouve à la sortie d'un petit tunnel, pas très loin du débarcadère. »

Sitôt sur la terre ferme, il avait déplié une carte des lieux, où il pensait avoir repéré la route en question. *Ce doit être la voie du 4-Novembre, juste là-haut. Elle est la seule à longer le lac en direction du sud et de Cadenabbia*. Le ciel était en train de se couvrir, et l'atmosphère, si douce encore une heure plus tôt, semblait virer à l'orage. Des arbres, des buissons, des talus agités par la bise remontaient des senteurs végétales dont Sam, tout en marchant, s'emplit les poumons avec bonheur. La chaussée, peu fréquentée, était bordée d'un seul trottoir ; elle donnait accès, tous les deux à trois cents mètres, à un portail de fer ouvragé dominant la présence bleu-vert du lac… La rive entière était ainsi semée de domaines en espaliers.

Au détour d'un virage, il découvrit, percé dans le coteau, un étroit tunnel qui semblait confirmer les souvenirs de Warenen. Il s'engouffra dans ce passage et le parcourut avec une pointe d'excitation. À la sortie, la route s'élargissait bel et bien, côté lac, en une sorte de terre-plein bordé par un pavillon de garde et qui ouvrait, de part et d'autre, sur des jardins en pente. Or, l'entrée de droite portait, scellée sur un pilastre, cette inscription inespérée : *Villa OTMA*.

Sam avait trouvé l'endroit.

Le portail était équipé d'un visiophone, mais l'avocat se garda bien d'y sonner : se présenter ouvertement, après les refus répétés de la vieille dame, c'était risquer une fin de non-recevoir. *Essayons d'être malin*, se dit-il. Il vérifia qu'il était seul et, d'un bond de chat, se hissa sur le toit d'un petit transformateur électrique, situé au coin de la propriété. Depuis ce poste avancé, *OTMA* lui apparut dans toute son ampleur : de l'entrée, un chemin dallé sinuait jusqu'à l'habitation principale, dont les toits de tuiles anciennes s'imbriquaient avec grâce. Côté façade, une vaste pelouse en arrondi, plantée d'azalées, donnait sur le lac, près d'une piscine attenante à un port minuscule, fermé d'une petite digue. L'ensemble paraissait sans vie – comme une propriété fermée dont aucun meuble de jardin, aucun outil, aucun véhicule ne serait venu troubler la léthargie.

Sam s'assit en tailleur sur sa plate-forme, inquiet d'avoir à y passer du temps. Il lui faudrait guetter le moindre événement : la visite d'un médecin, l'arrivée d'un livreur, ou n'importe quelle irruption pouvant favoriser une entrée furtive. En vain. Deux heures passèrent, sans un seul mouvement… Le soleil était devenu brûlant, une brume de chaleur avait pris possession des berges.

La vieille dame a dû partir en vacances, finit par estimer Sam dont les jambes, ankylosées, réclamaient un peu d'exercice. Il se relevait tout juste quand un bruit se fit entendre à l'arrière de la maison : celui d'une porte que l'on déverrouillait. Une haute silhouette en sortit, qui passa bientôt sous les arbres, en direction de la piscine. C'était un homme d'âge mûr, à la barbe fournie. Était-il possible... ?

Sam Douglass en demeura bouche bée : ce frère jumeau de Raspoutine qui, les mains croisées dans le dos, déambulait à présent autour du bassin bâché, n'était autre que le frère Iliodore de Sainte-Geneviève-des-Bois ! L'homme paraissait soucieux ; il jetait sans cesse des regards de droite et de gauche. Que faisait donc ici, chez cette amie de Warenen, le père de Noemi ? *Décidément,* songea l'avocat, *la galaxie Romanov est toute petite...*

En quelques enjambées, Sam rejoignit le portail d'entrée. Il enfonça le bouton du visiophone. Après un silence qui lui sembla long, une voix se fit entendre ; elle était déformée par un mauvais haut-parleur.

— Qui est là ?

— Bonjour, monsieur. Nous nous connaissons : Sam Douglass. Vous m'avez reçu, le mois dernier, à la demande d'Eudes Enguerrand. Il est important que je vous parle.

Nouveau silence.

— Qu'est-ce que vous me voulez ?

— Eh bien... j'ai des choses à vous révéler. Des choses qui concernent le décès de votre fille.

Cette phrase devait être un sésame, car le portail s'ouvrit dans l'instant. Sam entra et descendit le sentier dallé jusqu'à la maison. L'homme à la forte barbe était sorti à sa rencontre ; il arborait un regard plus perçant encore qu'à Sainte-Geneviève-des-Bois.

— Mais… qui êtes-vous, au juste ? Enguerrand n'a jamais su me le dire.

— La vérité, c'est que je suis détective privé, mentit Sam de plus belle. J'enquête sur ce que vous savez…

Le diacre émit un léger grognement.

— Notre premier contact n'a pas été chaleureux, reconnut-il. Il faut vous dire que j'étais, ce jour-là, fort peu libre de mes faits et gestes.

— Comment cela ?

Sam avait très bien compris l'allusion d'Iliodore ; mais il jugea préférable de feindre la candeur.

— Ma fille nous épiait… Elle n'était pas facile, ma fille, vous savez ?

Sam le suivit à l'intérieur de la maison – une demeure de plain-pied, bâtie visiblement dans les années 1960, mais à partir de matériaux plus anciens. Le salon, vaste et clair, offrait, à travers une double baie coulissante, la plus admirable des vues sur le lac.

— Asseyez-vous, proposa Iliodore, à peine aimable.

L'avocat choisit un gros fauteuil bas, de cuir bordeaux, face au panorama. Son hôte, négligeant les sièges alentour, préféra rester debout. *Toi, mon bonhomme, tu n'as pas la conscience tranquille*, se dit Sam. Iliodore, corroborant cette impression, ne cessait de regarder à l'extérieur, comme s'il craignait une hypothétique agression. Il posa tout de suite au visiteur une question qui, de fait, paraissait s'imposer.

— Puis-je vous demander comment vous avez connu ma fille ?

— Je ne connaissais pas votre fille, mais je sais de quelle façon elle est morte. C'est mon métier de le savoir.

— Plusieurs journaux l'ont raconté...

— Je ne crois pas, rectifia Sam. Les journaux ont parlé d'overdose. Rares sont ceux qui ont précisé que c'était une overdose au GHB. Et aucun, à ma connaissance, n'a indiqué que celle-ci avait été provoquée à l'insu de la victime.

— À son insu ? D'où tenez-vous cela ?

Ses yeux de « Raspoutine », enfoncés dans un visage maigre, s'étaient révulsés à l'énoncé de ce qui, pour lui, était clairement une révélation.

— Si nous faisons plus amplement connaissance, proposa l'avocat non sans habileté, j'envisagerai de vous en dire un peu plus sur mes sources. En attendant, il vous suffira de savoir qu'elles sont russes et, comme on dit, « proches de l'enquête »...

— Seriez-vous venu m'annoncer que ma fille a été victime d'un meurtre ?

— Eh bien... disons... en quelque sorte, oui.

Il se demandait comment poursuivre un pareil entretien, quand il fut servi par le sort : une voix de vieille dame, venue d'une porte excentrée, se fit entendre à point nommé.

— *Padre ?*

Le vieil homme soupira, visiblement excédé.

— *Padre !*

— J'arrive, Sandrina !

Iliodore paraissait embarrassé.

— Voulez-vous m'excuser ?

Il se leva et, disparaissant par une porte située dans l'angle du salon, abandonna le visiteur. Celui-ci en profita pour se relever. Il s'approcha des baies pour contempler la vue imprenable sur le lac de Côme... Il se disait que le plus gros était fait : ayant investi la bonne maison, il n'avait plus qu'à se laisser mener jusqu'à cette voix impérieuse – sans aucun doute, celle de l'amie de John Warenen... Restait à trouver le prétexte.

— Pardonnez-moi, dit le frère Iliodore en revenant après un moment. Je m'occupe en ce moment d'une vieille dame malade.

— Ne vous excusez pas.

Sam Douglass avait appris, dans les prétoires, qu'un assaut d'amabilité, face à un interlocuteur rétif, était toujours le meilleur des investissements.

— Cette dame n'a pas de famille... ?

— Si ! Mais je suis un ami proche et je m'occupe d'elle lorsque sa garde-malade est en vacances. C'est le cas en ce moment.

— Et que lui arrive-t-il, à cette vieille dame ?

— Elle est atteinte d'une déformation du bassin. La maladie de Paget, précisa le diacre avec un léger haussement d'épaules.

— Ce doit être douloureux...

— C'est surtout invalidant. Cela restreint beaucoup ses déplacements.

— Elle était habituée à voyager... ?

Le frère Iliodore leva les bras au ciel.

— Dites plutôt qu'elle était toujours en vadrouille !

— Ce qui doit lui manquer, dans ce cas, ce sont les rencontres. Si cela devait vous aider, je me ferais un plaisir de lui tenir compagnie un moment.

L'avocat assortit la proposition d'un sourire engageant, mais le diacre ne tomba pas dans un piège si grossier.

— C'est délicat de votre part, mais nous évitons avant tout de la fatiguer.

— Pourtant, il faudrait lui changer les idées, insista Sam. Il se trouve que moi-même, je rentre de Russie, la tête encore pleine de pittoresque ; évoquer le pays de son cœur pourrait lui faire du bien, vous savez ?

Le frère Iliodore l'observait d'un regard plus perçant que jamais.

— Et comment savez-vous que la Russie est le « pays de son cœur » ?

Sam se contenta de désigner, au mur, un grand tableau représentant des clochers à bulbe, comme des sphères dorées dans un paysage de neige.

— Si vous craignez que mon apparition ne la surprenne, inventons un prétexte : dites, par exemple, que je suis le nouveau voisin et ne viens jusqu'ici qu'à titre de courtoisie.

Le diacre, sous sa barbe et ses traits émaciés, toujours graves, affichait un air impénétrable. Il demeura silencieux un moment ; puis, sans un mot, il fit un signe à Sam Douglass et le conduisit jusqu'au chevet de l'invalide.

Alexandra Paul-Lindsay était une de ces personnes considérées comme « vieilles » depuis assez longtemps pour échapper au décompte habituel des années. En vérité, elle avait quatre-vingt-cinq ans et, malgré sa maladie, conservait fière allure. Alitée depuis près d'un an, elle n'en arborait pas moins, sur un monceau d'oreillers, la majesté d'une souveraine au soir de son règne. Un feu particulier animait son regard.

— Sandrina, expliqua le diacre en précédant le visiteur, j'aimerais vous présenter notre nouveau voisin, Mr. Douglass... Il nous vient des États-Unis.

— Bonjour, madame...

La vieille femme émit une phrase indistincte ; elle fixa sur l'intrus un œil sans aménité, puis donna l'impression de se laisser glisser dans un sommeil diplomatique. Le diacre, sans doute habitué à ses caprices, eut un signe rassurant en direction du visiteur. Celui-ci, d'un coup d'œil, put juger de la passion dévorante d'Alexandra Paul-Lindsay : les murs de sa chambre étaient couverts de portraits des différents tsars, d'insignes et de décorations russes, de photos encadrées de la famille impériale – dont un cliché de grande taille, juste au-dessus de son lit, où figuraient quatre jeunes femmes insouciantes et radieuses. Sam en savait assez, désormais, sur la Russie d'autrefois pour identifier en elles les quatre filles de Nicolas II.

— Quel merveilleux portrait des grandes-duchesses vous avez là ! lança-t-il, un œil en coin vers la vieille dame.

Mais c'est Iliodore qui réagit.

— N'est-ce pas ? La plus sérieuse, assise devant ses sœurs, est Tatiana ; et puis, debout, de gauche à droite : Maria, Anastasia et Olga... La photo a dû être prise au palais Alexandre...

— À Livadia ! rectifia la malade sans rouvrir les yeux pour si peu. La photo a été prise sur la mer Noire, en 1914 ; autant dire à la veille du cataclysme.

— Tatiana tranche tellement sur ses sœurs ! s'extasia le visiteur.

— Vous trouvez aussi ?

Alexandra Paul-Lindsay parut prendre le compliment pour elle ; elle avait relevé les paupières et dévisageait à présent ce nouveau voisin basané avec l'insistance presque indécente que s'autorisent parfois les vieillards.

— Des quatre grandes-duchesses, Tatiana était de loin la plus belle, en effet. Mais dites-moi, monsieur : comment avez-vous reconnu les filles de notre tsar ?

Sam se dit qu'une telle chance d'entamer un échange ne se présenterait pas deux fois.

— Je me suis longtemps passionné pour leur destin, hasarda-t-il.

— Oui ?

— Du reste, je crois savoir qu'elles n'ont pas disparu dans les circonstances que l'on dit.

Le regard de la vieille dame se fit encore plus insistant.

— Et qu'est-ce qui vous fait dire cela ?

— Eh bien… je n'ai jamais pu croire au rapport officiel du juge Sokolov. Pour ma part, je pense que les grandes-duchesses ont survécu au massacre d'Iekaterinbourg.

— Alors vous pensez bien.

Alexandra Paul-Lindsay s'était illuminée ; un nouvel éclat traversait ses yeux mauves, où se réfugiait une beauté fanée depuis plus de trois décennies. Elle prit appui sur ses avant-bras pour se redresser un peu.

— Vous pensez bien…, répéta-t-elle. Mais alors, avez-vous une idée de ce qu'elles sont devenues ?

Le frère Iliodore se mit à secouer la tête.

— Sandrina, commença-t-il, je ne suis pas certain…

— Il suffit ! trancha la malade avec force. J'en ai assez que vous me dictiez ce que je dois dire ou ne pas dire !

Le diacre blêmit et, dans un frisson de colère muette, quitta la chambre, laissant le visiteur seul en présence d'Alexandra Paul-Lindsay. Celle-ci n'en fut pas autrement troublée.

— Avez-vous noté, demanda-t-elle à son intéressant visiteur, le nom que j'ai donné à cette villa ?

— La *Villa OTMA* ?

— Oui : O-T-M-A. Ce sont les initiales des grandes-duchesses : Olga, Tatiana, Maria et Anastasia.

Sam feignit de s'en émerveiller. Il progressait : la vieille dame n'allait plus tarder à lui faire des confidences.

— La dernière à mourir, en 1984, était logiquement la plus jeune des quatre, dit-elle. Anastasia… Vous connaissez sans doute son histoire…

— Vous voulez parler de Mme Manahan ?

— De Mme Tchaïkovskaïa-Anderson, oui, approuva la vieille dame. On a raconté n'importe quoi à son sujet ; mais elle était évidemment la grande-duchesse Anastasia.

Elle prit une longue inspiration, ferma les yeux ; un instant, Sam crut qu'elle allait s'assoupir de nouveau. Il n'en fut rien.

— Huit ans avant elle, reprit-elle avec force, en 1976, disparaissait l'aînée des quatre, la grande-duchesse Olga. Ici même, à Menaggio… Ce n'est pas un hasard si je suis venue m'installer sur ce lac…

— Vous l'avez connue ?

— Qui cela ? Olga Nikolaïevna ? Oh que oui !

Alexandra croisa les mains sur sa poitrine.

— Vous pensez, si je l'ai connue… Je suis sa légataire universelle ! Mais oui… Elle était enterrée dans le cimetière, tout près d'ici. Seulement voilà : les autorités locales ont profité de mon plus long voyage en Russie, en 1994 et 1995, pour détruire sa tombe.

Dans un geste de rage impuissante, la vieille dame agrippa ses draps. Il lui fallut une bonne minute pour se calmer et reprendre le fil de son propos.

— Sa sœur Maria était morte, pour sa part, en 1970. À l'heure où je vous parle, sa tombe est toujours à Rome, au cimetière Prima Porta de Flaminio.

— Je vérifierai, plaisanta Sam.

— Bien sûr ! Je vous y invite.

Elle fit l'effort de se redresser encore, pour s'asseoir bien droit dans le lit.

— L'impératrice Alexandra, leur mère, était morte à Florence, en 1942. Au monastère des *Suore della Mantellate, via* San Gallo… Allez-y aussi ; avec un peu de chance, vous pourrez parler à une nonne entrée là en 1937 et qui se rappelle encore une certaine Anglaise qui se faisait appeler Alicia Dassia. C'était au tout début de la guerre ; et cette réfugiée un peu particulière bénéficiait de la protection spéciale du Saint-Siège…

Elle rendit à son prétendu voisin son beau sourire de connivence. Sam Douglass, discrètement, avait actionné la fonction « Dictaphone » de son BlackBerry. Il buvait les paroles de la vieille dame comme autant de révélations fracassantes. John Warenen ne s'était pas trompé : elle était la mémoire des survivantes.

— Vous ne m'avez rien dit du sort de la charmante Tatiana, fit-il remarquer.

— La *charmante* Tatiana...

Alexandra Paul-Lindsay sourit de plus belle.

— Et pourquoi pas la *jeune* Tatiana ? Vous rendez-vous compte, monsieur, qu'aujourd'hui la grande-duchesse Tatiana aurait près de cent quinze ans ? Trente de plus que moi, qui suis déjà hors d'âge...

Cette comparaison eut pour effet de la replonger dans ses pensées. Sam s'apprêtait à poser sa question de nouveau, quand il fut littéralement coupé dans son élan par le retour, sur la pointe des pieds, du frère Iliodore.

— Le *padre* va sûrement trouver que je vous en dis trop, lâcha-t-elle, non sans une pointe d'aigreur.

Elle s'était laissée retomber sur ses oreillers.

— Sandrina, commença le diacre, nous pourrions proposer à monsieur de se joindre à nous, demain soir...

— Demain soir ?

— Vous m'avez promis que vous vous lèveriez pour le dîner...

— Évidemment ! Où avais-je la tête ?

La vieille dame, comme ragaillardie, se pencha sur sa table de chevet, afin d'y saisir un cadre d'argent.

— Ma fille Natacha vient, demain soir, dîner avec moi. S'il vous plaît, faites-moi le plaisir de vous joindre à nous !

Elle lui tendit le petit portrait.

— Ne trouvez-vous pas, du reste, qu'elle lui ressemble ?

— À Tatiana ?

Le faux voisin prit le cadre des mains d'Alexandra Paul-Lindsay. Il aurait aimé répondre à sa question, mais la voix lui manqua pour le faire ; car ce qu'il y découvrit n'était rien d'autre qu'une photo récente – d'ailleurs assez réussie – de Tacha Loubet.

— Comment la trouvez-vous ? insista la vieille dame.

— Charmante...

— *Charmante,* comme l'autre !

La vieille dame, à présent, riait de bon cœur.

— Je sens déjà qu'elle va vous apprécier, ma toute-petite, articula-t-elle dans un accès de tendresse. Elle habite en France, à Paris ; et cependant, elle vient me voir au moins deux fois par mois.

— Je suis impatient de la rencontrer...

— Oh ! vous avez raison de l'être ! Monsieur, vous me voyez ravie. Soyez ici à vingt heures précises.

33

Sonia serra les mâchoires, à s'en faire mal. Une grimace déformait sa bouche, des cernes creusaient son visage. Elle était fille et petite-fille de marin et n'aurait pas cru être sujette au mal de mer ; peut-être son début de grossesse la rendait-il plus sensible… Le *Banner* était pourtant à l'ancre, bien à l'abri dans un paisible mouillage, non loin du port de Troon, en Écosse. Mais la combinaison de roulis et de tangage, même légers, avait indisposé la jeune Française.

Elle s'était retranchée dans une suite pour invités, dont les harmonies d'ivoire et d'acajou se trouvaient rehaussées par le velours orange vif des rideaux et des sièges. Lovée au creux d'un large fauteuil, elle répétait avec ferveur un exercice de respiration, censé l'aider à surmonter son malaise. Sonia se dit qu'elle devait faire l'effort de se lever pour rejoindre ses hôtes. Elle était consciente de l'importance de l'occasion offerte : invitée personnelle de sir Alistair Ward, elle avait en main les clés de son avenir. Quentin, le jour où il avait reçu la broche, l'avait estimée à plus de cinq cent mille euros – or tout semblait indiquer qu'il avait vu juste… Une telle somme, pour Sonia, représentait une chance inespérée. « Cela ne fera pas revenir

Quentin, lui avait dit Sam, mais cela pourrait mettre son enfant à l'abri du besoin. »

On frappa deux coups secs à la porte d'acajou.

— Oui ? Entrez !

Sir Alistair passa la tête à l'intérieur de la suite.

— Je me disais que vous alliez peut-être mieux…

— Vous devez vous dire que je fais une drôle d'invitée, s'excusa Sonia.

Le *yachtman* esquissa un sourire apparemment compréhensif.

— Je devrais vous faire reconduire à terre et vous donner rendez-vous pour un thé à Londres.

— Pas du tout, je suis presque remise ! mentit-elle en serrant les poings. Si cela ne vous ennuie pas, nous pourrions négocier ici même…

— *Négocier* ?

Le terme, visiblement, ne convenait pas à Ward. Il entra.

— Sans vous offenser, je préférerais « négocier », comme vous dites, avec les propriétaires, dit-il en refermant la porte derrière lui. C'est encore plus vrai à présent que ce pauvre Weitz n'est plus…

— Comment ça ? Qui « n'est plus » ? Vous parlez bien de *Maxim* Weitz ?

Sonia paraissait stupéfaite. Elle s'était redressée dans son fauteuil.

— Vous n'êtes donc pas au courant ? s'étonna le banquier. C'est que Maxim Weitz nous a quittés ! On l'a retrouvé mort, chez lui, à New York.

— Oh ! mon Dieu ! mais c'est un cauchemar !

La jeune femme était bouleversée, moins par la disparition d'un homme qu'elle connaissait à peine que par cette accumulation de morts subites autour de la broche en forme de hanneton. Pour la première fois, l'idée lui vint que ce joyau était maudit, qu'il tuait ceux qui s'en approchaient.

— Sait-on de quoi il est mort ?

— Pas précisément. Entre nous, j'ai cru comprendre que l'on parlait d'overdose...

Ce mot résonna douloureusement aux oreilles de Sonia. Elle fit un gros effort pour en revenir à l'objet de sa présence sur le yacht des Ward.

— Pour ce qui est des propriétaires, reprit-elle donc, je vous ai dit, déjà, qu'ils ne souhaitaient pas se faire connaître...

Ward se caressa la moustache du bout des doigts.

— C'est ennuyeux, soupira-t-il. Bien ennuyeux...

Elle le regarda d'un air assez étonné pour le pousser à préciser sa pensée.

— En général, j'aime bien savoir à qui j'achète. Et pour être tout à fait clair, je trouve dommage que les propriétaires du Hanneton vert tiennent à ce point à cacher leur identité.

La houle s'étant calmée, les mouvements du yacht diminuèrent, et avec eux les nausées de Sonia. Et quand le maître d'hôtel, avec tout le tact possible, vint demander si elle se sentait de force à déjeuner, elle se surprit à répondre par l'affirmative. Pour autant, elle n'était qu'à moitié remise et, s'agrippant à la main courante, dut s'arrêter plusieurs fois dans la coursive.

— Je suis ravie de vous voir rétablie ! lança lady Lakshmi Ward d'aussi loin qu'elle la vit.

Elle portait un éblouissant sari blanc, brodé d'or.

— Navrée pour ce contretemps, s'excusa Sonia toujours livide.

La salle à manger du *Banner* était si grande, si intimidante, que les Ward avaient pris l'habitude, en petit comité, de faire servir les repas dans l'antichambre de la tente moghole, où l'on avait préparé, pour trois, une table ronde qui croulait sous la décoration florale. Lady Ward s'y installa, tout en indiquant sa place à la jeune Française.

— La cabine est magnifique, vraiment, dit Sonia en s'asseyant à son tour.

— J'ai décoré moi-même toutes les suites.

— À propos : j'ai remarqué deux jolis presse-papiers, comme des boules de verre, sur une table d'acajou.

— Les grands *millefiori* ? Vous les aimez ?

— Ils sont très originaux. Vous sauriez où je pourrais en trouver de semblables ?

— C'est un cadeau que l'on m'a fait. Mais je connais bien la collection ; vous la trouverez à Londres, chez *Liberty*.

Sir Alistair qui, un peu à l'écart, avait paru jusqu'alors s'absorber dans son journal, vint les rejoindre. À cet instant précis, le *butler* entra, portant sur un plateau trois assiettes de langouste déjà dressées, comme dans un grand restaurant.

— Mon épouse est encore plus intriguée que moi par votre Hanneton, relança le banquier.

— Al ! tempéra lady Ward, qui ne pouvait s'habituer aux manières directes de son mari. Disons simplement que je le croyais perdu, comme tout le monde...

Sonia, en quarante-huit heures, avait appris par cœur l'expertise de Maxim Weitz ; aussi sa réponse, presque scolaire, relevait-elle de la paraphrase.

— On croyait cette broche perdue depuis la révolution russe ; c'est une chance qu'elle ait refait surface…

— Si j'en crois ce que le pauvre Weitz a juste eu le temps de me dire, la perle, cependant, est fausse.

— Mais très crédible, intervint Sonia sans adresse.

— *Crédible* ? Mais, ma chère, il m'importe peu que cet artefact soit crédible !

— Il y aurait un moyen très simple de clore le débat, suggéra lady Ward. Ce serait d'examiner la broche elle-même…

La jeune Française avait prévu cette requête. Elle promit d'apporter le Hanneton dès qu'un accord de principe aurait été conclu. Cette réponse ne dut pas satisfaire sir Alistair, car il acheva son repas dans un mutisme total et se retira au sortir de table.

— Mon mari est un peu lunatique, crut bon de préciser lady Ward. S'il vous plaît, n'attachez pas trop d'importance à ses sautes d'humeur !

— Je vous en prie…

— La vérité, c'est que nous sommes, vis-à-vis de vous, dans une position gênante…

— Et pourquoi cela ?

Le sourire de lady Ward parut à Sonia porteur de menaces imprévues.

— Voyez-vous – *how embarrassing* – il se trouve que tout à l'heure, je vous ai menti. Je n'ai jamais prêté foi à cette légende qui voudrait que le Hanneton vert ait disparu.

— Vous devez avoir vos raisons…

— J'ai même la meilleure du monde : je connais assez bien celle qui le possède depuis des décennies.

— *Celle qui le possède* ?

— Enfin : celle qui le possédait, jusqu'à ce qu'elle soit victime de ce vol terrible. Il y a près d'un mois, maintenant…

En Sonia, la nausée qui, depuis le matin, menaçait plus ou moins, reprit soudain de la vigueur. Observant le visage de lady Ward, à présent dépourvu du moindre sourire, elle dut même surmonter un haut-le-cœur.

— Mais… Je ne comprends pas…

Elle n'eut pas le temps d'argumenter davantage. Sortant précipitamment de la tente, elle se rua jusqu'au *spardeck* pour aller se pencher sur le bastingage.

34

La *pensione* où s'était installé Sam, non loin de la *Villa OTMA*, offrait beaucoup d'agréments, à commencer par une vue imprenable sur le lac de Côme. Elle présentait aussi l'avantage d'être économique – or les ressources de l'avocat avaient fondu, et les nouvelles qu'il venait d'apprendre par un e-mail de Sonia étaient décourageantes : partie dans la peau d'une négociatrice, la jeune femme s'apprêtait à rentrer dans celle d'une receleuse.

Ainsi, selon les Ward, le Hanneton vert avait-il été dérobé, un mois plus tôt – autant dire juste avant d'atterrir dans la boîte aux lettres de Quentin et Sonia... Sam se mit en quête, sur Internet, d'éventuelles informations complémentaires. En vain. Apparemment, la notoriété de la broche de Bolin ne dépassait pas le cercle restreint de quelques spécialistes. Même les Enguerrand l'avaient omise dans le sommaire de leur album : *Joyaux des cours d'Europe*.

L'avocat espéra néanmoins qu'ils en savaient, à ce sujet, plus qu'ils ne l'avaient écrit. Il composa leur numéro.

— Berthe Enguerrand, j'écoute..., répondit la voix pointue.

— Bonjour, madame. Pardonnez-moi de vous importuner ; c'est Sam Douglass. De *Sud-Ouest*...

Un silence glacial accueillit ce nouveau mensonge.

— Oh ! épargnez-moi ce petit jeu ! dit-elle.

— J'aurais aimé, reprit vaillamment l'avocat, m'entretenir un instant avec votre mari.

— Il est près de moi. Je vous le passe.

Douglass respira. L'écrivain prit le relais, à sa manière habituelle : courtoise et lyrique.

— Allô ! Comment va le « pays où fleurit l'oranger » ?

— Cher Eudes, j'aurais, une fois de plus, grand besoin de vos lumières. Je vous avais montré, lors de notre première rencontre, la photo d'une broche russe bien connue : un hanneton de Bolin.

— Je crois m'en souvenir en effet, ironisa l'académicien. Et je me rappelle aussi, à ce propos, que vous me devez une explication.

— Justement : seriez-vous au courant d'un vol dont cette pièce aurait pu faire l'objet ?

— De quelle pièce parlez-vous ? La rouge ou la verte ?

— Je vous parle du Hanneton *vert* ! Il aurait été dérobé, me dit-on, il y a un mois environ.

— Mais enfin... c'est impossible. Le Hanneton vert a disparu depuis la révolution russe. Le rouge aussi du reste ; personne ne l'avait revu jusqu'à ce que la reine d'Angleterre le sorte de son chapeau.

L'avocat jouait avec les pages de son cahier.

— Justement : à propos de ce Hanneton rouge, insista-t-il, sait-on dans quelles conditions il a refait surface ?

— Précisément pas. Mais, pour tout cela, il vaut mieux que je vous passe mon épouse. Je vous l'ai déjà dit : les bijoux, c'est son affaire !

Avant que Sam ait eu le temps de réagir, il était de nouveau en ligne avec Berthe Enguerrand. Or, elle n'avait à son égard ni la bienveillance, ni même la patience de son mari ; elle ne fit aucun effort pour éclairer la lanterne de ce faux journaliste et abrégea l'échange d'une manière à peine polie.

L'avocat consulta sa montre. Il lui restait deux bonnes heures avant ce dîner prometteur, à la *Villa OTMA*. La veille, avant de prendre congé, il avait fait promettre à Iliodore de ne pas souffler mot de sa venue à la fille d'Alexandra Paul-Lindsay. « Je connais un peu Tacha Loubet, s'était-il justifié ; cela m'amuserait de lui faire la surprise... »

En attendant, le moment est venu de mettre de l'ordre dans mes idées... Sam Douglass choisit un endroit calme, sur la pelouse, face au lac, et ouvrit son grand cahier à une belle page neuve. Il avait aussi, à portée de main, le volume de William Clarke sur la fortune perdue des tsars.

Depuis un moment, le ciel se couvrait ; les nuages, sans cesse plus gros, avaient pris la couleur du mercure. Les eaux du lac avaient suivi, adoptant la teinte opale, assez indistincte, des jours de mauvais temps. Sam sentit deux ou trois gouttelettes lui picoter la peau et diluer l'encre sur sa page : le temps virait à l'orage.

À mesure que ses idées s'organisaient, il apparaissait que sa vieille intuition avait été la bonne, et que Tacha Loubet était non seulement le pivot de toute cette histoire, mais le cœur d'un réseau mystérieux – peut-être le nerf du réseau Romanov... En tout cas, tout se tenait : les Enguerrand connaissaient le Pr Warenen, qui était lié à Mme Paul-Lindsay, qui hébergeait le frère Iliodore. Noemi était la fille d'Iliodore, et Tacha celle d'Alexandra... Mieux : Tacha œuvrait dans l'ombre pour Maxim Weitz qui, lui-même, travaillait pour Iouri Pullinski...

Peu à peu, à mesure que la page se noircissait, Sam voyait se constituer des pôles dont il reliait les éléments par un lacis de flèches. À la fin, c'est bel et bien un réseau qu'il avait dessiné. Coïncidait-il avec celui dont avait parlé Kharchov ? Il était encore un peu tôt pour le dire.

L'avocat, néanmoins, commençait à y voir plus clair... Bientôt son visage s'illumina.

Comme promis à la vieille dame, il était vingt heures précises quand il se présenta, tout en blanc, des pieds à la tête, au portail de la villa. Le trouvant grand ouvert il choisit d'entrer sans sonner, dans l'espoir de mieux surprendre Tacha. Il s'engagea donc d'un pas de chat sur le sentier dallé, dépassa le boqueteau et s'approchait de la maison quand une voix rauque, reconnaissable entre mille, l'immobilisa.

— Violation de propriété. Ennuyeux, ça, pour un avocat.

— Oh ! Bonsoir, Tacha... Je ne vous avais pas vue...

Sam, d'abord saisi de stupeur, frémit de rage : il était furieux contre Iliodore.

— Moi qui pensais vous surprendre...

— Raté, lâcha la Parisienne avec une rudesse où ne perçait, pourtant, nulle agressivité. De toute façon, Enguerrand avait vendu la mèche.

Elle portait, ouverte à même la peau, une chemise gris clair, nouée au-dessus du nombril, et un jean blanc dont la forme épousait ses lignes parfaites. Pieds nus, sans aucun bijou, et les cheveux défaits... Elle s'approcha de lui et l'embrassa comme un vieux copain. Son parfum renvoya Sam deux semaines en arrière, à Moscou, au *Kalina Bar*...

— J'avais préparé des cocktails, annonça-t-elle en désignant le *pool house*, mais le temps semble nous faire faux bond.

— Je le trouve idéal, au contraire, murmura Sam.

À défaut de soleil, la présence de cette femme rayonnante le tenait sous un charme indicible. Et tout – la pelouse et les arbres et la villa, jusqu'au lac lui-même, jusqu'à l'air saturé de senteurs orageuses – lui parut complet tout à coup, comme occupant sa juste place. Elle le prit par la main et, l'arrachant au seuil de la maison, le tira derrière elle, comme un petit frère encore gauche. Ils se retrouvèrent bientôt sur le ponton du minuscule port privé.

Tout d'acajou verni, de chromes et de cuir blanc, un superbe canot Riva les attendait, dont Tacha – visiblement habituée – prit les commandes avec aisance.

— J'aimerais être là-bas avant la pluie, dit-elle.

— *Là-bas* ? Mais nous ne devions pas dîner ici, avec votre mère ?

Elle balaya la question d'un geste.

— Nous dînons à Cadenabbia, fit-elle en démarrant le canot dans un ronflement de tous les diables.

Le Riva quitta la petite anse, avant d'attaquer, pleins gaz, l'immensité du lac. Tacha jeta un bref regard vers Sam qui, cramponné aux barres chromées, regardait la rive s'éloigner. Il était ébloui par le spectacle du petit bateau, fendant comme un jouet la surface des flots gris de plomb. Pour lui, l'enchantement se prolongeait ; et même le bruit du moteur lui parut apporter à l'ensemble une touche de modernité bienvenue.

— Oui, parfait, se dit-il.

À la voir ainsi, pleine de maîtrise et d'aisance, piloter son canot comme dans un film en noir et blanc, ses yeux s'étaient emplis d'une espèce de tendresse à laquelle se mêlait une vive admiration. L'embarcation se déporta presque insensiblement à tribord, en vue d'accoster devant un grand hôtel aux allures balnéaires.

— Tu connais cet endroit ? cria-t-elle pour couvrir le bruit du moteur.

— J'ai l'impression de l'avoir déjà vu. Peut-être en rêve…

— C'est le *Grand Hôtel* de Cadenabbia, dit-elle. Le fameux *Bellevue* de *Madame Solario*… Tu as lu *Madame Solario* ? C'est mon roman préféré. Un chef-d'œuvre. Anonyme. Certains y ont vu la patte de Churchill.

Un employé facilita leur appontement et prit le canot en charge tandis que, sans aucun bagage, ils se dirigeaient déjà vers le *lobby*. Malgré ses sols en mosaïques de marbre, ses colonnes, ses arcades et ses moulures rococo, ses canapés baroques à rayures rouge et or, le palace avait subi bien des changements depuis 1906 et *Madame Solario*… Mais il y régnait toujours une certaine quiétude, et Sam fut, dès le seuil, comme aspiré dans une sorte de songe. Il continua de se laisser guider comme un enfant à travers ce cadre onirique, au bras de cet être inclassable qui, débordant plus que jamais de fougue juvénile, lui faisait oublier leur différence d'âge. Et le subjuguait.

Tacha n'avait rien laissé au hasard ; et la table idéale qui les attendait, dans une sorte de kiosque au bout de la terrasse, comme les mets et les vins raffinés qu'on leur servit, comme la musique même accompagnant le dîner, témoignait d'un art de vivre incomparable. Cent fois par le passé, assise au même endroit, la Parisienne avait assisté au spectacle ineffable de la pointe de Bellagio s'empourprant au crépuscule. Ce soir-là, pourtant, les nuages en décidèrent autrement.

— La météo me trahit, soupira-t-elle en considérant l'écran uniforme qui leur barrait la vue.

Elle posa ses lèvres sur les siennes et, scellant leurs retrouvailles d'un baiser de cinéma, décida malgré tout que la soirée serait idyllique.

— Ici, juste en face, dit-elle en commentant l'invisible panorama, c'est le clocher de Bellagio. Cette ruelle, là, dans le prolongement du débarcadère, c'est la Salita Genazzini et, plus haut, sur la droite, le Belvédère...

— Et cette chose, sur la gauche ? demanda-t-il en se prêtant au jeu.

Il désignait, dans le vide, un brouillard gris, impénétrable.

— Ah ! ça ? C'est la *Villa Serbelloni*, réponditelle, tout heureuse de le trouver complice.

Elle appuya, sans rien dire, sa tête contre l'épaule de l'avocat.

— Tu es un sacré fouineur, permets-moi de te le dire.

— Nous sommes condamnés à tomber l'un sur l'autre, dit-il. En Russie, en Italie...

— C'est toi qui nous y condamnes !

Elle réprima un rire et glissa entre les lèvres de Sam un petit beignet de crevette qu'il n'accepta que du bout des dents.

— Ta mère est un personnage étonnant, reprit-il. Mais d'où lui vient ce nom : Paul-Lindsay ?

— Lindsay vient d'Irlande, où ma mère a ses racines ; quant à Paul, c'était le nom de son père – mon grand-père adoré : le colonel Paul... Irlandais, lui aussi, quoique français d'origine.

Sam sentit que le moment était venu de poser une question qui, depuis la veille, lui brûlait les lèvres.

— Ta mère m'a dit qu'elle avait bien connu la grande-duchesse Olga de Russie.

Tacha ferma les yeux de façon subreptice. Elle surmonta rapidement l'irritation qui venait de la gagner. Après tout, l'indiscrétion fréquente dont l'avocat faisait assaut n'était pas étrangère à son charme...

— La famille impériale russe n'a pas disparu dans les conditions que la plupart des gens croient connaître...

— Je sais tout cela, la coupa-t-il. Ce qui m'intrigue, en l'occurrence, c'est que ta mère ait hérité de la princesse.

Tacha lui décocha, paupières mi-closes, un de ces regards énigmatiques qu'elle réservait, habituellement, à son chat birman.

— Ma mère s'était beaucoup occupée d'elle...

Un premier éclair fendit la nuée, puis un second. Le tonnerre gronda bientôt. Enfin la pluie vint – une pluie diluvienne.

— *Meraviglia !* souffla-t-elle, sans chercher à dissimuler la part d'ironie contenue dans cette exclamation.

Ils ne rentrèrent pas pour si peu. Abrités plus ou moins des trombes et des bourrasques qui s'abattaient sur le kiosque et le fouettaient, ils décidèrent de tenir tête aux éléments.

— J'ai lu pas mal de choses sur la fortune perdue des Romanov, reprit-il sans dételer. Cela m'a aidé à comprendre.

— Comprendre quoi ?

— Mais... ce qui s'est passé ! Pendant des décennies, poursuivit-il, la banque Soating, de Londres, a géré certains fonds placés par le tsar, avant la Révolution, au nom de ses enfants. Cette banque vous a versé, par l'intermédiaire de la famille Ward, de quoi subvenir largement à vos besoins.

— Qui désigne ce « vous » ?

— Les gens du réseau Romanov...

C'était la première fois qu'il employait le terme devant elle.

— Seulement, dit-il, la crise est arrivée. En 2009, vos intérêts ont chuté – et vous avez cherché un moyen de faire fructifier vos biens. Qui a eu l'idée de ce plan destiné à vous renflouer ? Peut-être toi, peut-être Ward...

Tacha hésita une seconde avant de lui donner la solution.

— Ce sont les Russes.

— Les Russes ?

— Oui... Des amis haut placés à Moscou.

— Le plan imaginé par les Russes, continua-t-il en assimilant aussitôt cette donnée, était simple : il s'agissait en un mot de vendre à un ancien oligarque les joyaux hérités de la grande-duchesse Olga.

— Iouri Pullinski...

— Une espèce de *koulak*, exilé en Angleterre depuis sa rupture avec l'équipe de Poutine, et qui collectionne frénétiquement les souvenirs des Romanov – avec une prédilection pour les bijoux.

Tacha le regardait d'un drôle d'air. Fallait-il en conclure qu'elle approuvait ?

— Vous avez réussi à lui vendre, pièce à pièce, une vingtaine de grands joyaux.

— Seize, précisa-t-elle.

— Sauf qu'à ce stade le plan présentait une faille : il allait vous faire perdre vos bijoux.

— C'est pourquoi nous n'avons jamais réfléchi en ces termes, rectifia Tacha. Les Russes savaient bien que nous n'aurions pas collaboré sans un minimum de garanties.

De nouveau, Sam Douglass absorba l'information en temps réel, comme ces ordinateurs de bord qui recalculent l'itinéraire au gré de chaque déplacement.

— Pour que la transaction soit viable, il fallait que vous puissiez diminuer, de manière certaine, la valeur des pierres fourguées à Pullinski. Les officiels russes n'avaient qu'une chose à faire – modeste pour eux, mais, pour vous, inestimable : publier un communiqué faisant peser une menace sur le cours des joyaux des Romanov. Une menace assez précise pour inciter le collectionneur à se défausser au plus vite de sa nouvelle collection… Tout le monde y trouvait son compte : le Kremlin ruinait en un clin d'œil un ennemi dangereux ; quant à vous, par un jeu d'enchères descendantes, vous vous mettiez en position de racheter les pierres à bas prix… Le cher Ward faisant merveille dans la peau du banquier repreneur !

Le sourire de Tacha se fit de plus en plus franc ; tant de sagacité lui plaisait.

— Ce que tu ne sais pas, précisa-t-elle en prenant prétexte de la discrétion pour venir lui susurrer à l'oreille, c'est que je me suis arrangée pour faire passer à Pullinski une liste censée provenir du Kremlin, et qui reprenait point par point l'inventaire de ce que nous lui avions vendu...

— Liste établie par toi, forcément..., devina l'avocat.

Il mesurait à présent l'ampleur de l'opération : l'« arnaque du siècle », avait dit Noemi... Quant au malheureux oligarque, dans la position du dindon de la farce, il ne parvenait même pas à lui tirer une larme.

La pluie battante avait chassé tous les clients ; même les serveurs avaient renoncé à braver les éléments. La terrasse, déserte, leur appartenait.

— Dans cette histoire, conclut l'avocat, j'ai l'impression d'être le héros type d'Hitchcock, embarqué malgré lui dans une sale affaire, et qui passe le film à réaliser que tout se tient et que ses adversaires jouent tranquillement par-dessus sa tête...

— Dois-je en déduire que tu me ranges au nombre de tes adversaires ?

Il y eut un assez long silence, troublé seulement par le bruit de la pluie sur le toit du kiosque.

— Je pense que tu n'es pas tout à fait celle que l'on croit, finit par estimer Sam en se laissant encore embrasser à pleine bouche.

— Tu as raison, dit Tacha. On me croit humaine, mais je suis avant tout animale.

Elle venait de s'asseoir sur la cuisse de Sam et, sans le prévenir, se mit à faire sauter, en tirant dessus, les boutons de sa chemise blanche. Lui, d'abord surpris, se laissa vite gagner par la furie de sa partenaire et lui réserva un traitement tout aussi radical. La chemise de Tacha lui fut donc arrachée, puis son jean blanc ; presque nue, dès lors, et tremblante de désir, elle se jeta sur lui pour le griffer ; il s'en défendit avec peine, en empoignant la masse de ses cheveux.

Bien des fois, elle avait imaginé son anatomie. Avec quelle avidité s'en empara-t-elle enfin ! Avec, aussi, quel attendrissement... Il lui semblait que cet homme, à la fois doux et puissant, était ce complément parfait qu'elle avait longtemps cherché. Elle lui sacrifia en retour, avec une étrange prodigalité, ce qu'il pouvait y avoir de caché en elle, d'insondable et de plus intime.

L'exploration de leurs corps, mutuelle, généreuse, les mena loin dans la fusion des âmes. Ils atteignirent une forme d'apesanteur – là, dans cette gloriette en surplomb du lac, sous ce ciel chargé d'une pluie qui leur tombait dessus sans les atteindre.

35

Entre Milan et Paris, Tacha Loubet avait pour habitude de voyager en « Swiss First », la première classe de la compagnie helvétique. Sam Douglass, installé en vis-à-vis, put donc goûter aux douceurs feutrées d'un vol privilégié. Après la soirée et la nuit qu'ils venaient de passer, leur liaison semblait ouverte, mais comme on le dirait d'une maison battue par les vents. La Parisienne ne pouvait s'en accommoder ; elle avait des projets pour eux.

— Il faut que nous ayons une petite conversation, tous les deux... Nous nous connaissons depuis près d'un mois ; cela nous a laissé du temps – toi pour t'informer, moi pour réfléchir... Maintenant, j'ai quelque chose à te proposer. Un pacte ! Tu veux savoir comment j'envisage les choses ?

L'avocat leva un œil de velours des pages qu'il avait noircies, la veille, sur son bloc-notes. Une hôtesse en tailleur anthracite sur un chemisier blanc venait de disposer sur leur table toutes sortes de petits mets délicieux. Tacha n'y toucha pas, mais Sam fit largement honneur au plateau.

— Le malheur, finit-il par déclarer en s'essuyant les lèvres, c'est que les choses ne se passent pas toujours comme on les envisageait. Regarde ta belle arnaque envers Pullinski : elle a dérapé…

— Tu changes de sujet, Sam.

Plus que de l'agacement, l'avocat perçut de l'inquiétude dans cette remarque. Mais il ne se laissa pas fléchir.

— Rien ne s'est déroulé comme tu l'avais prévu !

— Pour l'essentiel, si… Ce que je ne pouvais pas anticiper, c'est la décision prématurée de Pullinski de se défaire d'une partie des joyaux… Avant même la publication du communiqué russe !

Elle avait dit cela d'un ton outré, comme un sportif dénonçant une pratique hautement contraire à toutes les règles.

— À qui la faute ?

— À Maxim Weitz ! Cet imbécile a fait miroiter des plus-values énormes à Pullinski ! En bon courtier, il ne pensait qu'à une chose : grossir sa vente chez Sotheby's…

— Catastrophe !

— Oui, catastrophe. Nous risquions de perdre à jamais le trésor. Tu imagines nos tiares, nos broches, nos pendentifs, dispersés dans je ne sais quels coffres-forts, aux quatre coins du monde ?

Une ironie qui ressemblait à de la tendresse envahit le regard de Sam.

— Au fond, c'est la reine d'Angleterre qui, sans le savoir, a sauvé ton beau plan !

— Disons plutôt que c'est la bêtise de Maxi ! Enfin, tout de même : a-t-on idée, lorsqu'on jouit d'une réputation comme la sienne, d'aller vendre à la Couronne britannique un joyau de provenance incertaine ?

— Pullinski lui avait peut-être menti sur ladite provenance…

Tacha inclina la tête.

— C'est possible, admit-elle. En tout cas, pour nous, ce fut une planche de salut. C'est Alistair Ward qui m'a mise au courant ; il m'a téléphoné depuis une garden-party où se trouvait la reine Élisabeth, arborant sa nouvelle broche en toute innocence... Je me suis procuré les clichés de presse disponibles, et j'ai monté un petit dossier électronique pour le faire parvenir, *via* Iliodore, à nos historiens préférés. Je savais la passion d'Eudes Enguerrand assez forte pour être certaine qu'il alerterait ses confrères journalistes du *Point* ou d'ailleurs. Cela ne pouvait manquer de créer un *buzz* suffisant pour ficher la frousse à Maxi, et le pousser à retirer les joyaux estampillés « Pullinski » du catalogue de Sotheby's.

— C'est précisément ce qui s'est passé – au final. Sauf qu'entre-temps certaines choses t'avaient échappé...

Sam, se laissant aller dans le fauteuil moelleux, jeta un regard d'enfant au paysage aérien : d'infinis champs moutonneux, gonflés comme de la ouate sous la caresse du soleil. Il se dit que l'Éden de ses rêves, petit, avait dû ressembler à cela, plus ou moins... Il ramena ses yeux sombres vers les amandes turquoise de Tacha, qui l'envoûtaient comme jamais.

— Tu aurais dû te méfier de cet original d'Enguerrand.

— En même temps, qui aurait pu imaginer qu'il allait transférer mon dossier à un vulgaire blogueur de province, inconnu de tout le monde ?

— Ce « blogueur de province » était mon client, rectifia Sam. Et, accessoirement, mon ami.

— Pardon. Je suis sincèrement navrée de ce qui est arrivé à ce pauvre garçon. C'est un enchaînement funeste de circonstances... Tu sais, il s'en est fallu de peu que cet article de foudespierres.fr passe inaperçu. En fait, c'est Enguerrand qui l'a transmis à Iliodore qui, *via* Noemi, me l'a signalé à son tour.

— Et c'est alors que tu as cru faire un coup de maître... Envoyer au gamin, pour l'impressionner, ce grand joyau que tu savais invendable, en raison d'une altération importante...

Tacha se redressa sur son siège ; elle plissa les yeux, comme aveuglée par une lumière vive.

— Je te jure que je ne sais même pas de quoi tu parles !

— Vraiment ? En ce cas, disons que tu as eu de la chance. Car, dès le lendemain, le post avait disparu du blog. Tu n'avais plus, ensuite, qu'à récupérer le joyau. C'est là que tu devais intervenir...

Tacha restait muette ; elle arborait à présent un air grave.

— Tu as donc composé le numéro du jeune inconnu, et... tu es tombée sur moi. On connaît la suite.

— Sam, je t'en prie, fais-moi confiance ! Crois-moi quand je te dis que je n'ai jamais rien envoyé à ton ami Quentin.

L'avocat, penché vers son hublot, affectait de ne plus l'écouter. La couche de nuages s'était un peu disloquée pour former de petits archipels mousseux. L'on distinguait vaguement, loin au-dessous, les taches colorées du paysage – avec, notamment, ce que les écrans de cabine permettaient d'identifier comme le lac Léman...

L'hôtesse, ayant remarqué qu'il s'était déchaussé, vint glisser un coussin sous ses pieds et, ce faisant, déplaça les chaussures.

— Laissez ! protesta Sam avec un geste d'impatience.

Enfin son regard revint croiser celui, éploré, de son vis-à-vis.

— Ce que je ne sais toujours pas, reprit-il à voix basse, c'est pourquoi la fille d'Iliodore est allée tuer Quentin.

— Mais moi non plus ! se défendit Tacha sur le ton d'un regret sincère.

— J'aimerais tant te croire...

Il soupira douloureusement.

— Quand je suis arrivé chez le père de Noemi, en compagnie d'Eudes Enguerrand, elle m'a observé à travers une glace sans tain, et s'est persuadée que la broche était dans ma gibecière. D'où l'agression au cimetière... Seulement, le fameux sac ne contenait en fait qu'un bloc-notes et quelques documents ; alors elle a commencé à paniquer, et s'est convaincue que le Hanneton était resté chez Quentin. Elle l'a appelé pour lui donner rendez-vous dans un lieu isolé où elle pourrait tranquillement lui proposer un accord.

— Là-dessus, tu as l'air d'en savoir beaucoup plus que moi...

— Sauf que Quentin était fan de hard rock, et qu'il l'a reconnue tout de suite. Cette psychopathe a dû prendre peur ; elle se sera dit qu'un emmerdeur pareil allait livrer sa vie secrète en pâture aux médias, que sais-je ? Elle l'a tué, et sa panique, du coup, n'a fait que redoubler.

— En tout cas, elle n'a pas osé m'avouer son crime ; je l'ai appris en déjeunant avec toi...

— Tu paraissais effondrée.

— Mais je l'étais ! Je suis même allée jusqu'en Russie, afin de la convaincre de se livrer à la police. Seulement, quand je suis arrivée, elle venait de mourir...

— On l'a poussée vers la tombe, Tacha ! Tu le sais très bien.

— Le FSB a horreur des gens incontrôlables...

Sam la dévisagea, une fois de plus. Il aurait donné beaucoup pour savoir jusqu'à quel point elle était digne de sa confiance.

L'avion venait d'amorcer sa descente vers Paris. L'hôtesse revint pour leur servir du champagne – un Egly-Ouriet grand cru rosé que Tacha avait commandé, un peu trop vite, en vue de sceller leur pacte... Sam Douglass n'y toucha pas. Tacha en but une gorgée, pour ne pas perdre la face... Ils demeurèrent un long moment silencieux, comme s'ils se jaugeaient l'un l'autre.

L'avocat reprit les explications, sur un ton toujours plus confidentiel.

— L'autre soir, à Moscou, quand tu m'as déshabillé...

— Oui ?

À cette évocation, le visage de Tacha s'anima.

— Ce que tu cherchais, c'était d'abord ta broche pleine d'émeraudes.

— Je pourrais te jurer le contraire, et je serais sincère ; seulement, tu ne me croirais pas.

Il émit un grognement.

— Tu veux la voir ?

Il prit un de ses souliers à semelle compensée et, retirant délicatement le revêtement intérieur, retourna la sneaker et se mit à la tapoter, du geste familier des fumeurs de pipe. Le Hanneton de Bolin dévala au creux de sa paume. Juste au moment où l'avion atterrissait.

Il avait levé les sourcils dans une expression amusée qui semblait dire : « Tout simplement. »

— *Mon nom est Bond,* ironisa-t-elle. *James Bond !*

Elle fronça les sourcils en apercevant le joyau et tendit la main dans sa direction. Il fit le geste de le lui confier mais, au dernier moment, retira sa main sans courtoisie.

— Confisqué, dit-il.

— Cela ne t'appartient pas !

— À qui cela appartient-il ? rétorqua l'avocat. Aux grands manitous du réseau Romanov ?

Elle l'observa d'un air de grande tristesse.

— Tu évoques sans cesse un réseau Romanov. Sur ce que j'ai de plus cher, je jure n'en avoir jamais entendu parler.

Ils étaient peu nombreux en première et descendirent avant les autres passagers, accompagnés d'un steward pour les bagages à main. Le reste leur serait livré. Ils marchèrent un long moment en silence, sur les mornes tapis roulants. De rieurs, les yeux de l'avocat étaient devenus narquois – au bord de l'amertume.

— Merci encore pour le resto, l'hôtel, l'avion… J'avais toujours rêvé de me faire entretenir ! lança-t-il finalement, dans un accès de goujaterie qui stupéfia Tacha.

— On ne va tout de même pas se quitter comme ça ! répliqua-t-elle.

— Un peu plus tôt, un peu plus tard…

Peut-être avec l'espoir de le convaincre *in extremis*, elle insista pour le raccompagner. Mais, pendant ce vol, un fossé s'était creusé entre eux. Et c'est presque en silence – un silence pesant pour l'un et l'autre – qu'ils firent le trajet jusqu'à la rue des Écoles. Sam caressait négligemment le cuir rouge qui gainait les sièges et les portières de la Mini Aston Martin – modèle Cygner…

Tacha, au moment de lui dire au revoir, se pencha vers lui pour un dernier baiser ; mais il descendit sans même l'embrasser. Son geste resta suspendu dans le vide. Elle fit l'effort d'en sourire et, redémarrant de manière sportive, quitta la rue la tête haute.

Troisième partie

LES MISSIVES

36

À Londres, le grand magasin *Liberty*, dans le quartier de Regent Street, séduisit Sonia par ses colombages, ses boiseries sombres et ses ornements néogothiques. Une atmosphère d'aimable abondance émanait de ses galeries, garnies de luxueux articles. Telles étaient les contradictions de la jeune Rochelaise : d'un côté, le rejet du libéralisme et de la mondialisation ; de l'autre, une certaine vénération pour les grandes marques...

— Bonjour. Je suis à la recherche de ces bibelots qu'on appelle « sulfures ».

— Bien sûr, *miss* : juste là, sur votre gauche.

Sonia remercia la vendeuse. Il ne lui fallut pas longtemps pour repérer les fameux presse-papiers de verre aux décors bigarrés, semblables à ceux qu'elle avait découverts dans la chambre de Noemi, puis retrouvés chez lady Ward.

Elle revint, souriante, vers la vendeuse, une boule de verre dans chaque main.

— Ces *millefiori* sont de forme et de taille inhabituelles, dit-elle. J'aimerais savoir s'il est possible de les trouver ailleurs que dans ce magasin. En effet, je suis française et...

— Désolée, mais ce sont des modèles exclusifs. Vous les trouverez uniquement ici.

— Je vois. Et... s'agit-il d'une collection récente ?

La vendeuse marqua une hésitation.

— Je dirais qu'elle existe depuis dix-huit mois. Deux ans, peut-être.

Sonia sourit de plus belle. Le calcul était simple : à raison de deux ou trois boules par achat – si l'on en croyait Dmitri –, le frère Iliodore avait dû passer cinq à six fois chez *Liberty*. Ainsi donc, on pouvait estimer qu'il avait fait à Londres une demi-douzaine de séjours, au cours des vingt derniers mois... Restait à découvrir dans quel but précis il avait ainsi traversé la Manche.

Sans prendre le temps de flâner, la jeune Française gagna le rez-de-chaussée par l'escalier principal : elle avait prévu de repartir pour Paris dans l'après-midi, et sa valise n'était pas prête. À peine franchissait-elle le sas de sortie, qu'un homme imposant lui barra le passage. C'était une espèce de colosse qui donnait l'impression de surgir de nulle part.

— Mais enfin...

— Voulez-vous me suivre sans faire d'histoires ?

L'homme la dominait d'au moins trois têtes. Comme s'il était armé, il gardait une main dans la poche de son imperméable noir.

— Vous suivre où ? Et pourquoi ? demanda Sonia en essayant d'atteindre le trottoir.

Elle fut prise de vertiges.

— Il y a un monsieur dans cette voiture. Il veut vous parler.

— *Un monsieur* ?

Sonia tourna la tête et découvrit, en *warnings* sur le boulevard, une imposante Jaguar aux vitres teintées. La panique s'empara d'elle. L'homme la serrait de près ; fuir était impossible : elle n'eut pas d'autre choix que de le suivre, exsangue, jusqu'à l'automobile. Ses jambes se dérobaient sous elle. Le gorille lui ouvrit une portière à l'arrière ; elle s'y laissa pousser. Une épaisse fumée âcre la saisit aussitôt à la gorge ; il y en avait tant, dans cette voiture, que l'on distinguait à peine, depuis la banquette, les silhouettes installées à l'avant.

La jeune femme découvrit néanmoins, dans l'angle opposé au sien, un homme d'âge mûr qui se tenait affaissé sur lui-même. Ils se dévisagèrent, tandis que le chauffeur mettait le moteur en marche. Tenant son cigare entre l'index et le majeur, l'inconnu prit tout son temps pour parler. Tout bas. Avec un fort accent russe.

— Alors comme ça, l'Écossais t'a montré son joli bateau, commença-t-il. Il t'en a mis plein les yeux ?

— Qui êtes-vous ?

Sonia sentit avec effroi que la berline se mettait à rouler. Elle peinait à respirer.

— Et toi, qui es-tu ? Qui te paie, qui te pilote ?

La jeune femme était paralysée par la peur. L'homme coinça son cigare entre ses incisives et se gratta le cou de sa grosse main de bûcheron.

— J'espère au moins, dit-il, que tu es consciente de fréquenter des gens très dangereux. Sache-le : pour eux, une vie humaine est quantité négligeable.

— Je ne comprends rien à ce que vous me dites, maugréa-t-elle. Avant tout, dites-moi qui vous êtes !

Il recracha une bouffée de fumée blanche.

— Vas-y, paie-toi ma tête. Tu sais très bien qui je suis – ou qui j'étais, plutôt, avant que Poutine et ses petits copains ne fassent main basse sur le pays.

— Je ne sais pas de quoi vous parlez.

— Ne joue pas à cela avec moi ! lança-t-il en élevant la voix.

Elle cligna des yeux, comme un chiot réprimandé. Il lui sembla que la voiture se dirigeait vers Pimlico, où elle résidait.

— Si mes renseignements sont bons, reprit l'homme au cigare, tu es la dernière personne qui ait parlé à Maxim Weitz. Quelques minutes seulement avant sa mort. Or ce soir-là, il t'a mise en liaison téléphonique avec un certain Ward… Ce cher Ward qui te reçoit maintenant sur son voilier ! Autrement dit, c'est *mon* agent qui t'a envoyée vers l'acheteur de *ma* collection. À moins que ce ne soit le contraire…

— Vous vous trompez, monsieur. Je n'ai rien à voir avec…

— Impossible !

— Mais…

— Je sais, maintenant, et de façon certaine, que Ward est de mèche avec les fumiers qui m'ont vendu les joyaux Romanov. Et ce que je découvre, c'est que Moscou se trouve, comme par hasard, derrière leur arnaque.

— Écoutez, monsieur…

— Non, non. C'est toi qui vas m'écouter : je te laisse une semaine pour qu'une solution soit trouvée à mon petit problème.

— Mais quel problème ?

Il se mit à rire en silence, avant de tendre son cigare en direction de la jeune Française.

— Toi, je ne sais pas encore si tu roules pour le Kremlin directement, ou pour la Loubianka. Mais que tu bosses avec Seredilov ou avec Nigouline, tu peux leur dire que je n'ai pas du tout l'intention de faire les frais de leur guéguerre. *Capito ?*

— Seredilov ?

— Ou Nigouline, peut-être… Plutôt Nigouline, d'ailleurs…

D'un signe de tête, elle fit semblant de comprendre et d'approuver : peut-être cela le calmerait-il… De fait, son vis-à-vis se lança dans une longue diatribe contre les félons qui, depuis des années, avaient « pris la Russie en otage » et finiraient « par payer le prix fort pour chacun de leurs crimes »… Elle se demandait ce que serait la prochaine étape de ce calvaire, quand elle réalisa que la voiture s'était arrêtée devant son *bed & breakfast*. Une bouffée d'espoir la submergea aussi brutalement que la peur, un moment plus tôt. Elle se surprit même à prier pour que s'arrête le mauvais rêve.

— Ça ira pour cette fois, conclut le mystérieux personnage. Surtout, dis bien à ces enfants de salaud que leur combine est éventée !

Sonia grimaça un sourire. Le colosse descendit pour lui ouvrir et, sans se faire prier, elle quitta la voiture enfumée. Les deux portières se refermèrent aussi vite, dans un bruit mat, et la Jaguar repartit en trombe, l'abandonnant, pantelante, devant sa maison d'hôte.

Un peu plus tard seulement, alors qu'elle se remettait de ses émotions devant un soda, une expression lui traversa l'esprit : l'« oligarque au cigare »… Trois mots qu'elle avait lus naguère dans cet article de malheur, publié par Quentin sur son blog. Elle ouvrit son *notebook*, rechercha le maudit texte, le retrouva sans peine. Elle put alors connaître le nom de son ravisseur : Iouri Pullinski.

37

La rame de l'*Eurostar* atteignit, comme prévu, son terminal parisien à dix-huit heures dix-sept. Avant même qu'elle ne s'immobilise, les voyageurs les plus pressés avaient bouclé leurs affaires et pris place, debout, près des issues. Sonia comprenait mal une telle précipitation ; de train ou d'avion, elle était presque toujours la dernière à descendre. C'était, chez elle, l'effet d'un détachement qui s'était encore accentué depuis qu'elle était enceinte.

L'heure était pourtant aux émotions fortes. Pendant tout le trajet, elle avait revécu par la pensée les minutes pénibles de son enlèvement à bord de cette grosse voiture. Or, elle avait eu beau reconstituer, presque mot à mot, les propos désordonnés de Pullinski, elle peinait encore à en percer le sens. Une chose l'avait frappée : lui aussi avait employé le terme d'« arnaque ». Sam, se dit-elle, comprendrait peut-être à quoi cela renvoyait ; elle s'était bien gardée de lui raconter sa mésaventure au téléphone, de crainte que sa ligne n'ait été écoutée.

Il lui fallait l'admettre : l'idée de retrouver l'avocat la réconfortait. Plus avançait leur enquête et plus elle se sentait en harmonie avec cet ami plein d'humour, au regard pénétrant. Elle aimait son langage châtié, et cette sagesse d'homme mûr qui tranchait sur ses tenues d'adolescent attardé.

Sur le quai, la bousculade des arrivants la fit songer à une sorte d'exode.

— Sonia ! Tu es dans tes rêves ?

Elle venait de croiser Douglass sans le voir.

— Oh ! Sam ! Pardon… Je m'attendais à te trouver plus loin.

Elle l'embrassa comme un frère, avec affection, et lui confia sa valise.

— Contente de te revoir !

— Et moi, très heureux. Je t'ai préparé une surprise. Mais avant cela, nous allons prendre un verre à la cafétéria.

— À la cafétéria ? Mais pourquoi ?

— Parce que nous y avons rendez-vous, répondit-il d'un air de cachotterie que Sonia, reniant déjà son jugement, trouva inutilement taquin.

Elle s'abstint de poser d'autres questions mais, au fond d'elle-même, cet imprévu la froissait : il retardait le moment où elle pourrait lui raconter son dernier fait d'armes.

Ils abordèrent la terrasse d'un des bistrots de la gare du Nord.

— Berthe Enguerrand est arrivée, fit remarquer Sam en se faufilant au milieu des tables.

Sonia le vit saluer une petite femme plutôt forte, à la mise extrêmement soignée. Ses cheveux, ajustés de manière impeccable, paraissaient fixés à son crâne par des boucles d'oreilles en or.

— Laissez-moi vous présenter Sonia Marchessou, lança l'avocat en désignant sa jeune amie.

Berthe Enguerrand eut un instant de désarroi et la salua sans aucune chaleur.

— Peut-être, reprit Sam Douglass, votre mari vous a-t-il parlé de Quentin Bellon…

— Je sais qui était M. Bellon.

— Cette jeune personne, précisa-t-il d'une voix plus sourde, était sa compagne.

— Je suis désolée, déclara-t-elle sobrement.

L'académicienne réprimanda son bichon maltais qui, voyant passer un congénère, n'en finissait pas de tirer sur sa laisse.

— Pour être franche, finit-elle par avouer à l'avocat, je pensais vous rencontrer seul à seul.

— Oh ! je peux vous laisser entre vous ! s'empressa de concéder la voyageuse.

Mais Sam la retint par la manche, avant qu'elle ait eu le temps de s'éclipser.

— Je n'ai aucun secret pour Sonia, dit-il. Elle et moi menons cette enquête de concert.

Berthe Enguerrand émit un sourire forcé, signifiant par là qu'elle accepterait ce manquement, sans l'approuver. Elle poussa de côté sa tasse et sa théière afin de faire une place, sur la petite table, à un dossier cartonné.

— Hier après-midi, au téléphone, vous m'avez demandé des précisions quant à la manière dont le Hanneton rouge était parvenu jusqu'à la reine d'Angleterre. Je n'ai pas pu vous répondre librement, car mon mari était à côté de moi. Vous comprendrez que je ne tienne pas à alimenter sa « complotite » aiguë…

L'avocat opina du chef, tout en caressant le petit chien blanc d'une façon que Sonia jugea doublement complaisante. Berthe Enguerrand se pencha vers lui et se mit à parler à voix basse.

— Seulement il se trouve que, depuis peu, je possède sur le sujet de quoi combler votre curiosité.

— D'où votre idée d'organiser cette entrevue discrète… Je vous en remercie.

— Rien de tout cela ne doit revenir aux oreilles d'Eudes. Nous sommes bien d'accord ?

— Vous pouvez faire confiance à notre discrétion.

L'académicienne eut un regard peu amène en direction de la jeune femme brune.

— Alors, voici ! dit-elle en ouvrant son petit dossier. J'ai apporté, pour vous les montrer, les photocopies de trois extraits de lettres. Des missives adressées, courant 1942, à la grande-duchesse Maria de Russie.

Sam fronça les sourcils.

— Je croyais, à vous écouter, que les grandes-duchesses avaient été massacrées en 1918…

— Jeune homme, ne profitez pas de la situation ! J'ai toujours su, quant à moi, distinguer ce que l'on clame en public de ce que l'on chuchote en privé.

Sam échangea un bref regard avec Sonia. Berthe poursuivit.

— Ces trois lettres – ou plutôt les extraits que j'en possède – sont en allemand. La traduction m'a été fournie en même temps que les fac-similés. Je l'ai vérifiée : elle tient la route. Leur importance réside surtout dans le fait qu'elles portent la signature d'un personnage célèbre : le maréchal du Reich Hermann Goering.

— Goering ? Il aurait un rapport avec le Hanneton rouge ?

L'historienne réprima un sourire.

— Pas seulement avec le Hanneton rouge… Dans ces missives, Goering met la grande-duchesse au courant de la découverte, au palais

Alexandre, de joyaux abandonnés par sa mère, la tsarine Alexandra, en 1917. Notez qu'il s'agit de joyaux d'État, et non du trésor privé de la famille. Goering informe la fille du tsar du rapatriement de ces joyaux jusqu'à Munich ; enfin il lui fait part de leur prochain transfert chez elle, en Roumanie, où elle résidait alors. Le nom de l'officier chargé de toute l'opération – un certain lieutenant-colonel Ziegler – est mentionné, ainsi du reste qu'un inventaire succinct dans lequel figurent, non pas un, mais deux « insectes dans le goût de Bolin » !

— Stupéfiant ! concéda Sam.

L'historienne marqua une pause, le temps de démêler la laisse de son petit chien, prise dans les pieds de sa chaise. Sonia s'était abstenue de tout commentaire ; c'est Berthe qui finit par l'associer à l'échange.

— En ce qui vous concerne, mademoiselle, j'imagine que je ne vous apprends rien.

— Mais si… Pourquoi dites-vous cela ?

— Oh ! Pour la bonne raison… (Elle se retourna vers Sam.) Pour la bonne raison que c'est Quentin Bellon qui m'a transmis ces extraits.

— Quentin Bellon ?

L'avocat n'en croyait pas ses oreilles. Si la teneur des documents l'avait surpris, leur provenance le laissait carrément sans voix. L'académicienne le regarda droit dans les yeux.

— Oui, oui : Quentin Bellon ! Le samedi 14 juin, dans l'après-midi – mon mari était, comme tous les samedis, à l'*Interallié* –, j'ai reçu à la maison un appel de ce jeune homme. Il paraissait surexcité, et voulait transmettre à Eudes une information de poids quant au Hanneton appartenant à la reine d'Angleterre – le Hanneton rouge.

— Quentin n'a pas dû s'exprimer en ces termes, fit remarquer Sonia.

— En tout cas, faites-moi confiance : telle était bien la substance de son appel. Connaissant mon mari, j'ai préféré donner à M. Bellon l'adresse de mon propre courriel. Et c'est ainsi que me sont parvenus ces trois extraits. Les copies intégrales m'étaient proposées – moyennant finance...

Elle avait prononcé les derniers mots d'un air que Sonia trouva méprisant.

— Votre correspondant, demanda l'avocat, ne vous a rien dit de la provenance de ces lettres ?

— Vous voulez dire : de la façon dont lui-même se les était procurées ?

Sam acquiesça d'un clignement d'yeux.

— Non. Mais il est vrai que je ne lui ai rien demandé.

L'historienne marqua une pause, avant de conclure, d'une voix à peine audible.

— Sur le coup, je vous avoue avoir traité tout cela d'un peu haut...

Berthe Enguerrand ne s'attarda pas : elle ne voulait pas manquer son TER pour Compiègne et prit congé sitôt son secret délivré, tels ces insectes qui, ayant instillé leur poison, ne songent plus qu'à s'envoler. Sam et Sonia la regardèrent s'éloigner, à petits pas guindés, son bichon sous le bras... Ils étaient comme foudroyés.

Au-delà de ce qu'il révélait à propos de la broche elle-même, le témoignage de l'historienne prouvait en effet la duplicité de Quentin dans cette affaire – ou tout au moins sa volonté d'y faire cavalier seul, d'agir en secret de sa compagne et dans le dos de son avocat... Cela, ni la première ni le second ne pouvaient l'accepter d'un cœur léger.

C'est la jeune femme qui finit par briser le silence.

— Quentin a dû recevoir ces documents très tard, assura-t-elle. S'il en avait eu connaissance avant ton départ, je suis sûre qu'il te les aurait montrés.

— Il aurait tout aussi bien pu m'en faire part au téléphone...

— Toi-même, tu es resté trois jours entiers sans l'appeler.

De mauvaise grâce, il dut bien admettre qu'elle disait vrai.

Après un moment, Sonia extirpa de sa valise un petit ours en peluche portant l'uniforme traditionnel des *Beefeaters* – les « Mangeux d'bœufs », comme on appelle les gardiens de la Tour de Londres. Sam accueillit ce petit présent avec une joie enfantine.

— C'est juste un clin d'œil, dit-elle. Les *Beefeaters* veillent sur les joyaux de la Couronne...

Elle enchaîna, sans lui laisser le temps de la remercier.

— Il m'est arrivé quelque chose, à Londres. Cet après-midi...

— Quelque chose d'important ?

— Quelque chose de grave, si tu veux savoir.

Seulement Sam était arrivé à saturation ; il l'interrompit d'un geste.

— Ne parlons pas de cela ici ! dit-il. Si tu veux bien, rentrons.

Elle n'avait pas prévu cette réponse et en ressentit de la frustration. Ils retrouvèrent le scooter blanc sur un trottoir, près de la gare, et se glissèrent dans la circulation parisienne. Accrochée à lui, le visage fouetté par un vent chaud, Sonia sentit soudain de grosses larmes lui couler le long des joues ; elle n'avait pas pu les retenir, et succombait sans doute à un excès d'émotions... La journée avait été rude.

Ils dépassèrent la place de la Bastille pour longer le bassin de l'Arsenal, puis empruntèrent le pont d'Austerlitz. Mais au-delà du fleuve, au lieu de bifurquer sur la droite en direction du Quartier latin, ils rejoignirent sur la gauche une petite voie qui descendait jusqu'à une amorce de port. Le scooter s'approcha du bord de la Seine.

— Qu'est-ce qu'on vient faire ici ?

— Je t'ai dit, tout à l'heure, que j'avais une surprise pour toi ! lança Douglass en se retournant juste assez pour qu'elle distingue sa mine réjouie.

— Ne me dis pas...

Il s'arrêta tout près d'une passerelle donnant sur un chapelet de barges et de péniches.

— Tu as encore une semaine de vacances, expliqua-t-il. Alors, puisque cette enquête semblait nous ramener à Paris, j'ai loué un appartement sur une péniche – tu vois, c'est la troisième, là-bas. La plus éloignée du bord.

Sonia ouvrit des yeux ronds ; elle n'osa pas lui dire qu'elle se savait, depuis peu, sujette au mal de mer... Depuis le quai, elle ne pouvait qu'apercevoir une imposante embarcation noir et blanc, dotée, à la manière d'une maison de poupée, de jolies fenêtres à croisillons. Ce que l'on devinait de la vue sur le pont d'Austerlitz et le quartier neuf de Bercy paraissait magnifique.

La jeune femme, à bout de nerfs, ne put se dominer plus longtemps. Elle fondit en larmes et tomba dans les bras de Douglass qui, bien que surpris, sut la réconforter comme un grand frère.

38

Sam se leva tard, après une nuit agitée. Un fourmillement d'idées l'avait tenu éveillé malgré le doux clapotis de l'eau sur la coque. Des heures durant, il n'avait cessé de se tourner et de se retourner sur sa couchette. La vérité, c'est qu'il avait mal supporté le récit par Sonia de son entrevue forcée avec Pullinski – surtout après les saumâtres confidences de Berthe Enguerrand ! À présent, il devait se rendre à l'évidence : des pans entiers de la solution lui échappaient encore. Cela trahissait, dans ses conclusions, des failles dont chaque nouvelle révélation venait souligner la béance.

Sonia dormait encore ; il se dit qu'elle en avait besoin… Il gagna sans bruit le coin repas, aménagé dans un angle du salon. Il mit la cafetière en marche et prépara son plateau pour le petit déjeuner.

L'avocat devait en convenir : quatre semaines d'une enquête animée, dans plusieurs pays, n'avaient pas fait la lumière sur les questions qui, depuis le début, restaient en suspens : qui avait déposé, dans une banale boîte aux lettres, cette broche d'une valeur inestimable ? Dans quelle intention ? Pour quel motif une chanteuse de hard rock avait-elle tué le destinataire du fameux joyau ? Pourquoi avait-on supprimé cette chanteuse à son tour – puis un grand expert des bijoux Romanov ? Enfin, s'il s'avérait que la fascinante Tacha Loubet était au centre de l'affaire, quel rôle précis y avait-elle joué ?

À ces questions cruciales s'ajoutait celle des joyaux eux-mêmes : le mystère de leur provenance, impliquant à première vue des dignitaires nazis ; et, plus obscur peut-être, celui de leur récent trafic, auquel même le Kremlin paraissait mêlé... Sam n'était pas au bout de ses peines : chaque fois qu'une pièce du puzzle semblait trouver sa place, il en découvrait de nouvelles, aux formes et aux motifs de plus en plus étranges.

Avant de monter l'étroit escalier vers le pont-terrasse, l'avocat extirpa la broche de Bolin de sa toute nouvelle cache : le nounours en tenue de *Beefeater*. Le Hanneton vert quitta donc son refuge de bourre molletonnée, pour se retrouver à l'air libre, entre un bol de café noir et un sachet de biscuits fourrés à la figue.

Du dehors, les bruits de la capitale ne parvenaient qu'atténués par le fleuve ; l'atmosphère était chaude et la journée s'annonçait caniculaire. Sam posa son plateau sur une petite table de teck et s'assit dans un siège de rotin délavé, qui voulait imiter les fauteuils de bridge des anciens paquebots. Il but une gorgée de café, le regard happé par la Seine et ses bateaux, la voie sur berge rapide et ses voitures... Puis il saisit l'insecte précieux et le plaça, bien à plat, sur sa paume grande ouverte. Le temps de l'observer à son aise... Sam en était certain : les objets fondamentaux contenaient toujours en eux-mêmes la clé de leur signification. *Qui a bien pu vouloir se séparer d'un tel chef-d'œuvre ?*

Depuis son séjour à Moscou, il avait bien saisi qu'une partie de la solution se trouvait sur les bords de la Moskova. Une phrase de Pullinski, rapportée par Sonia, lui revenait sans cesse à l'esprit : « Je ne sais pas si tu roules pour Seredilov ou pour Nigouline... » *Seredilov... Nigouline...* Dan Andrews lui avait dit un mot du premier, patron des Jeunesses poutiniennes ; mais pour le second, il en ignorait tout.

Il chercha sur son BlackBerry les coordonnées de son vieil ami et tenta de le joindre au *St. Petersburg Times* ; mais il tomba sur la boîte vocale du journal, ce qui n'était guère étonnant un samedi matin. Il se rabattit sur Jeffrey T. Epstein qui – après tant d'absences et de rendez-vous manqués – décrocha pour une fois son téléphone.

— Vous êtes le fameux ami d'Andrews ! s'exclama le vieux journaliste, à la surprise de l'avocat. J'aurais dû vous contacter depuis longtemps.

Sam inventa un vague prétexte pour lui demander ce qu'il savait de Seredilov et Nigouline.

— Seredilov a longtemps été proche de Poutine, confirma le kremlinologue. Cependant il se dit, dans les milieux autorisés, que ce monsieur connaîtrait actuellement une semi-disgrâce. Entre nous, je pense qu'il ne devrait pas survivre à l'automne. Sur un plan politique, s'entend !

Le journaliste ricana de sa propre plaisanterie. Sam Douglass lui demanda s'il était au courant des relations entre Seredilov et Pullinski.

— Pullinski, dites-vous ? Oh ! épouvantables ! Seredilov a toujours été considéré comme le principal responsable de l'éjection de Pullinski ! En 2001 ou 2002. Le principal, hormis le président, s'entend ! C'était en 2002.

— Et vous pensez qu'il pourrait, aujourd'hui encore, poursuivre Pullinski de sa vindicte ?

— S'il considère que l'ancien oligarque est encore dangereux, pourquoi pas ?

Sam revint sur le nom de Nigouline – c'était en tout cas celui que Sonia croyait avoir entendu dans la bouche de Pullinski…

— Vous parlez d'*Alexis* Nigouline ? C'est un personnage beaucoup plus discret. Pour tout vous dire, je ne le connais pas vraiment… Je sais qu'il est un des patrons du FSB, évidemment. Et que certains le considèrent comme assez peu partisan de la ligne dure imposée, depuis des années, par les *siloviki*.

— Vous pensez qu'il pourrait travailler en sous-main à une démocratisation du régime ?

— Je n'irais pas jusque-là… Mais ce qui me paraît possible, en revanche, c'est que votre Nigouline prépare, plus ou moins, l'après-Poutine. Autant vous dire qu'il voit loin !

De nouveau, le journaliste ricana.

— Une dernière question, s'il vous plaît.

— Mais je suis à votre entière disposition, cher monsieur.

— Auriez-vous une photo récente d'Alexis Nigouline ?

— Ah ! j'ai bien peur que non. Vous savez, les gens qui exercent ce genre de fonctions n'aiment pas trop s'exposer en couverture des magazines ! Cela dit, je vais chercher cela pour vous.

— En deux mots, à quoi ressemble-t-il ?

— Je dois vous avouer que je n'ai pas une image bien précise à l'esprit. Laissez-moi le temps de trouver un portrait !

Douglass le remercia et lui donna ses coordonnées. Puis il raccrocha, respira profondément et composa dans la foulée un numéro de portable qui, depuis son retour de Russie, était devenu pour lui l'objet d'un tabou. Dix fois, quinze fois peut-être, il avait éprouvé l'envie d'appeler Galina Kharchova ; mais il s'en était résolument abstenu.

— Galina ? C'est Sam Douglass. Tu te souviens de moi ?

— Non, pas du tout, mentit la jeune Russe avant d'éclater de rire. Sam, c'est incroyable que tu m'appelles aujourd'hui !

— Pourquoi ? Tu pensais à moi ?

— C'est mieux que cela : devine où je viens d'arriver !

— Ne me dis pas que tu es à Paris...

— Mais si ! J'accompagne une délégation de notre armée, à l'occasion des célébrations du 14 Juillet.

Sam ne put s'empêcher de frissonner aux accents de cette voix qui lui rappelait de bons souvenirs.

— C'est le ciel qui t'envoie, Galina. J'avais une question à te poser ; pourrait-on se voir assez vite ?

Elle marqua un instant d'hésitation.

— Si je puis me permettre, jusqu'aux cérémonies, je vais être occupée. Mais lundi soir, si tu veux, j'ai *quartier vide*.

— Quartier *libre*, rectifia-t-il sans malice. Eh bien, dans ces conditions, dînons ensemble ! Je te rappellerai lundi matin pour te proposer une heure et une adresse.

— D'accord, Sam ! Avec plaisir !

En raccrochant, Sam Douglass se dit qu'il jouait avec le feu ; cet échange le laissait songeur. Sonia s'en rendit compte dès qu'elle l'eut rejoint sur la terrasse.

— Tu as l'air bizarre, ce matin ! lança-t-elle en réprimant un bâillement.

— Bien dormi ?

— Pas vraiment... Je me suis endormie sur le matin, mais tu m'as réveillée. Tu ne parles pas, dans ce téléphone, tu cries ! Mais tu ne m'as pas répondu : pourquoi ce grand sourire ?

Il évoqua la coïncidence heureuse de la présence à Paris de Galina, sans révéler pour autant la relation intime qu'il avait eue avec la jeune Russe. Sonia tenait un verre de lait dans une main, son *notebook* dans l'autre. Elle s'assit dans un vieux transat qu'elle avait poussé du pied vers la table en teck.

— J'ai réfléchi à cette histoire de lettres de Goering, dit-elle. J'ai essayé de comprendre... Je me suis même connectée à l'ordinateur de Quentin, à Port-Neuf. Je l'avais laissé allumé, au cas où...

— Et tu as trouvé quelque chose ?

— Non... Il avait supprimé la trace de tous les messages, reçus ou envoyés.

— De toute façon, je suis sûr qu'il a reçu cela autrement.

— *Autrement* ? Tu veux dire : par la poste ?

— Ou par porteur... Ou même sur une adresse mail consultable en ligne...

— Dans ce cas, j'en ignore l'existence.

Sam manipulait le joyau de façon négligente, comme une simple amulette. Sonia le gronda.

— Tu ne devrais pas jouer avec ça.

— J'aimerais tant que cet insecte me parle ! soupira Sam. Qu'il me dise enfin ce qu'il a dans le ventre…

Ce qu'il a dans le ventre. La jeune femme se redressa dans son transat : l'expression, sur elle, venait d'agir comme un déclic. Elle se leva et se précipita vers l'escalier, en dévala les marches pour les remonter presque aussitôt, munie d'une trousse d'où elle tira, non sans prudence, une sorte de scalpel au manche chromé.

— Qu'est-ce que tu fais avec ça dans tes affaires ?

— Cet instrument fait partie de ma panoplie de voyage, plaisanta la spécialiste du soclage. Tu permets ?

Elle recueillit la broche et, avec d'infinies précautions, entreprit de passer délicatement l'infime lame sur la section de la fausse perle – d'ailleurs, une demi-perle – en insistant du côté de la cassure. *Elle a l'air de savoir ce qu'elle fait,* se dit Sam dont les pupilles se dilataient. Au bout d'une dizaine de passages, la jointure, presque parfaite, entre la bordure de nacre et la monture finit par s'élargir imperceptiblement. Dans le cheveu ainsi créé, la jeune femme réussit à loger la pointe du scalpel ; elle la fit dès lors pivoter, très légèrement, jusqu'à élargir l'infime brèche et acquérir la certitude que l'onglet de perle était amovible.

— Ce truc peut s'ouvrir, murmura-t-elle.

— Tu en es sûre ?

— Presque.

Elle avait retourné le hanneton et, jouant de ses fins instruments, s'ingéniait à les insinuer dans le moindre défaut du sertissage. À ce stade, elle aurait pu jurer que le joyau, sans être vraiment creux, avait été en partie évidé, et qu'on y avait caché quelque chose.

— Tu devrais essayer avec ça, proposa Sam en désignant, dans la trousse, un poinçon fin comme une aiguille.

Sonia le regarda, vaguement surprise.

— Tu as peut-être raison...

Quelques tâtonnements lui suffirent, dès lors, à localiser un point faible. Elle appuya d'un geste franc. L'abdomen de nacre céda. S'ouvrit : en son cœur se trouvait un petit carré de plastique et de métal, très plat, de la taille de l'ongle du petit doigt – une sorte de puce que l'avocat sut tout de suite identifier à une carte « microSD » : son BlackBerry contenait la même.

— Extraordinaire ! s'extasia-t-il. Ma Sonia, tu es géniale.

— Je crois deviner ce que cette carte peut contenir..., articula-t-elle d'un ton posé, où perçait néanmoins un orgueil légitime.

Sam retira la coque postérieure de son portable et y logea la nouvelle carte. Vingt secondes plus tard, cinq fichiers apparaissaient à l'écran. Trois d'entre eux contenaient chacun une lettre scannée, écrite en allemand, avec sa traduction française. On y déchiffrait sans mal le paraphe de Goering en personne. Les deux autres fichiers contenaient l'un le testament de la grande-duchesse Olga de Russie, daté de 1975 ; l'autre un inventaire complet des joyaux découverts au palais Alexandre de Tsarskoïe Selo.

— Voilà, conclut Sam Douglass, comment Quentin a découvert les documents...

— Il aurait dû m'en parler, marmonna Sonia.

— ... comment il les a découverts, et surtout : pourquoi on l'a supprimé ! Raison identique, probablement, pour Maxim Weitz : il venait d'examiner la broche en détail... Quant à Noemi, avant de tuer Quentin, elle avait récupéré une copie des fichiers – le « dossier bleu » – et c'est ce qui lui aura été fatal, à elle aussi.

Comme toujours lorsqu'on évoquait directement la mort de son compagnon, Sonia resta un moment pensive.

— Autrement dit, poursuivit Sam, quelqu'un supprime ou fait supprimer, depuis le début, tous ceux qui viendraient à découvrir l'existence de ces missives compromettantes.

— Reste à trouver pour qui elles sont le plus compromettantes...

Ils furent un moment sans parler, comme tétanisés par leurs propres déductions. Sur le petit écran défilaient en silence les preuves accablantes du vol des joyaux nationaux russes par les Allemands, en 1942. Sonia finit par poser la question qui les obsédait l'un et l'autre.

— Cela veut-il dire que nous sommes les prochains sur la liste ?

39

Gustav était un animal facile à vivre, pour peu que soient respectées l'heure de ses repas et la tranquillité de ses siestes. Le reste lui était à peu près égal. Il s'était fait un solarium de la queue du piano et s'y prélassait depuis une heure quand Tacha entra au salon pour suivre, à la télévision, la cérémonie du 14 Juillet. Il leva la tête quand s'alluma le grand écran et la laissa retomber pour faire savoir à sa maîtresse qu'il n'était pas d'humeur caressante. D'ailleurs, Gustav ne s'éternisa pas : aux premiers accents de musique militaire, il choisit de lever le camp ; sa préférence allait aux *Nocturnes* de Chopin… Tacha le vit s'éclipser par une des portes-fenêtres ouvertes sur le jardin.

Elle ne s'en vantait pas, mais regardait ce défilé chaque année. C'était sa concession aux nostalgies d'enfance… Car ces moments lui rappelaient le temps béni où, toute petite fille, elle suivait l'événement aux côtés de son grand-père, le colonel Paul, sur un récepteur en noir et blanc. Depuis lors, les casoars de Saint-Cyr et les tabliers de cuir des légionnaires n'avaient plus de secrets pour elle.

Elle s'étendit sur l'immense divan en peau d'autruche, et posa près d'elle une tasse de thé vert et la télécommande. Avec son plafond à six mètres, ses colonnes plaquées de macassar et ses hautes ouvertures, une telle pièce aurait dû paraître écrasante ; il n'en était rien – au contraire. De la perfection des volumes émanait une impression d'aisance intime et sereine.

— Chandana ! appela-t-elle en forçant un peu sa voix rauque.

— Madame ?

— Soyez gentil : j'ai oublié mon téléphone portable dans la chambre.

— J'y vais tout de suite, madame.

— Et prévenez-moi, s'il vous plaît, dès que M. Gianni sera levé.

Le maître d'hôtel n'en crut pas ses oreilles : jamais sa patronne ne s'était autant souciée d'un de ses « protégés ». Il se dit que cela devait cacher quelque chose, et ne se trompait pas : depuis deux jours, rien n'allait plus entre Tacha et le jeune Italien.

Quand elle eut récupéré son iPhone, elle composa le numéro de Sam Douglass. Elle n'avait aucune nouvelle de lui depuis leurs adieux ratés, trois jours plus tôt, rue des Écoles. Pour reprendre contact, son envie s'était parée d'arguments rationnels : elle ne pouvait laisser sans surveillance un avocat dont l'enquête devenait dangereuse... Elle coupa le son du téléviseur, au moment où faisait son apparition un régiment de chasseurs alpins.

— Allô ?

— Je crois que tu as oublié quelque chose...

— Allô ? C'est Tacha ?

— Sam, tu as oublié quelque chose dans ma voiture.

— Quoi donc ? Je n'ai rien remarqué.

— Ton parfum, dit-elle. Et ton sourire. Et cette douceur qui imprègne chacun des lieux où tu passes…

— Tacha, je crois que tu n'as pas bien compris la situation.

Elle se crispa.

— C'est toi qui ne comprends rien, mon petit Sam.

Le chat, qui n'entendait plus de musique militaire, reparut sur ces entrefaites. Il hésita un moment avant de s'aventurer de nouveau dans la pièce.

— Tacha, je mène une enquête sur une affaire assez glauque : une arnaque monstrueuse, émaillée de morts violentes. Or, plus les jours passent, et plus je te découvre impliquée dans cette affaire. Dans ces conditions, comment veux-tu que nous vivions une histoire d'amour ?

— Je ne veux rien, Sam ; je constate. Je vois, je sens, je sais que j'ai besoin de toi. Comme tu as besoin de moi…

Sur l'écran muet, les chasseurs n'apparaissaient plus que de dos. Gustav bondit sur le divan.

— Tacha…

— Écoute-moi, Sam ! Je t'ai juré que je n'étais pour rien dans l'envoi de cette broche à ton client, pas plus que dans son assassinat, bien sûr. C'est assez clair, je crois.

— Il y aurait tant d'autres points à éclaircir !

— Mais je ne demande pas mieux. Parlons librement ! Voyons-nous en terrain neutre, si tu veux…

— Tu me parlerais des lettres de Goering ?

En un instant, les traits de Tacha s'étaient décomposés. Elle n'en surmonta pas moins sa stupéfaction.

— Oui, marmonna-t-elle. De cela aussi, nous pouvons parler si tu le souhaites.

— Pour que tu me mentes, une fois de plus...

Le chat, sans s'attarder auprès de sa maîtresse, avait quitté le divan pour s'en aller fureter du côté d'une des portes-fenêtres.

— Sam, s'il m'est arrivé de te mentir, ce n'était que par omission. Jamais...

— Tu me fatigues, Tacha. Vraiment, tu me fatigues – même, tu m'écœures un peu. Alors, restons-en là, veux-tu ?

— Sam...

Il avait raccroché. Tacha soupira, puis reposa l'iPhone à côté d'elle. Elle chercha Gustav des yeux et le trouva près de l'ouverture, occupé à surveiller quelque chose derrière une pente de rideau. Elle ferma les yeux un instant et soupira de plus belle. Puis elle se leva.

— Gianni, lança-t-elle. Sors de là ! À quoi joues-tu, ce matin ? Tu peux me le dire ?

L'Italien s'extirpa de sa cachette.

— Des problèmes de cœur ? interrogea-t-il, plein d'une ironie acide.

Elle haussa les épaules.

— Tu es descendu bien bas, mon pauvre garçon.

— C'est moi qui suis *descendu* ? Alors que tu appelles ce type en douce pour lui dire que tu as « besoin de lui » ? Qu'il a « besoin de toi » ?

— Gianni...

— Te fatigue pas : j'ai eu mon copain Guido au téléphone. Celui qui travaille au Grand Hôtel à Cadenabbia. Il vous a vus.

— Mais qu'est-ce que...

— Oh ! Vraiment, tu ferais mieux de la fermer. Espèce de... malade !

— Alors, écoute...

— Boucle-la, je te dis ! Ferme ta gueule !

Il s'était mis à crier, ce qui eut pour effet d'alerter le maître d'hôtel. Mais à peine Chandana avait-il entrouvert un vantail que le jeune Italien se rua dessus et le repoussa violemment.

— Le diable, voilà ce que tu es ! Tout ce que tu m'auras apporté, en fin de compte, c'est de faire de moi un assassin. Un tueur à tes ordres !

Il tremblait de colère. Elle s'approcha de lui.

— Attends...

— Tu m'as persuadé de liquider cette chanteuse, à Moscou. Et puis cet antiquaire, à New York. À qui le tour, maintenant ? Tu veux que je m'occupe de ton petit avocat ? C'est ça que tu veux ?

— Gianni !

— Tu n'es qu'une salope ! Une vraie salope !

Il n'eut pas le temps d'en articuler davantage. D'un percutant revers de la main, elle le plia en deux, puis lui assena sur le crâne un violent coup de coude. Le jeune homme tomba sur les genoux, et elle en profita pour le faire rouler sur le flanc et lui appuyer son pied sur la jugulaire. Il gémit, terrassé, tandis que le talon pointu de sa maîtresse s'enfonçait dans son cou jusqu'au sang.

— Il y a des mots qu'on ne prononce pas, trancha la voix rauque.

— Arrête ça, tu m'étrangles...

— Sale con ! Minable !

Elle l'insulta copieusement, puis relâcha soudain la pression et le laissa se traîner hors du salon, tenant sa gorge. En Tacha, la veuve de

Marcel Loubet regrettait sa clémence ; elle se disait qu'à tant faire elle aurait dû l'achever.

Le chat Gustav profita de l'accalmie pour se réfugier prudemment au jardin.

40

Pendant tout le repas, Galina Kharchova était restée sur la réserve à l'égard de Sam Douglass. Et, au contraire de ce qu'il avait craint, elle ne lui avait pas reproché son silence de près de trois semaines. Mais peu à peu, la nuit venant, le champagne aidant, elle avait tout de même évoqué leur liaison – à mots couverts.

— Je ne peux plus passer devant le *Lotte Plaza* sans me sentir nostalgique, lui confia-t-elle en entamant ses fraises Melba. Et ce n'est pas à cause du panorama…

— La vue d'ici n'est pas mal non plus, fit observer Sam dans un sourire.

Ils s'étaient retrouvés au restaurant de l'Institut du monde arabe, sur les bords de la Seine, d'où l'on jouissait d'un point de vue plongeant sur l'île de la Cité et le chevet de Notre-Dame. Un jeune homme qui, entré en même temps qu'eux, avait dîné seul à sa table, quitta sa place pour les accoster.

— Pardon de vous déranger, s'excusa-t-il. Vous connaissez un peu Paris ?

Ils acquiescèrent mollement.

— Je suis italien, je m'appelle Luca. On m'a dit qu'aujourd'hui c'était la fête nationale en France, et que les gens allaient s'amuser... Vous ne connaîtriez pas une bonne adresse ?

— Nous ne sommes pas parisiens, s'excusa l'avocat.

Galina ne voulut pas se montrer discourtoise.

— Si je puis me permettre, je crois savoir qu'il y a une fête tout près d'ici, dit-elle. Au bord de la rivière...

— Et vous y allez ?

Elle jeta un regard embarrassé à son vis-à-vis. Sam évita de trop s'engager.

— Peut-être, dit-il. Nous n'avons encore rien décidé.

— Si c'est le cas, faites-moi signe ! proposa le soi-disant Luca, avec le plus charmant des sourires.

L'avocat estima le moment venu d'aborder enfin le sujet qui lui tenait à cœur. Il adoucit d'une tendre œillade ce qui relevait bel et bien de l'offensive.

— Quand je t'ai appelée, samedi, j'avais une question à te poser.

— À propos de quoi ?

— À propos de deux sommités russes. J'aimerais que tu me dises ce que tu sais du dénommé Seredilov et d'un certain Nigouline.

La jeune Russe manqua d'avaler une fraise de travers.

— Comme on dit chez vous : « Tu n'y vas pas par quatre chemins ! »

— Pourquoi ? Ce sont des noms interdits ?

Galina ne put s'empêcher de jeter un coup d'œil autour d'eux. *Réflexe de professionnelle,* songea Sam. Puis elle se pencha vers lui, pour parler bas.

— Andreï Sergueïevitch Seredilov conseille notre Premier ministre. C'est un personnage de grande influence, qui exerce des responsabilités assez diverses.

— Et Nigouline ?

— Un général... Très différent de l'autre, qu'il n'aime d'ailleurs pas beaucoup.

— Son prénom ?

— Alexis... je crois...

L'avocat ne put réprimer un sourire.

— Rien ne t'échappe, à ce que je vois... Et ces deux-là se font la guerre ?

— C'est surtout Nigouline qui déteste Seredilov ; il a sans doute ses raisons. Mais... pourquoi me demandes-tu cela ?

— Si on te pose la question, répondit-il, tu diras que tu n'en sais rien...

— Mais qui me poserait une question pareille ?

Il la regarda d'un air triste.

— Ceux qui t'emploient, peut-être. Nigouline, par exemple.

Ce fut au tour de Galina d'afficher le plus sombre des regards. Sam sélectionna, sur l'écran de son BlackBerry, une photo récente de Nigouline, « postée » la veille par Jeffrey T. Epstein.

— Ton oncle ne s'appelle pas Kharchov, dit-il d'un ton cinglant.

— Oh ! Sam... je ne voudrais pas que tu te trompes...

Il la dévisagea d'un regard non dénué d'indulgence.

— J'imagine que tu n'es pas, non plus, interprète de français.

— Eh bien... pas seulement.

Les traits de la jeune Russe se figèrent. Sam prit ses mains dans les siennes.

— Ne t'en fais pas ! Ce n'est pas si grave… Tu sais, à la minute même où je t'ai vue, dans le *Sapsan*, j'ai su que tu travaillais pour le FSB. Je te l'ai caché – mensonge pour mensonge…

— Si je puis me permettre, reprit-elle, je ne travaille pas pour le FSB. Je suis seulement correspondante… Dans ce train, quand tu as cité le nom de Noemi, je n'ai pas pu faire autrement que de prévenir ma hiérarchie ; et l'on m'a ordonné de rester en contact avec toi… C'est seulement le lendemain que j'ai appris que Nigouline en personne souhaitait te rencontrer.

— D'où cette invention de l'oncle, ancien espion… Eh bien, tu vas pouvoir dire à « Tonton Nigouline » qu'il s'est fait griller comme un bleu ! Je peux ?

Il désignait une fraise ; Galina lui tendit la coupe.

— Finis-les ! Tu sais, il faut que je t'avoue deux choses…

— Parlez, ma fille, libérez votre conscience !

— La première, c'est qu'il n'y a pas, qu'il n'y a jamais eu de réseau Romanov. C'est un leurre inventé par mon patron pour t'envoyer sur une fausse piste…

— J'aurais dû m'en douter, admit Sam. De même qu'en levant un coin du voile sur la survie de la tsarine et de ses filles il était sûr de m'occuper un moment…

— « Du pain aux canards », ponctua Galina.

Elle le regarda gober le dernier fruit d'un air absent. Le moment était venu, pour elle, d'un second aveu.

— Sam... Si j'ai postulé pour cette mission à Paris, c'était dans l'espoir de te revoir.

— Galina, il faut que tu comprennes...

— J'ai compris ! Seulement je me disais que nous pourrions peut-être passer la soirée ensemble...

Il fut pris au dépourvu.

— Et ça se tient où, ce bal populaire ?

Ils n'avaient pas fait trois pas sur le trottoir, que l'Italien les rejoignait en courant.

— Finalement, vous allez à la fête ?

— Oui, répondit Sam, non sans arrière-pensées.

Il se disait que la présence d'un tiers pourrait limiter les épanchements intempestifs... Galina, de son côté, réprima une grimace : ce beau blond, en dépit d'un abord engageant, ne lui disait rien qui vaille.

— Je suis heureux de vous avoir rencontrés, lança l'Italien, tout sourire, comme s'il cherchait à prévenir les réticences de la Russe.

Le quai de la Tournelle était déjà noir de monde, et le faisceau tournoyant des projecteurs faisait, en une vision dantesque, ressortir sur la foule en mouvement des centaines de visages blafards, surpris comme par un flash. Une jeunesse déchaînée, en jupes courtes et chemises ouvertes, vibrait aux accents d'une musique techno ; des amplis très puissants projetaient son rythme syncopé sur les vieilles façades de l'île Saint-Louis, au milieu de la Seine.

— Magnifique ! cria Gianni. Quelle fête !

— Ce n'est plus de mon âge ! répondit en riant Sam.

Passant outre aux réticences de l'avocat, Galina se fondit tout de suite dans la foule en mouvement ; elle se déhancha comme les autres en essayant d'attirer Sam dans la danse. Il esquiva.

— Tu veux boire quelque chose ?

— Je vous offre une bière ! proposa Gianni en s'immisçant.

Il se faufilait déjà vers la buvette, sous les regards étonnés des deux autres. La jeune femme, notamment, commençait à se demander si ce garçon survolté allait les suivre ainsi jusqu'au bout de la soirée. Pourquoi ne reprenait-il pas son indépendance ? La réponse ne fut pas longue à venir.

— Je vous apprécie beaucoup, dit-il en les gratifiant chacun d'un gobelet de bière à la pression.

Galina détailla le sien comme s'il contenait une boisson expérimentale. Ils trinquèrent tous les trois.

— C'est fou ce que les Parisiennes sont jolies ! brailla l'Italien.

— C'est le principal attrait de cette ville, approuva Sam Douglass avec un air coquin.

Lui-même commençait à s'interroger sur les motivations de ce Luca. Même s'il le trouvait bien utile pour garder ses distances avec Galina. La jeune Russe sentit que la soirée lui échappait ; elle prétexta un léger malaise pour s'esquiver.

— Je vais t'appeler un taxi…, proposa poliment l'avocat.

— Il n'y a pas de taxis ce soir, rétorqua-t-elle en l'embrassant, le cœur serré. Mon hôtel n'est pas très loin, sur la rive droite. J'attends ton e-mail…

Elle salua rapidement le jeune Italien et s'éloigna aussi vite, sans se retourner.

— Vexée ? demanda Gianni à l'oreille de Sam.

— Peut-être, répondit celui-ci de la même façon. Je crois qu'elle s'était fait des idées...

L'autre lui décocha un clin d'œil appuyé. D'une poche intérieure de son blazer, il tira une flasque de whisky.

— Ça te dit ?

— Pourquoi pas...

Ils se dégagèrent de la foule et vinrent s'asseoir en surplomb du quai. Dans un coin sombre, un groupe d'adolescents s'amusait à faire exploser des chapelets de pétards. Gianni prit le gobelet des mains de Sam et en jeta le fond de bière ; puis il y versa une bonne rasade de scotch.

— Tu vas voir, c'est autre chose ! lança-t-il, toujours plus que jovial.

— Merci, Luca !

— *You're welcome!*

Le portable de l'avocat vibra une fois : un SMS. Sonia devait commencer à trouver le temps long...

« On s'amuse bien ? charriait-elle son ami. Elle est mignonne ? »

Pour toute réponse, Sam plaça le bel Italien dans son viseur, tira son portrait et le transmit à la jeune femme avec ce commentaire :

« Plutôt pour toi que pour moi. »

Puis il éteignit le BlackBerry et le laissa retomber au fond de sa poche.

Seule et tranquille sur la péniche, Sonia feuilletait d'un œil absent les éléments recueillis par Sam sur son précieux cahier d'enquête. La relation détaillée de ses rencontres à Chapel Hill, puis à Menaggio, l'irrita malgré elle. À ses yeux, la seule enquête importante était en effet celle qui permettrait de faire la lumière sur la mort de

Quentin. Or, tout en reconnaissant à Sam une bonne volonté certaine et pas mal d'intelligence, Sonia ne pouvait s'empêcher de déplorer, dans son enquête, une tendance à la dispersion.

J'ai rudement bien fait de venir l'aider, se dit-elle. *Il est grand temps de concentrer notre attention sur Noemi, son diacre de père et son frère aux grandes mains.* Elle dégrafa soigneusement la petite carte de Dmitri Saroniev et se promit d'aller interroger au plus vite ce témoin capital...

Elle avait entendu, au loin, le feu d'artifice du Trocadéro et, ne sachant quand l'avocat rentrerait, s'était résolue à lui adresser un petit message, avant de descendre à sa couchette. La réponse lui vint presque sans attendre.

« Plutôt pour toi que pour moi », disait le commentaire accompagnant un portrait de beau garçon tout blond.

Sonia sursauta : ce visage ne lui était pas inconnu. S'agissait-il d'un ami rochelais de l'avocat ? ou d'une connaissance de Quentin ?... D'un seul coup, la réponse fusa, avec la force d'une éclaboussure en plein visage : Luca ! Ce type était l'employé de Maxim Weitz, celui qu'elle avait si bien remarqué, à New York, lors de son dernier passage ! Quelques heures avant la mort du marchand. *Quelques heures*... La coïncidence était trop frappante.

La jeune femme, encore somnolente une minute plus tôt, avait bondi hors du transat ; elle faisait à présent les cent pas sur le pont. *Et si, après tout, ce garçon n'était pas étranger au meurtre de Weitz ? Pire : s'il était le fameux assassin, chargé de liquider ceux qui avaient eu accès aux lettres de Goering ?* Sonia sentit son pouls s'accélérer ; le sang venait cogner à ses tempes. Sans perdre un instant, elle tenta d'appeler Sam puis, constatant qu'il ne répondait pas, lui adressa un nouveau SMS.

« Ce type est l'assassin. »

Les secondes passèrent. Puis les minutes. Sans que revienne la moindre réponse. Poussée à l'action, elle emprunta la passerelle jusqu'à la barge voisine, qui était déserte ; puis une autre vers la péniche en bordure du quai. Les occupants de celle-ci avaient réuni des amis. La jeune femme fonça droit sur la propriétaire, qu'elle connaissait à peine, et lui montra le portrait du dénommé Luca.

— Pardonnez mon intrusion, s'excusa-t-elle, mais c'est très important. Est-ce que vous reconnaissez ceci ?

Elle désignait sur la photo, par-dessus l'épaule du jeune homme blond, une sorte de flèche de pierre blanche. La voisine eut une grimace décourageante. Le téléphone fit le tour du petit groupe ; l'un des invités connaissait la réponse.

— C'est la statue de sainte Geneviève, dit-il. Au coin du pont de la Tournelle.

— Il faut que je m'y rende très vite, expliqua Sonia. C'est une question de vie ou de mort.

— À vélo, vous y serez en cinq minutes, déclara le voisin.

— Si c'est tellement grave, tu devrais lui montrer le chemin, suggéra sa femme.

Il acquiesça.

— C'est vraiment très gentil de votre part, merci.

Ils décrochèrent deux des vélos pendus à la lisse et partirent sans perdre un instant. Sonia peina un peu à suivre le voisin qui, bon cycliste, slalomait au milieu de la circulation des grands soirs. Il avait parlé de cinq minutes ; ils en mirent une dizaine à toucher au but. Quand, enfin, ils parvinrent au quai de la Tournelle, Sonia prit juste le temps de remercier son pilote et le laissa, bien embarrassé, avec deux vélos sur les bras. Elle dévalait déjà la rampe de pavés jusqu'au quai, se mêlait à la foule en train de danser, cherchait frénétiquement, parmi des centaines de visages, celui de Sam. Elle brandit la photo sélectionnée sur l'écran de son téléphone et demanda au hasard, puis à la cantonade, si quelqu'un reconnaissait le garçon.

— Un de perdu, dix de retrouvés ! lui lança, goguenarde, une fille avinée.

Sonia n'était pas loin de désespérer quand une idée lui parut s'imposer comme une évidence : si un meurtre se préparait ici, ce ne pouvait qu'être en marge du rassemblement. Les bruits de pétards que l'on faisait sauter attirèrent son attention du côté des berges. Elle s'extirpa de la foule et avança dans cette direction. Le quai en contrebas était sombre, et la jeune femme, engagée dans l'escalier de pierre, manqua une marche et faillit tomber. Ses yeux, encore éblouis par les lumières du bal, peinèrent à se faire à l'obscurité. Il lui sembla néanmoins qu'elle distinguait, dans le noir, deux formes humaines près du bord : il y avait là un homme qui paraissait en tirer un autre, inanimé – les bras passés sous les aisselles.

Tout à coup, la jeune femme bénéficia d'une aide inespérée : les projecteurs mouvants d'un bateau-mouche, en passant, irradièrent tout ce coin de quai d'un halo blafard. Et dans l'instant, Sonia put reconnaître – comme saisi dans un faisceau de phares – l'assassin tout blond qui s'apprêtait à pousser dans la Seine le corps de Sam. Elle hurla. Le meurtrier leva la tête et réagit. Laissant retomber sa victime, il s'avança vers la jeune femme et s'apprêtait à lui sauter dessus lorsque l'ombre, soudain revenue, la sauva *in extremis*. Elle profita de cette nuit propice pour esquiver l'assaut et, détalant vers les marches, se mit à appeler au secours. Mais ces cris mêmes la trahirent ; ils allaient permettre à l'Italien de la localiser, de la rejoindre, puis de la faire tomber, de bientôt la maîtriser, de passer ses mains, enfin, autour de son cou.

Plusieurs badauds, accourus aux cris de Sonia, passèrent près de la scène sans la voir… La malheureuse succombait à l'étranglement quand le passage d'un autre bateau-mouche illumina le quai de plus belle.

— Là, regardez, près de l'arbre !

Un témoin avait vu le crime et, déjà, se précipitait. Alors Gianni, sans perdre une seconde, abandonna cette nouvelle victime et, se jetant hors du halo, disparut parmi les ombres.

41

Dans l'immeuble légendaire de la Loubianka, masse néobaroque d'où, pendant tant d'années, le KGB avait fait régner la terreur, Alexis Nigouline occupait un bureau monumental aux fenêtres voilées de falbalas. Les boiseries sévères, le mobilier pompeux, jusqu'à la moquette moutarde – tout y respirait encore l'ère soviétique.

— Incroyable, murmura-t-il en parcourant le document de quelques pages. Je dirais même : inquiétant.

Debout devant lui, Galina Kharchova retenait sa respiration. Un mois plus tôt, correspondante occasionnelle, elle n'aurait jamais pensé œuvrer directement pour l'un des patrons du FSB. Or, à présent, grâce au hasard d'une rencontre dans le *Sapsan*, elle était celle dont les contacts avaient permis de recueillir une information capitale. Tout en déchiffrant ses conclusions, Nigouline indiqua d'un geste le fauteuil en face de son bureau. Elle s'y assit discrètement, consciente de la promotion que cela sous-entendait.

Il finit par lever les yeux et par la regarder en face.

— Bon travail, Galina Ivanovna.

— J'ai eu sans doute un peu de chance...

— Il en faut toujours un peu.

La jeune femme avait tout à gagner à se montrer modeste ; et d'autant plus que, dans le cas présent, elle s'était contentée de présenter des documents reçus par e-mail, le matin même. Pour quelle raison Sam Douglass, si réservé deux jours plus tôt, avait-il soudain décidé de lui envoyer un pareil scoop ? Que pouvait cacher un tel revirement ? Elle n'en avait aucune idée. Nigouline se racla la gorge.

— Je voudrais être sûr d'avoir bien compris. Ce que nous apportent les fac-similés, c'est une preuve matérielle que les joyaux appartiendraient en réalité à l'État russe. Ils auraient été dérobés par les nazis au palais Alexandre, en 1942. C'est bien cela ?

— C'est bien cela, général.

Il s'affaissa dans son fauteuil, le regard triste.

— J'avais confiance dans cette Loubet, marmonna-t-il. Elle ne nous aurait tout de même pas menti dans ces proportions...

Galina s'abstint de tout commentaire. Son patron mit les coudes sur son bureau, joignit les mains et posa sur elles ce visage émacié que Sam Douglass, à Kolomenskoïe, avait comparé à celui de l'acteur Tcherkassov.

— Une chose est sûre : je n'ai pas l'intention de porter le chapeau.

D'un geste, il congédia la jeune femme. Puis il appuya sur le commutateur de son Interphone, et s'approcha du micro.

— Voulez-vous faire demander à Seredilov s'il pourrait me recevoir au plus vite ? Dites-lui que c'est à propos de Iouri le Magnifique...

Une heure plus tard, Nigouline pénétrait au cœur de ce bâtiment gigantesque, siège du gouvernement russe, que l'on appelle, à Moscou aussi, la Maison-Blanche. Andreï Seredilov l'avait reçu debout, de manière informelle, dans le sas du bureau de ses secrétaires ; il n'avait pas imaginé que l'exposé de son vieil adversaire du FSB allait s'éterniser.

— Bien compliquée, votre affaire, finit-il par lâcher.

— C'est que, précisément, ce n'est pas *mon* affaire !

La riposte de Nigouline avait fusé trop vite pour ne pas avoir l'air d'une défense – n'était-ce pas même une attaque ? Seredilov en marqua un instant de surprise. Il consulta rapidement sa montre.

— Suivez-moi, proposa-t-il en regagnant son bureau.

On y jouissait, outre d'espace et de lumière, d'une vue somptueuse sur la capitale.

— Asseyez-vous, mon vieux, pas de politesses entre nous ! Résumons la situation : vous m'avez présenté une Française de vos relations, détenant, par héritage, un lot impressionnant de joyaux ayant appartenu à notre dernière impératrice.

— En effet.

— Ces joyaux n'étaient-ils pas censés provenir de réserves personnelles des survivantes de la famille impériale ?

— Si, bien sûr.

— Or, il s'avère qu'il s'agissait de biens nationaux, saisis à Tsarskoïe Selo par les Allemands, au cours du siège de Leningrad…

— Exactement.

— ... et transmis par Goering à la grande-duchesse Maria, pour la remercier de son soutien fidèle au régime nazi !

— C'est bien cela.

— Eh bien, mais... dans ce cas, qu'est-ce qui nous empêche de les réclamer ? purement et simplement ?

— Ce qui nous en empêche, signifia sournoisement Nigouline, c'est que *vous* avez fait publier, par RIA Novosti, un communiqué rendant impensable la moindre revendication officielle.

— Vous voulez dire...

— ... que nous avons été piégés, Andreï Sergueïevitch.

Seredilov approcha son visage du sien.

— Je trouve ce « nous », mon général, un peu trop englobant.

— *Nous*, c'est-à-dire : vous et moi...

— Mais... c'est *vous* qui m'avez présenté cette Française ! C'est *vous* qui avez eu l'idée de cette usine à gaz pour affaiblir Pullinski !

— Et c'est *vous* qui êtes intervenu, au nom de qui vous savez, auprès du ministre de l'Intérieur...

Seredilov soupira. Il prit une minute pour réfléchir.

— La Française, cette Natacha, peut-elle encore rattraper le coup ?

— Je doute fort, entre nous, qu'elle en ait l'intention.

— Et vous comptez rester les bras croisés ?

— Pas du tout, Andreï Sergueïevitch. N'allez surtout pas croire cela. Pour ce qui la concerne, je n'ai pas dit mon dernier mot.

42

Depuis qu'il s'était réveillé au service de réanimation du centre antipoison de Paris, Sam Douglass vivait chaque minute comme une grâce accordée par le destin. Ce nouveau regard sur la vie mâtinait son habituelle gaieté d'une pointe de gravité. Et c'est avec une sorte de résignation douce qu'il aborda l'entrevue de la dernière chance, mendiée, deux jours durant, par Tacha Loubet. Ils devaient se parler à dix-sept heures, au *Chalet des Îles*. En vérité, entendre ses arguments ne l'intéressait plus vraiment ; mais il restait curieux d'apprendre comment, et surtout pourquoi, elle avait basculé dans le crime.

Car pour l'avocat, plus aucun doute n'était permis : hormis Sonia et Berthe Enguerrand, Tacha seule avait pu le savoir en possession des lettres signées de Goering ; dès lors elle était, à ses yeux, le seul commanditaire possible de son agression – agression d'ailleurs identique à celles qui avaient coûté la vie à Noemi, puis à Maxim Weitz...

Sam se dirigeait sans hâte vers le lac inférieur du bois de Boulogne. Il descendit, souriant, jusqu'au ponton, s'assit à bord du petit bac aux lisses de bois rouge et le regarda patiemment manœuvrer, parcourant une parabole immuable sur le plan d'eau vert sombre. Le temps était magnifique, et le spectacle des canots à rames, des cygnes, des promeneurs, mêlés à la végétation dans un parfait tableau bucolique, le mit en joie.

À l'heure du thé, le *Chalet* n'était guère fréquenté. L'avocat monta l'escalier jusqu'à la salle de restaurant. D'un peu loin, par une des baies ouvertes, il aperçut, installée au balcon de façade, la Parisienne toujours rayonnante qui, pour une fois, s'était vêtue de noir. Des escarpins au borsalino. Dès qu'il eut entrevu sa chevelure d'or et son visage, Sam ressentit un pincement : quoi que cette femme ait pu faire, il ne pouvait s'empêcher de la trouver magnifique.

C'est en sortant pour la rejoindre qu'il découvrit, debout à quelques mètres d'elle, la haute silhouette osseuse de Saroniev. Pourquoi Tacha avait-elle convoqué le double de Raspoutine ? Avait-elle craint d'affronter seule des questions trop embarrassantes ? Ou pensait-elle simplement avoir trouvé un bon moyen de le bâillonner ?

— Tu connais le frère Iliodore, dit-elle à son invité, sans même faire le mouvement de l'embrasser.

Sam se dit que la leçon des adieux ratés avait été apprise… L'air moins enjoué que de coutume, elle donnait l'impression de chercher ses mots.

— J'ai été bouleversée d'apprendre ce qui t'est arrivé, commença-t-elle sur le ton de la plus parfaite sincérité. Gianni est en fuite ; j'ai bien peur qu'à l'heure où nous parlons il n'ait quitté le territoire.

— Luca s'appelle donc Gianni…

— Oui. Si tu souhaites informer la police, je suis prête à témoigner. J'ai croisé ce garçon, il y a un peu plus d'un an, à Milan, au bar de la Scala ; il avait de gros ennuis et des charmes certains… J'en ai fait mon amant.

— Pour ne pas dire ton pantin. Une marionnette aux ordres…

Tacha le dévisagea d'un air douloureux.

— J'ai peur de comprendre ce que tu imagines… Laisse-moi te dire que tu te trompes, Sam. J'aimerais mieux mourir que de permettre que l'on touche à l'un de tes cheveux.

— Ce sont des mots…

— Oh non !

Elle réprima une sorte de grimace amère.

— Gianni et moi avons eu, le matin du 14 juillet, une altercation plus dure que les précédentes. Je ne l'ai pas revu depuis.

Elle marqua un temps d'arrêt, avant d'ajouter ce qui, à son avis, devait sans doute suffire à expliquer cette tentative d'empoisonnement au GHB sur le quai de la Tournelle.

— Il était extrêmement jaloux de mon penchant pour toi, et ne supportait pas notre… notre amitié.

Iliodore, qui venait de servir le thé sur une table à part, déposa devant chacun d'eux une tasse de Kabusecha. Lui-même préférait le thé noir fumé ; il s'installa près de Tacha. Sam considéra le raffiné breuvage. Doré, fumant… Comme pénétré du calme des lieux, il laissa glisser son regard vers un paon qui s'était juché sur le garde-corps, tout au bout du balcon ; la présence du grand oiseau se fondait à merveille dans l'atmosphère du chalet.

— J'aurais dû te rappeler pour te mettre en garde, poursuivit Tacha. J'ai toujours su Gianni d'autant plus dangereux qu'il est faible.

— Quand je parlais de marionnette, reprit Sam, je ne faisais pas référence à l'agression dont j'ai été victime, mais à certains crimes récents.

— Lesquels ?

Sam ne put s'empêcher de jeter un rapide coup d'œil en direction du diacre.

— Eh bien... celui de Maxim Weitz, par exemple...

— Maxi est mort d'une overdose.

— Il a été empoisonné, tu le sais mieux que quiconque ! Je possède un témoin qui a vu ton *Gianni* tourner autour de Weitz, juste avant cette « overdose ».

— Tu parles d'une preuve ! Mais au fait : pourquoi... ?

— ... pourquoi l'aurais-tu fait tuer ? Parce qu'il savait désormais, sans l'ombre d'un doute, d'où provenaient les joyaux vendus à Pullinski. Des joyaux qui t'appartiennent, si je ne m'abuse, et que tu viens de racheter par l'intermédiaire de la Soating – la banque du tsar...

— Et alors ? Tu penses que ce pauvre Maxi aurait pu s'offrir le luxe de me dénoncer à son client ? après lui avoir transmis un faux inventaire de ma confection ?

— Si tu veux m'entendre dire que tu es douée pour engluer les gens, les piéger, les manipuler...

Tacha prit le temps de boire, tranquillement, une longue gorgée de Kabusecha. Le frère Iliodore en profita pour intervenir.

— Vous n'avez aucune preuve de l'implication de Mme Loubet dans ce que vous qualifiez de crimes.

Sam fut déconcerté de le voir ainsi prendre la défense de celle qui avait causé la mort de sa fille.

— Je ne pense pas que vous soyez le mieux placé…

Tacha l'interrompit.

— Arrêtons de jouer au chat et à la souris, Sam ! Tu penses ce que tu veux de la mort de Maxi, comme de celle de Noemi, d'ailleurs.

Nouveau coup d'œil de l'avocat en direction du diacre.

— Le frère Iliodore ne t'a pas attendu pour se forger une opinion, de son côté.

— Ce sont des homicides ! clama Sam.

— Prouvez-le.

À la stupéfaction de Sam, le frère Iliodore prit quasiment la défense des assassins.

— Si jamais il y a eu homicide – et je ne prétends pas que ce fut le cas –, c'est du côté d'Internet qu'il faut en chercher la cause.

L'avocat le contemplait, le regard empli d'étonnement.

— On n'a plus trop le choix, poursuivit le diacre. À l'heure des e-mails, des copies cachées et de la transmission du moindre dossier en temps réel et tous azimuts, il n'est plus possible de faire disparaître un document, ni d'intercepter une donnée. Une information divulguée est une information partagée, presque à coup sûr et sans limites. Le seul moyen, dès lors, de lutter contre sa propagation reste la suppression physique de ceux qui, sur la chaîne, seraient à même d'exploiter l'information confidentielle ou d'en faire un mauvais usage.

Sam Douglass détourna les yeux d'Iliodore et les posa sur sa voisine. Des cernes disgracieux s'étaient creusés sous ses beaux yeux turquoise.

— Tacha, réponds-moi : crois-tu sérieusement que Quentin Bellon pouvait faire une exploitation dangereuse de trois lettres signées de Goering ?

— En l'occurrence, je n'ai ni tué, ni fait tuer, le pauvre Quentin Bellon. Cela, je te le jure ! C'est Noemi qui l'a fait. De son propre chef, assena-t-elle sans égard pour le père de celle-ci.

Il y eut un long silence gêné.

— Tu ne bois pas ton thé, Sam ?

— Merci, non... Je tiens à la vie.

Cette réponse, comme une gifle, atteignit Tacha de plein fouet. Elle secoua son beau visage, tandis que des larmes affleuraient à ses paupières.

— Tu penses donc que j'aurais le cœur à t'empoisonner ? demanda-t-elle d'une voix soudain assourdie.

Il ne répondit pas. Au bout du balcon, le paon au plumage bleu moiré avait disparu. Tacha, d'un geste solennel, s'empara de la tasse de Sam et, ses yeux rivés dans les siens, la vida d'un trait. Jusqu'à la dernière goutte.

43

Implantée à Courcouronnes, dans la zone artisanale du Bois-de-l'Épine, la société Lillitech fournissait à divers laboratoires – presque tous dans le secteur médical – un matériel de précision, usiné à la demande. Elle occupait une sorte de petit hangar, d'un gris si morne que même le ciel de juillet, pourtant éclatant et vif, ne parvenait pas à le réveiller. Sonia était venue seule, à scooter ; elle gara son engin sur le parking attenant à l'atelier.

En y pénétrant, la jeune femme ne put s'empêcher de penser que ces lieux, dans leur banalité, reflétaient assez bien la personnalité, fade et lisse, du frère de Noemi. Elle se dirigea, sur sa gauche, vers un alvéole vitré où deux jeunes secrétaires – des stagiaires d'été – commentaient le film diffusé la veille.

— Bonjour…

— Vous désirez ?

— J'aimerais parler à Dmitri Saroniev. C'est personnel.

Les deux jeunes filles échangèrent un regard entendu.

— Et c'est de la part… ? demanda la plus délurée.

— Dites-lui que Sonia, l'agent de recensement, le demande.

La requête fut transmise telle quelle. Sonia rajusta le foulard qui, à son cou, masquait de récentes marques de strangulation… Dans les trois minutes, Dmitri entrait dans le bureau, médusé, presque extatique.

— Ça alors, si je m'attendais !

— Je passais dans le coin, mentit Sonia. Vous auriez cinq minutes à m'accorder ?

— Je prends ma pause ! lança le garçon aux deux secrétaires, d'un ton d'autorité tellement inattendu que toutes deux haussèrent les épaules en même temps.

Dmitri offrit un café à sa visiteuse, dans un *fast-food* à proximité. Tandis qu'un employé s'obstinait à vouloir passer une serpillière entre leurs pieds, Sonia lui assena soudain la vérité.

— Je n'ai jamais travaillé pour l'Insee.

— Non ?

— En vérité, j'étais la compagne de Quentin Bellon.

Le jeune homme blêmit d'un coup et, fixant sur elle un regard affolé, se leva, dans l'intention de partir.

— Attendez ! dit-elle. Il faut que nous parlions !

— Moi, je n'ai rien à vous dire.

— Vous préférez parler à la police ?

De plus en plus apeuré, il la foudroya du regard.

— Je n'ai rien fait de mal.

— Je l'espère pour vous. Mais, à ce stade de l'enquête, j'ai le regret de vous annoncer que vous êtes le *suspect numéro un*.

— Quelle enquête ? Mais de quoi parlez-vous ?

— Oh ! il vaut mieux, pour votre sécurité, que vous n'en sachiez rien, inventa Sonia qui adoptait maintenant les méthodes de Sam.

Dmitri paraissait déstabilisé. Le regard éperdu, il se laissa retomber sur sa banquette et, dans un flot désordonné d'aveux et de révélations, choisit d'alléger sa conscience.

— Ce que j'ai fait, conclut-il, il fallait que quelqu'un le fasse. Je devais mettre un terme à ce cauchemar !

— Vous allez trop vite ! Reprenons tout cela dans l'ordre.

Dmitri secoua la tête ; son regard semblait perdu dans le vide. Sonia prit une longue inspiration.

— Votre père, Iliodore, est depuis toujours l'homme de confiance de Tacha Loubet.

— Il était déjà celui de sa mère...

— C'est lui qui, sous un nom d'emprunt, est allé vendre, l'un après l'autre, les joyaux Romanov à Iouri Pullinski. C'est bien cela ?

— Oui.

— Quel rôle a joué votre sœur, dans cette affaire ?

— Aucun ! Seulement, un jour, elle est tombée sur un dossier secret, oublié par mon père sur son bureau. Il contenait des informations assez compromettantes pour Mme Paul-Lindsay et pour Mme Loubet...

— Votre sœur avait besoin d'argent... Le chantage a commencé.

— Au départ, il n'était pas question d'argent ! Le groupe Kondor allait très mal. Noemi a seulement demandé un coup de pouce pour décrocher des engagements. Mme Loubet a le bras long, vous savez. Même en Russie… Alors elles ont conclu, toutes les deux, une sorte de pacte.

— D'abord, quelques contrats. Et puis une puissante assistance… En attendant les versements en liquide !

— Ce n'est pas vrai ! Noemi n'était pas un maître chanteur.

Sonia ne releva pas ; mais elle voyait mal comment la qualifier autrement. *Pour lui,* se dit-elle, *sa sœur aura toujours raison.*

— Elle était elle-même prisonnière de son délire. Il faut la comprendre !

— Seulement, il fallait que cela cesse. Alors, une idée vous est venue…

— Oui, reconnut Dmitri à regret. Mon père m'a expliqué que, pour priver ma sœur de tout moyen de pression, il suffirait que quelqu'un révèle au grand jour ce que Mme Loubet essayait de cacher à tout prix.

— Et ce quelqu'un, vous avez cru le trouver en la personne du Fou des pierres… Un blogueur indépendant, franc-tireur sur les bords… Quentin Bellon, quoi !

— Je suis désolé. C'est mon père qui a eu l'idée de passer par lui. Il connaissait son blog…

— Oui, par Eudes Enguerrand.

— Peut-être… J'ai envoyé plusieurs messages à votre mari…

— Nous n'étions pas mariés.

— Pardon… Il n'a pas donné suite en tout cas. Il ne s'intéressait qu'aux bijoux ; ce qui tournait autour ne le passionnait pas. Ces histoires de lettres en allemand n'ont pas retenu son attention…

Soudain, pour la première fois depuis des semaines, Sonia entrevit la solution du mystère : ainsi, le Hanneton vert avait servi de subterfuge – une sorte d'appât destiné à piquer la curiosité de ce blogueur indifférent au scoop de l'année !

— En les insérant dans le joyau qui vous restait – celui qui n'avait pu être vendu, en raison de la fausse perle –, vous étiez à peu près certain d'éveiller l'attention de Quentin. Et cela, sans quitter votre confortable, votre lâche anonymat. Mais dites-moi… et si le destinataire était allé porter le joyau à la police ?

— Oh ! ça ne risquait rien : il racontait, sur son blog, comment il s'était laissé embarquer, malgré lui, dans une histoire de recel. Un homme condamné pour ce genre de choses ne va pas prendre de risques !

— Vous avez joué sur du velours.

Si, dans son malheur, on lui avait laissé le choix, Sonia eût préféré apprendre que son compagnon était tombé sous les coups imparables d'un grand criminel. Hélas ! celui qu'elle avait en face d'elle était le plus ordinaire des garçons.

— Alors c'est vous, demanda-t-elle, qui êtes venu déposer cette saloperie dans ma boîte aux lettres ?

Dmitri baissa les yeux.

— J'y suis allé d'un coup de moto, murmura-t-il.

— Avec cette moto qui, plus tard, devait servir à votre sœur pour commettre ses crimes.

— Un crime, un seul !

— Mais lequel !

Sonia prit sur elle de se calmer. Elle poursuivit sans faiblir ce qui tournait à l'interrogatoire en règle.

— Ensuite ?

— Eh bien… quand votre ami, Quentin Bellon, a découvert les fameux documents, il a appelé Mme Loubet. Elle s'est retournée contre ma sœur et l'a menacée de tous les maux. Noemi, de son côté, était ivre de rage. Elle ignorait que le coup venait de moi… Elle n'a plus eu qu'une obsession : foncer à La Rochelle et rencontrer le Fou des pierres.

— Et vous l'avez tué ! cria Sonia.

Les quelques personnes attablées dans le *fast-food* levèrent la tête et regardèrent dans leur direction.

— Partons d'ici ! dit-elle.

Ils sortirent et marchèrent sur le parking, en direction de la société de micromécanique.

— Vous voulez me rendre un grand service ? Expliquez-moi pourquoi votre sœur est allée jusqu'à massacrer, sauvagement, un jeune homme innocent qui, dans cette affaire, n'avait été qu'un instrument ? Pourquoi ?

— Je n'en sais rien…

— Parce qu'il l'avait reconnue ?

— Je ne sais pas, répéta Dmitri.

Il cachait à présent son visage dans ses mains. Sonia ne parvint pas à le prendre en pitié. Elle n'insista pas et se dirigea vers son scooter sans lui accorder un regard. Elle déverrouilla l'antivol, se mit en selle et allait tourner la clé dans le contact quand, d'un seul coup, la vérité lui sauta au visage.

— Oh ! l'ordure ! dit-elle.

Elle bondit de l'engin et courut à toutes jambes en direction de Dmitri qu'elle plaqua contre la porte, au moment où il s'apprêtait à la franchir.

— Tu m'as menti ! éructa la jeune femme. Tu m'as menti !

— Non !

Sonia assura sa prise et approcha son visage de celui du jeune homme.

— Ta sœur savait très bien d'où venait le coup, comme tu dis. Elle savait pertinemment que c'était vous, ton père et toi, qui aviez apporté les documents à Quentin.

— Elle l'aurait su comment ?

— Elle le savait parce que tu le lui as dit. Tu es passé aux aveux tout de suite, espèce de guignol, comme tu l'as fait avec moi, tout à l'heure. Tu lui as même révélé votre idée de génie : fourrer les lettres dans la broche !

— Mais non...

Sonia se retint ; elle était dévorée par l'envie de le secouer. Si elle ne le fit pas, c'est par respect pour celui ou celle qu'elle portait, désormais, dans son ventre.

— Pauvre, pauvre mec ! Vivre dans l'ombre d'une sœur pareille ! Noemi se moquait bien de toi, mais elle adorait son père. Alors, elle a voulu étouffer l'affaire, l'effacer absolument, détruire celui par qui tout risquait de se répandre. Elle a supprimé Quentin... Violemment, parce qu'elle était violente...

— Non...

La faible plainte de Dmitri était moins une récusation qu'un regret. Dans un dernier élan de colère, Sonia le rejeta contre la porte de verre, qu'il heurta de l'arrière du crâne. Elle partit sans se retourner.

44

— Allons, mon cher Sam, vous n'allez tout de même pas regretter votre plus belle affaire à ce jour !

— Ce n'est pas l'affaire que je regrette, Pierre-Jean. Ce sont mes insuffisances : j'ai compris la situation trop tard, et je n'ai pas su empêcher le pire.

— Soyez patient ! Je suis bien certain que, tôt ou tard, vos efforts sur ce dossier finiront par porter des fruits. Ne me demandez pas lesquels…

Me Sovert venait de plaider devant la cour d'appel de Paris et avait eu la gentille attention de signaler son passage à Sam Douglass. Celui-ci l'avait donc rejoint au cœur du palais de la Cité. Le bâtonnier ayant gardé sa robe, leur déambulation, sous la double voûte de la salle des pas perdus, faisait songer aux recommandations d'un défenseur à son client. Juste avant l'audience…

— Vous qui aimez tant l'histoire, vous avez dû vous régaler avec les Romanov.

— Pierre-Jean, j'ai fait à ce sujet d'incroyables découvertes. Malheureusement, elles sont vouées à rester lettre morte : la communauté des historiens ne veut pas en entendre parler !

— Dites-vous bien une chose, mon cher : la communauté des historiens est comme celle des juristes ; ce qui l'intéresse avant tout, c'est de maintenir son prestige et d'assurer son confort. Cela va rarement de pair avec les remises en cause...

— Quelle frustration, tout de même !

— Oui... Et en même temps, cher Sam, quelle jubilation ! Savoir que vous êtes parmi les rares à n'être pas dupes du grand mensonge !

Sam Douglass n'avait jamais envisagé les choses sous cet angle.

Il tendit au bâtonnier les macarons aux teintes pastel qu'il grignotait tout en parlant. Celui-ci déclina d'un geste.

— Et dites-moi : quand donc rentrez-vous en terre civilisée ?

— À la fin de la semaine, dès que j'aurai les réponses à mes ultimes questions...

Son téléphone portable sonna. C'était Eudes Enguerrand.

— Vous permettez ?

— Je vous en prie, voyons !

— Bonjour, cher Eudes, comment allez-vous ?

L'académicien, pour une fois, ne perdit pas de temps en politesses ; il s'exprimait d'une voix sourde, inhabituelle.

— Notre amie va très mal ; on a dû l'hospitaliser.

— Mais... de quelle amie parlez-vous ?

— De Tacha, pardi ! Elle est en mauvaise posture. Ma femme va me rejoindre directement à l'hôpital.

— Quel hôpital, s'il vous plaît ?

— L'Hôtel-Dieu, dans l'île de la Cité.

— Je suis à deux pas ; j'arrive tout de suite.

L'Hôtel-Dieu, ouvrant sur le parvis de Notre-Dame, était le plus vieil hôpital de Paris. Ses bâtiments grandioses et monotones, autour d'une longue cour centrale, évoquaient moins l'ancien hospice que les reconstructions du baron Haussmann. S'y déployaient de longs corridors desservant, sur plusieurs étages, une pléthore de secteurs hospitaliers. Par chance, Enguerrand avait fourni, par téléphone, assez de précisions à Sam Douglass pour lui permettre de repérer sans trop de peine le service où Tacha Loubet, dans l'attente d'un diagnostic solide, avait été admise.

Sam dut s'équiper d'un bonnet et de chaussons de papier, avant de pénétrer dans la zone stérile où déjà se morfondaient, outre le couple d'académiciens, le maître d'hôtel Chandana, la secrétaire Isabelle et plusieurs femmes élégantes – à l'évidence, des amies de la malade. L'avocat se dirigea naturellement vers Eudes, qui le prit par le bras et l'entraîna un peu à l'écart.

— Désolé de vous revoir dans de telles circonstances, murmura-t-il avec son goût pour les formules consacrées.

— Sait-on de quoi elle souffre ?

— C'est bien là le mystère ! Pour le moment, personne ne veut se prononcer… La maladie ressemble à une sorte de cancer subit, qui provoquerait une dégénérescence accélérée… une véritable horreur ! J'ai croisé le chef de service, il semble pessimiste, pour le moins.

L'écrivain assortit ces mauvaises nouvelles d'une collection de moues inquiètes qui, dans un autre contexte, auraient paru comiques. Mais Sam Douglass n'avait aucune envie de rire, et l'effondrement inopiné de Tacha lui faisait éprouver, soudain, à quel point il s'était attaché à cette femme exceptionnelle.

— Pensez-vous que l'on puisse la voir ?

— Tant qu'elle sera consciente, n'y comptez même pas ! Elle refuse absolument de se laisser voir dans cet état. Question de fierté, sans doute – vous la connaissez...

Sam sentit l'émotion le gagner.

— Quelqu'un a-t-il prévenu sa mère ?

— Pour quoi faire ? La pauvre femme est presque impotente, et vit en Italie...

Sam n'insista pas. Il se fit fort, en revanche, de soutirer quelques renseignements à un aide-soignant qu'il avait jugé abordable.

— La patiente de la 26 ? Apparemment, c'est un drôle de cas ! Le professeur affirme qu'il n'en a jamais vu d'aussi foudroyant. La pauvre paraît vieillir à vue d'œil ; comme dans un film en accéléré... Une fin atroce !

— Parce que vous pensez qu'elle va mourir ?

— Je ne dirai jamais cela. Mais, pour être honnête avec vous, je ne vois pas bien ce qui pourrait la sauver.

— Est-ce qu'elle souffre ?

— Avec ce qu'on lui injecte de morphine, c'est peu probable.

— Et... vous croyez qu'il serait possible de lui parler ?

— Entre nous, je vous le déconseille : son état est vraiment effrayant.

Berthe Enguerrand, de son côté, avait mis en branle ses relations dans l'Assistance publique et arraché, de haute lutte, une dérogation pour trois personnes, admises un quart d'heure au chevet de Tacha ; elle les avait aussitôt désignées de sa propre autorité : son mari, elle-même et Sam Douglass. Mais, au moment où ils avaient franchi le sas, la patiente, rassemblant les forces qui lui restaient, et malgré les intubations multiples qui l'immobilisaient, s'était insurgée : remontant ses draps sur son visage, elle avait hurlé à la trahison, et sommé les importuns de quitter les lieux. Deux infirmières n'avaient pas été de trop pour la maîtriser, la calmer, tenter de la raisonner.

— Ce sont vos amis, ils viennent pour vous soutenir ! tenta de lui expliquer la plus expérimentée des deux.

— Qu'ils s'en aillent ! insista la voix rauque. Moi, je ne veux pas qu'ils me voient comme ça !

À la longue, Tacha pourtant se laissa fléchir – mais pour admettre une exception et une seule.

— Alors, juste Sam..., gémit-elle, tandis que les soignantes réinstallaient les différentes perfusions.

Quand l'avocat pénétra, seul, dans la chambre, il dut faire un gros effort sur lui-même pour ne pas défaillir. L'être qui lui faisait face, sous un buisson de tubes et de tiges translucides, paraissait un vieillard desséché, ridé, dont les yeux seuls – toujours aussi bleus – paraissaient avoir échappé à la plus effroyable, à la plus âpre des dégradations. Le crâne osseux et fripé d'un squelette, sur lequel s'animaient encore deux pupilles turquoise épouvantées : voilà ce que découvrit Sam qui ne pouvait en rien reconnaître, dans cette épave à demi morte, la femme encore éblouissante qui, seulement vingt-quatre heures plus tôt, avait pris le thé avec lui dans le bois de Boulogne.

— Chère Tacha, dis-moi que tu ne souffres pas trop.

— Non… le corps est déjà parti… alors c'est l'âme…

D'un mouvement à peine esquissé, elle fit le geste de lui tendre la main gauche. Il surmonta sa répulsion et prit ce qui restait de cette main, hier encore tellement gracieuse… Comme elle bougeait les lèvres, il se pencha pour entendre ce qu'elle voulait lui confier à voix basse.

— Ils m'ont empoisonnée, Sam.

— Mais qui, Tacha ? Qui ?

— Oh ! Nigouline et compagnie. Ils ont dû finir par apprendre que mes joyaux, de droit, leur appartiennent… Comment l'ont-ils su ? Ça, mystère…

Sam sentit d'un seul coup tout son sang affluer à sa tête.

— Mais… on ne tue pas les gens pour si peu…

— Là-bas, si… C'est un régime… un régime de fous, Sam… Ils tuent le premier qui bouge… Le poison, c'est leur signature…

— Est-ce que tu sais, au moins, de quel genre de poison il s'agit ?

Elle fit claquer sa langue en signe d'ignorance. Lorsque Sam se calma, elle lui chatouilla le creux de la main du bout des doigts.

— En tout cas, c'est… c'est une sale mixture… S'ils voulaient la tester, c'est réussi, eut-elle la force d'ironiser.

Elle reprit une voix presque normale.

— Ne t'en fais pas pour moi, mon Sam ! Au fond, il était temps… Il était temps que ça finisse… Tu auras… Tu auras été ce qui m'est arrivé de mieux depuis de nombreuses années. J'ai cru… J'ai cru pendant quelque temps que nous allions être amis et complices… Et hier, en face…

de moi, j'avais un étranger, un homme sur ses gardes et qui me soupçonnait... de vouloir... l'empoisonner.

Elle marqua une pause avant de jeter dans un cri ses dernières forces.

— Et c'est moi que l'on tuait !

Des larmes inondèrent le visage de Sam, près de ce corps en perdition dont il ne se rappelait déjà que les beautés. Il se mit à haleter d'angoisse.

— Je t'aurai quand même fait pleurer, observa la mourante.

— Oh ! Tacha...

— Il va falloir que tu ailles voir ma mère. Rassure-la, fais-la parler... Dis-lui bien que je l'aime.

Il réprima un sanglot, ce qui eut pour effet inattendu de faire naître un pauvre sourire sur ce visage momifié vivant.

— Je viens de changer mon testament. J'ai tout confié au professeur. J'ai confiance en lui. Sam ?

Il se pencha pour mieux l'entendre.

— Je regrette pour ce garçon, tu sais ? Ce Quentin... Il aura été le grain de sable...

— Tu veux que je t'explique ce qui s'est passé ?

Elle fit un léger signe qui voulait dire « non ».

— C'est trop tard, articula-t-elle avec peine. Sam, Sam ?

— Oui, Tacha.

— Embrasse-moi...

Ravalant ses larmes, il baisa tendrement les lèvres décharnées de cette femme hors du commun. Il aurait voulu pouvoir lui insuffler un peu de force, encore, un peu de vie... Elle mourut pendant leur baiser.

45

Les yeux perdus dans les miroitements du lac de Côme, Alexandra Paul-Lindsay camouflait son profond chagrin sous les dehors philosophes d'une vieille dame revenue de tout. Sam s'était annoncé à la garde-malade, porteur d'un message de Tacha sur son lit de mort. Aussi l'avait-on introduit de bonne grâce auprès de l'invalide, installée dans un lit de repos, bien à l'ombre, sur la terrasse de la *Villa OTMA*.

— Monsieur, Natacha était ma toute-petite. La fille avant la mère : ce n'est pas l'ordre des choses…

Sam compatit.

— Juste avant de partir, elle m'a dit, mot pour mot : « Va voir ma mère ; rassure-la ; dis-lui que je l'aime… »

— Vous êtes très gentil, vraiment. Mais voyez-vous, cela, je n'avais besoin d'aucun messager pour le savoir… Dites-moi plutôt ce qui l'a emportée, au juste ! Personne n'est capable de me renseigner.

— Votre fille a développé une sorte de cancer foudroyant, mentit partiellement l'avocat. C'est un mal mystérieux pour les médecins eux-mêmes.

Après un long silence, la vieille dame formula une question terrible.

— Est-elle restée aussi belle, une fois morte ?

L'avocat prit le temps de trouver une esquive crédible.

— J'ai pensé, dit-il, quand je l'ai vue, à la grande-duchesse Tatiana. Sur le portrait de votre chambre…

Alexandra Paul-Lindsay esquissa un léger sourire.

— Ce n'est pas un hasard, monsieur.

— Je vous demande pardon ?

— La ressemblance de ma fille avec Tatiana de Russie ne relève en rien du hasard.

— Que voulez-vous dire ?

— Je suis en train de vous révéler, tout simplement, que cette grande-duchesse était ma mère. La grand-mère de Natacha.

Elle l'examina du coin de l'œil, sans doute pour jauger le crédit qu'il portait à cette révélation. Il faut croire que sa mine sidérée la conforta puisque, tout bien pesé, elle accepta d'aller plus loin.

— Comme vous le savez, monsieur, l'épouse du tsar Nicolas ainsi que ses filles ont survécu à la révolution russe…

— Nous en avions parlé, ici même.

— Ce que vous ne savez peut-être pas, en revanche, c'est que le drame de juillet 1918, à Iekaterinbourg, avait été précipité par un événement méconnu : l'exfiltration, par les services britanniques, de la grande-duchesse Tatiana ! Une opération épique, menée grâce à un engin tout nouveau pour l'époque : cet aéroplane par lequel la face du monde allait être changée.

— Je n'ai d'autre choix que de vous croire sur parole…

— Oh ! ce que je vous dis là n'est pas inédit, monsieur ! Je vous renvoie au témoignage de Michael Occleshaw. Son livre a été publié à Londres, il y a vingt ans. D'ailleurs, sous un bien joli titre : *Armour Against Fate,* « Une armure contre le destin »...

L'avocat nota consciencieusement cette référence ; la vieille dame poursuivait.

— Ainsi ma grand-mère fut-elle arrachée à la captivité, le 1er juillet 1918, et transportée par sauts de puce le long de la ligne du Transsibérien, jusqu'au croiseur *HMS Suffolk,* alors en escale à Vladivostok.

— Ce que vous me dites, c'est que Tatiana aurait donc été séparée de ses sœurs...

— Et de sa mère, oui ! Au bout de son incroyable périple, elle a été confiée par le roi George à une grande famille de Cork, en Irlande. C'est à ce moment-là, selon moi, qu'elle a dû adopter son nouveau nom : Marguerite Lindsay. Plus tard, elle devait épouser mon père, le colonel Paul, et donner naissance à celle que vous avez devant les yeux...

Alexandra ponctua cette confession d'un sourire coquet, radieux, comme étranger à la tristesse ambiante.

— Ce que vous me dites est fascinant, affirma Sam Douglass. Mais alors, dites-moi : à quel moment votre mère vous a-t-elle quittée ?

Il avançait sur la pointe des pieds.

— Vous me demandez depuis quand je suis orpheline ?

— C'était bien le sens de ma question.

La vieille dame ne marqua pas d'hésitation.

— 1939. Ma mère a péri dans un bombardement allemand. En Pologne, où elle était venue rendre visite à sa mère, la tsarine, et à sa sœur Olga. Anastasia, en ce temps-là, menait déjà des procès contre le reste de la famille…

— Et Maria ? Qu'était-elle devenue ?

— Oh ! ma tante Maria, monsieur, était la plus délurée des quatre. Sous le nom de Cécile Czapska, elle avait épousé, dès janvier 1919, le fils du volodar d'Ukraine – le souverain local, en somme. Nicolas Dolgorouky.

— À Kiev, je présume…

— Vous présumez mal. Le mariage avait eu lieu en Roumanie, dans la chapelle du château royal de Cotroceni, tout près de Bucarest. En présence du roi Ferdinand et de la reine Marie. Par la suite, Maria devait vivre dix ans au Congo belge…

— Mais elle ne cessa jamais de soutenir les mouvements antisoviétiques !

— Notamment le nazisme, si c'est ce que vous voulez me faire dire. Eh bien, oui, monsieur : mes tantes Olga et Maria ont cru dans les vertus du régime hitlérien.

46

Le neuvième déménagement de Iouri Pullinski avait secrètement conduit l'ancien oligarque au nord de Londres, dans un cottage cossu du verdoyant village de Hampstead. Il y vivait en réfugié paranoïaque, obsédé par l'idée d'un complot tramé contre lui par le Kremlin et la Loubianka. L'enquête poussée qu'il avait menée sur l'énorme escroquerie dont il venait de faire les frais avait achevé de le convaincre des intentions mauvaises de ses vieux ennemis moscovites ; et s'il consacrait beaucoup d'énergie à mûrir sa vengeance, c'était encore à se protéger qu'il réservait ses premiers efforts.

Par précaution, il ne recevait donc plus à domicile et donnait ses rendez-vous dans sa voiture, sous la garde d'un gorille aux aguets. Mais ce jour-là, son interlocuteur avait refusé de se prêter à la fantaisie ; il lui avait fait parvenir deux billets d'accès, pour quinze heures, au chœur fermé de l'abbaye de Westminster, et avait assorti son invitation de ces mots : « Il n'est pas de meilleure protection que la foule. » Pullinski ne souscrivait guère à l'adage ; mais il tenait absolument à revoir Saroniev.

La lumière dorée qui nimbait le berceau de la monarchie britannique se mariait divinement aux accords célestes d'une hymne de Watts, entonnée par les choristes de l'école du chapitre. Le Russe et son garde du corps gagnèrent le point de rendez-vous fixé : les stalles de gauche, au plus près du jubé. Le frère Iliodore s'y trouvait déjà, qui les salua d'un simple clignement de paupières. Pullinski s'assit à ses côtés. Il resta tout un moment immobile, presque recueilli, à écouter le chœur d'enfants.

— Musique angélique, finit par commenter le diacre orthodoxe.

— Si vous le dites. Alors ? Elle est morte ?

— Morte et incinérée, mon ami.

Un sourire carnassier se dessina sur le faciès de clown de l'ancien oligarque. Les accents divins d'*O God, Our Help in Ages Past* s'élevaient, cristallins, jusqu'aux voûtes où ils résonnèrent.

— Vous avez tout utilisé ?

Le diacre sortit de sa manche un petit flacon de verre fumé, qu'il mit à la dérobée dans la main de son voisin.

— Vous avez là de quoi détruire encore deux personnes, lui glissa-t-il en réprimant un sourire. De la manière la plus atroce, je puis en attester.

— J'imagine qu'elle n'a rien compris...

— Elle est partie persuadée d'avoir été empoisonnée par le FSB.

— Reconnaissez que c'était bien imité...

Ils ne purent s'empêcher de rire de conserve. Jamais le frère Iliodore n'avait, autant qu'en cette minute, ressemblé au mystique Raspoutine.

— Nous voilà bien vengés, vous et moi, conclut-il.

— Mais... c'était votre idée...

— Sans votre concours, je n'aurais pas été loin.

Les jeunes chanteurs de Westminster, dans leur soutane rouge à petite fraise, continuaient, candides, à psalmodier leur belle hymne.

— Il y a une chose que je voulais vous demander, intervint Pullinski. Comment avez-vous su, de façon certaine, qu'elle avait bel et bien commandité le meurtre de votre fille ?

— C'est le tueur lui-même qui me l'a fait savoir. Un certain Gianni. L'homme de main de cette femme effroyable.

— Bien, trancha l'homme d'affaires en tirant un cigare de sa poche revolver. Je crois que je vais y aller... Leurs vagissements me tapent sur les nerfs.

Le frère Iliodore s'efforça de sourire encore ; mais, en lui-même, il fulminait contre la grossièreté de Pullinski.

47

Un couple de cormorans noirs était venu s'installer sur l'immense azalée qui, du côté de la piscine, s'élevait en bordure du lac. L'un et l'autre éployaient leurs ailes en pleine lumière, dans la posture convenue des aigles héraldiques.

— Vous voyez ces deux-là ? fit Alexandra en levant sa canne dans leur direction. Ils sont en train de se sécher.

L'œil vif de l'avocat se porta sur les grands oiseaux.

— C'est bien l'impression qu'ils donnent.

— Ce n'est pas seulement une impression ! Voyez-vous, les cormorans plongent profondément pour aller chercher leur pitance. Mais, contrairement aux canards ou à d'autres oiseaux aquatiques, leur plumage est perméable... Une fois rassasiés, ils doivent donc s'exposer au soleil, ou dans le vent, le temps pour eux de sécher.

Sam Douglass n'osa pas demander à la vieille dame si cette allusion, à ses yeux transparente, aux vulnérabilités de sa fille était volontaire ou fortuite.

— Vous me disiez, reprit-il, que vos tantes Olga et Maria ont fait confiance à Hitler...

— C'est surtout le prince Nicolas – le mari de ma tante Maria – qui avait épousé le national-socialisme. Il y voyait un moyen d'affermir, croyait-il, l'emprise des Dolgorouky sur l'Ukraine. Il était proche, surtout, du maréchal Goering. Étant jeune fille, j'ai vécu tout cela, naturellement – dans la douleur !

— Vous ne partagiez pas les idées de votre oncle et de vos tantes ?

— En rien ! Encore une fois : j'étais la fille de Tatiana, Britannique d'adoption et plus que méfiante envers tous les fascismes ! Si seulement, lorsque ma mère est morte, j'avais pu rester avec mon père ! Je n'aurais pas eu à vivre au cœur de tant de contradictions… Mais à l'époque, ma grand-mère, l'impératrice Alexandra Fedorovna, était encore en vie ; elle est intervenue pour que mes tantes se chargent de « parfaire mon éducation ». Et c'est ainsi que j'ai passé trois longues années auprès de la grande-duchesse Maria… J'ai fréquenté les hautes sphères du nazisme…

L'avocat voyait enfin se profiler le rai de lumière tant attendu sur l'aspect le plus obscur, à ses yeux, de cette affaire de joyaux. *Cette fois,* se dit-il, *je vais peut-être comprendre…*

— En 1942, Goering a restitué à votre tante Maria des bijoux découverts par ses hommes, à Tsarskoïe Selo…

— *Restitué,* c'est bien le mot.

— C'était néanmoins généreux de sa part…

— Oh, c'était bien le moins, monsieur !

Alexandra, oubliant un instant son chagrin, renouait avec son naturel mordant.

— Dites-vous que, si Goering a pu mettre la main sur la réserve de joyaux de ma grand-mère, c'est uniquement parce que ma tante lui avait communiqué le plan détaillé de la cachette ! Dès lors, on ne m'ôtera pas de l'idée que cette *restitution*, comme vous l'avez nommée vous-même, était légitime.

Sam Douglass n'osa pas lui faire remarquer que les joyaux en question étaient propriété de l'État russe...

La gouvernante vint leur proposer une coupe de *prosecco*. La princesse accepta et, sans aller jusqu'à porter un toast, se permit quelques mots sur les vertus de cet antique breuvage auquel la veuve de l'empereur Auguste, dit-elle, attribuait sa longévité... Sam ignora cette digression. Il n'était pas allé si loin dans son enquête pour se laisser distraire à quelques pas de la solution. Tout en épargnant à cette mère la révélation des crimes de sa fille, il était résolu à tirer d'elle une élucidation ultime.

— Il semblerait, dit-il, que votre fille ait pris grand soin de dissimuler certaines lettres du maréchal Goering à votre tante Maria. Savez-vous ce qui l'effrayait à ce point, dans la révélation de tels documents ?

— Natacha ne s'effrayait de rien, monsieur. Et je ne sache pas que les lettres dont vous parlez l'aient jamais empêchée de dormir.

— Pourtant, elle a mis...

— Ce qu'elle aurait plus volontiers dissimulé, ajouta la vieille dame en lui coupant la parole, c'est sa véritable ascendance.

Sam Douglass ouvrit de grands yeux.

— Vous voulez dire que Tacha n'acceptait pas d'être l'arrière-petite-fille du tsar ?

Alexandra prit le temps de méditer sa réponse.

— C'est sans doute ma faute… Je lui ai révélé tout cela trop tard, après le décès de ma tante Olga… Natacha était déjà mariée ; elle se voulait libre et moderne… Elle n'acceptait aucune contrainte, aucun frein, notamment sur le chapitre des mœurs… Et voilà qu'elle se retrouvait, du jour au lendemain, dans la peau de l'héritière d'une très grande dynastie… Tout cela était trop lourd, trop rigide pour elle. Elle a refusé d'assumer.

— Plutôt que de changer de vie, elle a donc préféré, en quelque sorte, oublier sa naissance.

— On n'oublie pas sa naissance, monsieur ; mais on peut la maintenir secrète… Ma fille, depuis trente-cinq ans, s'est battue contre son identité. Autant se battre contre une ombre.

L'avocat remplit de *prosecco* la coupe que lui tendait la princesse.

— Vous-même ne lui parliez jamais de vos tantes, de votre grand-mère, de vos glorieux ancêtres ?

— Jamais !

Alexandra paraissait très émue.

— Du reste, ajouta-t-elle, le jour où je lui ai lu le testament de ma tante Olga, j'ai cru qu'elle allait devenir folle de rage. C'est bien simple : si je l'avais laissée faire, elle aurait détruit le document.

Cette phrase fit à Douglass l'effet d'un choc électrique : le testament ! Le testament d'Olga de Russie ! Cette sorte de manifeste d'un autre temps, où se trouvaient écrits, noir sur blanc, les noms d'Alexandra et de Natacha ! Comment avait-il pu s'aveugler au point de n'attacher d'intérêt, parmi les fameuses missives, qu'aux lettres de Goering ?

Ce n'était pas elles, à l'évidence, dont Tacha avait par-dessus tout voulu supprimer la trace ; c'était ce testament, fatal à ses yeux.

Alexandra Paul-Lindsay secouait doucement la tête.

— Pourtant, monsieur, croyez-moi : nul n'échappe à son destin... Avez-vous remarqué la date de l'empoisonnement de Natacha ?

— C'était le 17 juillet. J'ai noté que cela correspondait à l'anniversaire du massacre de la maison Ipatiev – selon la version officielle.

— Vous allez chercher trop loin : dites-vous, tout simplement, que c'était un 17. Or, dans notre famille, le 17 est considéré comme un nombre maudit. L'on pourrait, malheureusement, citer des tas d'exemples ! Tenez : le couronnement de mon grand-père, en mai 1896, a été marqué par une catastrophe populaire qui fut regardée comme un terrible augure ; cette horreur est survenue dans la nuit du 17. Plus tard, en 1905, le Manifeste d'octobre, si néfaste à notre dynastie, a été signé le 17. Et c'est un 17 décembre que fut assassiné notre cher Raspoutine...

L'avocat préféra garder pour lui une ultime coïncidence : les joyaux retrouvés au palais Alexandre, en 1942, étaient – en comptant bien les deux Hannetons – au nombre de dix-sept.

Sam Douglass, dans la compagnie savante et lumineuse de la mère de Tacha, en venait presque à oublier la noirceur de ce qu'il venait de vivre. La fille de Tatiana de Russie fermait à présent les yeux, le visage caressé par un léger vent chaud.

Sam, qui la croyait endormie, se préparait à s'éclipser discrètement, quand elle lui demanda s'il avait des questions à lui poser. Visiblement, cette conversation ne lui pesait pas trop ; peut-être même lui faisait-elle du bien...

— Ma réflexion va vous paraître naïve, osa dès lors l'avocat, mais je trouve assez fascinant - moi, modeste Américain, descendant d'esclaves - de m'entretenir comme je viens de le faire avec la petite-fille de l'empereur de toutes les Russies.

— Je n'y vois qu'un homme jeune parlant avec une femme qui ne l'est plus...

— Mais une femme qui a connu la tsarine en personne !

Elle émit un petit rire presque enfantin.

— C'était ma grand-mère, monsieur...

Alexandra Paul-Lindsay demeura silencieuse un moment. L'avocat la vit porter un mouchoir à ses yeux.

— Au fond, je suis bien coupable, conclut-elle. Je n'ai pas su transmettre à ma fille l'amour de sa famille et de son pays.

Était-ce le paysage parfait du lac de Côme, la présence immobile des cormorans sur l'arbre éclatant de fleurs roses ou bien les deux ou trois coupes de *prosecco* qu'il avait absorbées ? Sam fut bouleversé par ce remords maternel. Se conformant sans effort aux dernières volontés de Tacha, il embrassa la vieille dame avec tendresse.

Épilogue

Un an plus tard

« Ceci est un codicille au testament que j'ai confié, le 10 août 2000, à sir Alistair Ward, afin qu'il veille à l'exécution de mes dernières volontés. Les dispositions que j'avais prises alors seront modifiées sur deux points. 1. Je souhaite que les joyaux historiques, récemment reçus de ma mère par donation, aillent à Me Sam Douglass, charge à lui de les mettre en vente s'il le souhaite. 2. Je demande que mon corps, ou ce qu'il en restera, soit incinéré, et les cendres dispersées en mer d'Irlande, près de ce qui fut la terre de naissance de ma mère. »

Ces quelques lignes, datées du 19 juillet et signées de la main de Tacha, avaient été remises au médecin qui la soignait. C'est pour en respecter le second alinéa que le *Banner* cinglait à présent au large du comté de Wicklow, emportant à son bord les Ward et leurs cinq invités : les Enguerrand, Sonia, sa fille – Tatiana – et bien entendu Sam Douglass.

La journée était venteuse, et les académiciens, découragés par un crachin tenace, s'étaient réfugiés dans les salons auprès de lady Ward ; ils tenaient à solliciter son avis de connaisseuse sur des textes qu'ils venaient de signer, pour le catalogue d'une vente publique attendue : *Très rare collection de grands joyaux impériaux russes*.

— Ne pensez-vous pas, chère madame, qu'il serait bon de faire précéder tout cela d'une notice évoquant les circonstances pour le moins floues de la disparition du tsar et de sa famille ?

— N'écoutez pas mon mari, chère madame, il ne pense pas sérieusement ce qu'il dit – et ne le dit, du reste, que pour m'être désagréable.

— Enfin, *dear* : il n'y a rien de désagréable dans l'évocation d'une énigme historique, ni...

— Tu vois toujours des énigmes, là où...

— Pop-ho ! Je ne vois rien du tout ! Je...

— Tu ne sais même plus ce...

— Mais, mais, mais...

Leur hôtesse regardait de droite et de gauche, comme à Wimbledon ; mais, en vérité, elle ne les écoutait plus. Son esprit voguait ailleurs... Elle caressait la broche agrafée à son sari pourpre. La perle en était fausse, mais elle se garderait bien de le révéler à ses amies de Londres. « Ce hanneton existe en deux versions, leur préciserait-elle en revanche : la verte m'a été offerte ; quant à la rouge, elle appartient à la reine Élisabeth... »

Sonia, de son côté, avait prétexté la fragilité du nourrisson pour se calfeutrer dans sa suite et y cacher un mal de mer tenace. Afin d'amuser Tatiana, néanmoins, elle approchait de son couffin, par intermittence, un petit ours anglais qui arborait l'uniforme rouge des *Beefeaters*. La peluche avait été manifestement recousue, sur le côté.

— Ma chérie, lui dit-elle, un jour, maman te racontera comment, âgée de cinq mois à peine, tu as fait ta première croisière...

Le banquier et l'avocat, engoncés dans des cirés blancs, se tenaient assis à l'arrière du vaisseau, sur un coffre à cordages – de part et d'autre de l'urne de bronze. Un vent de nord assez fort faisait faseyer la voile d'artimon.

— La plupart des femmes de pouvoir, pérora sir Alistair, prennent les défauts des hommes sans conserver leurs qualités de femmes. Notre Tacha faisait tout le contraire : elle réunissait, à mon avis, les avantages des deux sexes.

— Votre famille, je crois, sert depuis longtemps les intérêts de la sienne...

— Mon grand-père traitait avec le tsar, mon père avec les grandes-duchesses, moi-même avec la chère Alexandra.

Une fine moustache soulignait à présent la lèvre supérieure de l'avocat, aussi insolite sur lui qu'un grimage d'enfant.

— Pour ma part, dit-il, je tenais à vous remercier du tact avec lequel vous avez réglé cette succession un peu particulière.

— Vous avez fait là, cher ami, un bien gros héritage...

Sam sourit en songeant que c'était, mot pour mot, ce que lui avait dit, en clignant de l'œil, le bâtonnier Sovert. Il posa la question que le banquier devait attendre.

— Accepteriez-vous de me conseiller, à l'avenir, dans la gestion d'un si « gros héritage » ?

Ward, tout en lissant sa moustache, se composa le ton le plus détaché.

— Je ne vois pas comment je pourrais refuser.

— J'aimerais en faire largement profiter Sonia Marchessou et son enfant…

— Naturellement.

Le banquier s'était levé pour aller s'appuyer à la lisse ; Sam le suivit, tenant l'urne à deux mains. Quelques mètres sous leurs pieds, les flots vitreux, couverts d'écume le long de la lame d'étrave, paraissaient allier au jade sombre les reflets glaçants de l'obsidienne. Sam Douglass interrogea Ward du regard ; le vieux marin lui confirma que le vaisseau était maintenant orienté de manière idoine : le moment était venu. Avant de laisser l'avocat seul, comme il l'avait demandé, le banquier lui serra l'épaule d'un geste chaleureux.

Sam était oppressé par un poids formidable. Il dévissa lentement le couvercle de l'urne, l'inclina en douceur, laissa l'aquilon répandre son contenu dans les eaux mouvantes, formant à la surface une empreinte fugitive, aussitôt effacée par les vagues.

Il demeura longtemps à la poupe, le regard brouillé d'embruns, assis à nouveau sur le vieux coffre. Le dos presque voûté. Une main sur l'urne vide, l'autre à plat sur le bois mouillé… Ses doigts, d'un mouvement machinal, suivaient confusément une inscription gravée là depuis des lustres…

L'amour qu'il avait éprouvé pour Tacha ne parviendrait jamais à lui faire oublier les deux meurtres commandités par cette femme insaisissable. Que ses raisons aient pu être profondes, viscérales même, ne changeait rien à ce fait indépassable : Tacha avait, sinon tué de sa main, du moins fait tuer deux personnes ! Que l'une de ces personnes ait elle-même été criminelle ne diminuait pas cette faute indélébile aux yeux de l'avocat. C'était pour lui comme une plaie ouverte, impossible à cicatriser ; d'autant plus impossible que le coupable en personne – le diabolique Gianni – n'avait jamais été inquiété.

Les doigts de Sam vagabondaient au gré de cette inscription… Il lui fallut de longues minutes pour réaliser que les signes intaillés formaient quatre lettres qui, désormais, lui étaient familières. Il rejoignit Ward sous la tente moghole.

— Ces initiales ! O, T, M et A…

— … ce sont bien celles des grandes-duchesses, lui confirma le banquier, stoïque.

— Mais alors… cela veut dire que cette banquette se trouvait autrefois sur le yacht impérial ?

— Bien sûr !

Ward concentrait son attention sur deux doses de Lagavulin, qu'il s'appliquait à servir lui-même.

— Du reste, elle n'en a jamais bougé, ajouta l'Écossais.

— Comment cela ? Que voulez-vous dire ?

— Venez donc prendre un verre ; vous l'avez mérité.

Sir Alistair se disait qu'il avait tout son temps pour expliquer à ce nouveau client comment, à Tallinn, en 1963, l'honorable Archibald Ward avait discrètement négocié le rachat aux Soviétiques de l'ancien yacht *Standart*, transformé depuis longtemps en dragueur de mines, et cependant promis à une mort certaine. Mieux : il raconterait l'anecdote au dîner. Après tout, cela faisait partie des curiosités susceptibles d'amuser les convives – surtout lorsqu'ils joignaient, à la naïveté des Américains, le goût des Français pour les folles histoires.

Hommages

L'idée de ce roman est née de ma rencontre, sur un plateau de télévision, avec Michel Wartelle, auteur de *L'Affaire Romanov ou le Mystère de la maison Ipatiev* (Louise Courteau Éditrice, 2008). Sa force de conviction et ses arguments troublants m'avaient donné envie d'étudier de plus près l'hypothèse de la survie de l'impératrice Alexandra et de ses filles. Cela m'a conduit à lire *Les Tabous de l'histoire*, de Marc Ferro (Nil Éditions, 2002), ainsi que l'ouvrage clé d'Anthony Summers et Tom Mangold, *Le Dossier Romanov* (Albin Michel, 1979).

C'est sur cette hypothèse historique que je me suis amusé à greffer, le plus librement du monde, des personnages et des situations purement imaginaires. Entreprise nouvelle pour moi, vers laquelle m'aura poussé mon ami d'enfance Fabrice Pénichou. Je n'aurais cependant pu la mener à bien sans l'assistance d'amis plus récents : Marc Menant en amont, Danielle Porte en aval et, pendant tout le cours d'une élaboration parfois délicate, Cédric Tilèpe. Que tous les quatre trouvent ici l'expression de ma reconnaissance.

Sur des points plus précis, j'ai pu bénéficier des conseils avisés de Stéphane Bern, Cyrille Boulay,

Patrick de Bourgues, Jean-Pierre Cottet, Vladimir Fedorovski, Michel de Grèce, Philippe Poels, Jean-François Prévost, Nathalie Saillard-Laurent, Gonzague Saint-Bris et Bernard Werber, que je remercie tous du fond du cœur. Bien d'autres amis m'ont soutenu dans cette aventure, à commencer par Frédéric Lusa et Jérôme Damour qui m'ont accompagné – pour ne pas dire guidé – dans mes repérages. De crainte d'oublier un nom, je préfère m'en tenir à un grand merci collectif.

J'achèverai enfin par où j'aurais dû commencer, en adressant ma gratitude à Bernard Fixot et à son équipe, spécialement Caroline Sers, pour leur confiance et leur salutaire exigence, ainsi qu'à Michel Drucker pour ses bons offices auprès d'eux. On ne dira jamais assez à quel point la naissance d'un tel livre réclame le concours de fées attentives et bienveillantes.

11128

Composition
NORD COMPO

Achevé d'imprimer en Espagne
par CPI *(Barcelone)*
le 10 mai 2015.

Dépôt légal mai 2015
EAN 9782290108185
OTP L21EPLN001822N001

ÉDITIONS J'AI LU
87, quai Panhard-et-Levassor, 75013 Paris

Diffusion France et étranger : Flammarion